Genarp
Tomelilla
Simrishamn
Skurup
Ystad
Rønne
Bornholm
Neksø
AF641359
A42
A43
A44
A45
A46
A47
A48
A49
A50
A51
A52
A53
A54
A55
Zelenogradsk
Kholmogorovka
KALININGR
Baltijsk
B1
B2
B3
B4
B5
B6
B7
B8
B9
B10
B11
B12
B13
B14
B15
B16
B17
B18
B19
B20
B21
B22
B23
B24
B25
B26
B27
B28
B29
B30
B31
B32
B33
B34
B35
B36
B37
C1
C2
C3
C4
C5
C6
C7
Ladushkin
Pyatidorozhnoye
Bagrationovsk
Bartoszyce
Krynica Morska
Frombork
Tolkmicko
Elblag
Hel
Puck
Władysławowo
Rumia
Gdynia
Sopot
Gdańsk
Stegna
Drewnica
Pruszcz Gdański
Kartuzy
Luzino
Lębork
Linia
Potęgowo
Słupsk
Dębnica Kaszubska
Ustka
Jarosławiec
Darłówko
Darłowo
Dąbki
Sławno
Mielno
Koszalin
Kołobrzeg
Gościno
Białogard
Tychowo
Bobolice
Polanów
Miastko
Bytów
Kościerzyna
Tczew
Starogard Gdański
Sztum
Morag
Olsztyn
Ostróda
Kwidzyn
Ilawa
Dziwnów
Kamień Pomorski
Gryfice
Wolin
Resko
Świdwin
Połczyn-Zdrój
Szczecinek
Chojnice
Człuchów
Tuchola
Nowogard
Łobez
Goleniów
Drawsko Pomorskie
Police
Szczecin
Stargard Szczecinski
Grudziądz
Nowe Miasto Lubawskie
Nidzica
Swiecie
Chelmno
Wabrzezno
Brodnica
Dzialdowo
Mlawa
Koronowo
Chelmza
Golub-Dobrzyn
Rypin
Bydgoszcz
Naklo nad Notecia
Zlotow
Wałcz
Piła
Pyrzyce
Choszczno
Gryfino
Gartz
Penkun
Schwedt/Oder
Sassnitz
Putbus
Göhren
Lassan
Anklam
Ueckermünde
Torgelow
Pasewalk
Löcknitz
Brüssow
Woldegk
Prenzlau
Gerswalde
Templin

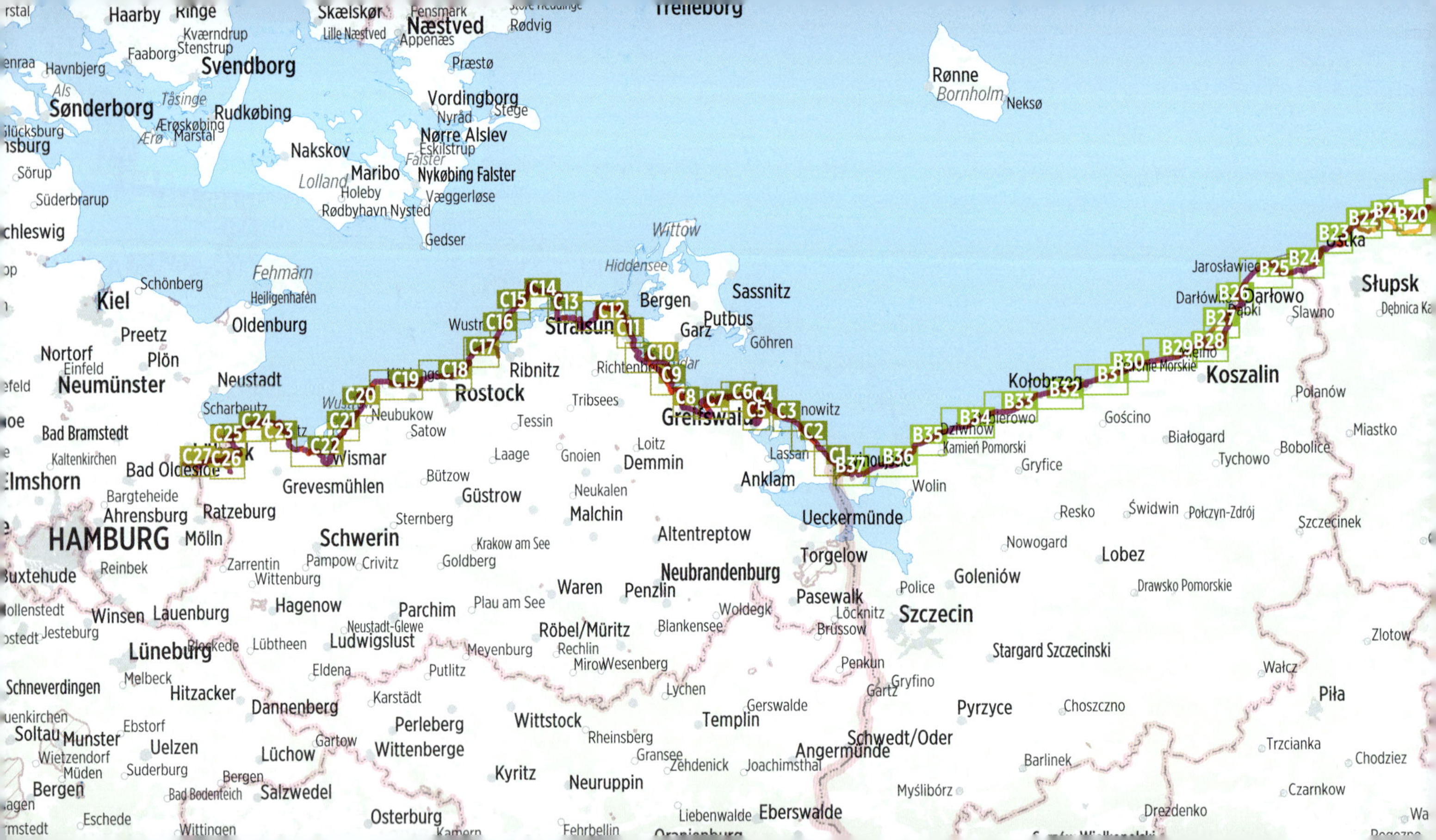

Haarby
Ringe
Skælskør
Fensmark
Næstved
Rødvig
Trelleborg
Kværndrup
Lille Næstved
Appenæs
Faaborg
Stenstrup
Svendborg
Præstø
Havnbjerg
Als
Vordingborg
Stege
Sønderborg
Tåsinge
Rudkøbing
Nyråd
Ærøskøbing
Ærø
Marstal
Nørre Alslev
Glücksburg
Nakskov
Eskilstrup
Falster
Sörup
Lolland
Maribo
Nykøbing Falster
Holeby
Væggerløse
Süderbrarup
Rødbyhavn
Nysted
Schleswig
Gedser
Rønne
Bornholm
Neksø
Wittow
Hiddensee
Fehmarn
Schönberg
Heiligenhafen
Kiel
Oldenburg
Preetz
Nortorf
Einfeld
Plön
Neumünster
Neustadt
Scharbeutz
Bad Bramstedt
Kaltenkirchen
Bad Oldesloe
Elmshorn
Bargteheide
Ahrensburg
Ratzeburg
HAMBURG
Mölln
Buxtehude
Reinbek
Zarrentin
Wittenburg
Winsen
Lauenburg
Jesteburg
Lüneburg
Bleckede
Lübtheen
Schneverdingen
Melbeck
Hitzacker
Soltau
Munster
Ebstorf
Uelzen
Wietzendorf
Müden
Suderburg
Bergen
Bad Bodenteich
Eschede
Wittingen
Grevesmühlen
Wismar
Neubukow
Satow
Rostock
Ribnitz
Tessin
Laage
Bützow
Güstrow
Schwerin
Sternberg
Pampow
Crivitz
Goldberg
Krakow am See
Hagenow
Parchim
Plau am See
Neustadt-Glewe
Ludwigslust
Eldena
Putlitz
Karstädt
Dannenberg
Perleberg
Wittenberge
Gartow
Lüchow
Salzwedel
Osterburg
Kyritz
Wittstock
Meyenburg
Rechlin
Mirow
Wesenberg
Röbel/Müritz
Waren
Malchin
Penzlin
Neubrandenburg
Neukalen
Gnoien
Demmin
Loitz
Tribsees
Altentreptow
Woldegk
Blankensee
Lychen
Templin
Gerswalde
Rheinsberg
Gransee
Zehdenick
Neuruppin
Joachimsthal
Liebenwalde
Eberswalde
Fehrbellin
Stralsund
Bergen
Sassnitz
Putbus
Garz
Göhren
Richtenberg
Greifswald
Lassan
Anklam
Ueckermünde
Torgelow
Pasewalk
Löcknitz
Brüssow
Penkun
Gartz
Gryfino
Schwedt/Oder
Angermünde
Szczecin
Police
Goleniów
Wolin
Dziwnów
Kamień Pomorski
Gryfice
Nowogard
Resko
Świdwin
Połczyn-Zdrój
Łobez
Drawsko Pomorskie
Stargard Szczecinski
Pyrzyce
Choszczno
Barlinek
Myślibórz
Drezdenko
Kołobrzeg
Gościno
Białogard
Tychowo
Bobolice
Koszalin
Polanów
Miastko
Szczecinek
Darłowo
Darłówko
Jarosławiec
Sławno
Słupsk
Dębnica Kaszubska
Ustka
Wałcz
Piła
Trzcianka
Chodziez
Czarnkow
Zlotow
C1
C2
C3
C4
C5
C6
C7
C8
C9
C10
C11
C12
C13
C14
C15
C16
C17
C18
C19
C20
C21
C22
C23
C24
C25
C26
C27
B20
B21
B22
B23
B24
B25
B26
B27
B28
B29
B30
B31
B32
B33
B34
B35
B36
B37

Michael Cramer

Europa-Radweg Eiserner Vorhang | 2
Von Riga nach Lübeck

Entlang der Ostseeküste
durch Lettland, Litauen, Kaliningrad, Polen, Deutschland

Ein original *bikeline*-Radtourenbuch

VERLAGESTERBAUER

bikeline®-Radtourenbuch
Michael Cramer
Europa-Radweg Eiserner Vorhang | 2
Von Riga nach Lübeck

A-3751 Rodingersdorf, Hauptstr. 31
Tel.: +43/2983/28982-0, Fax: -500
E-Mail: bikeline@esterbauer.com
www.esterbauer.com
4. überarbeitete Auflage Sommer 2023
ISBN 978-3-7111-0119-8
Bitte geben Sie bei jeder Korrespondenz die ISBN an!

Dank an alle, die uns bei der Erstellung dieses Buches tatkräftig unterstützt haben.

Das *bikeline*-Team: Birgit Albrecht-Walzer, Renata Andrejeva, Katrin Baumhauer, Beatrix Bauer, Michael Binder, Veronika Bock, Petra Bruckmüller, Roland Esterbauer, Dagmar Güldenpfennig, Gregor Münch, Mario Nakić, Karin Neichsner, Carmen Paradeiser, Amélie Pommier, Manuel Randa, Petra Schartner, Sonja Schleifer, Christina Steinbrecher, Christian Thoren, Isabella Tillich, Martin Trippmacher, Carina Winkelhofer, Martin Wischin, Wolfgang Zangerl

Umschlagbilder: Bild gr.: Die Bunkeranlagen bei Liepāja, Michael Cramer; Bild kl. oben: Solidarność-Museum in Danzig, Michael Cramer; Bild kl. unten: Die Ostseeküste auf der Halbinsel Priwall (1984), Jürgen Ritter

Bildnachweis: Ainars Gaidis: 33; andrzej2012 – stock.adobe.com: 112; Annette Ritter: 189; Birgit Albrecht-Walzer: 173; Barth-Information: 158; Edgars Pohevics: 44; Forest District Międzyzdroje: 128; Gregor Münch: 152; Hansestadt Rostock: 168; Instytut Lecha Wałęsy: 14; Iris Baader: 96, 114, 118, 130; © Janis Smits - Fotolia: 46; Jürgen Ritter: 180; © Katja Xenikis – Fotolia: 143; Kurverwaltung Ahrenshoop, voigt&kranz UG, Prerow: 163; Kurverwaltung Rerik: 172; Marco Bertram: 180, 184; Marianne Birthler, Hoffotografen Berlin: 14; Michael Cramer: 17, 18, 20, 22, 24, 29, 38, 40, 41, 42, 43, 53, 54, 55, 56, 59, 62, 64, 66, 68, 74, 75, 77, 82, 88, 88, 89, 93, 94, 100, 100, 104, 116, 122, 124, 124, 126, 126, 131, 132, 136, 160, 166, 170, 176, 177, 181, 182, 186; MTI Photo, Matusz Károly: 13; Nadine Dittmann: 109; Ondřej Němec: 14; © Patryk Kosmider - Fotolia: 106; © Perry – Fotolia: 138; Pixabay: 90, 92, 94, 120; Presse+Infoamt Berlin: 12; Robson90 – stock.adobe.com: 98; Stadtbauamt Greifswald/ Peter Binder: 151; Tourismuszentrale der Hansestadt Stralsund: 155; © World travel images - fotolia: 178

Kartographie erstellt mit axpand (www.axes-systems.com)

LiveUpdate

Als Online-Angebot finden Sie auf unserer Webseite eine Sammlung aktueller Änderungen und Korrekturen zu diesem Radtourenbuch. Diese Informationen sind immer auf dem neuesten Stand und ermöglichen Ihnen in Kombination mit der bestehenden Auflage dieses Buches die beste Reiseplanung. Das LiveUpdate zu diesem Titel ist frei verfügbar und auf unserer Webseite beim jeweiligen Buch oder unter folgendem Link zu finden:

www.esterbauer.com/europa-radweg-eiserner-vorhang-|-2-von-riga-nach-luebeck

Sind Ihnen auf Ihrer Radreise Fehler und Änderungen zur Route, zum Übernachtungsverzeichnis oder den touristischen Daten aufgefallen? Über die Updateseite können Sie diese brandneuen Infos direkt an das *bikeline*-LiveUpdate-Team übermitteln. Wir freuen uns auf Ihr Update und bedanken uns im Namen aller Radler!

GPS-Tracks

Den aktuellen *bikeline*-Track zu diesem Titel finden Sie, wenn Sie folgende Adresse in die Adresszeile Ihres Browsers eingeben:

www.tracks.world/?dir=de/trk81ul423

bikeline

Was ist bikeline?

Wir sind ein Team von Redakteuren, Kartografen, Geografen und anderen Mitarbeitenden, die allesamt begeisterte Radfahrende sind. Ins „Rollen" gebracht hat das Projekt 1987 eine Wiener Radinitiative, die begonnen hat, Radkarten zu produzieren. Heute tun wir dies als Verlag mit großem Erfolg. Mittlerweile gibt's bikeline® und cycline® Bücher in fünf Sprachen und in vielen Ländern Europas.

Um unsere Bücher immer auf dem letzten Stand zu halten, brauchen wir auch Ihre Hilfe. Schreiben Sie uns, wenn Sie Unstimmigkeiten oder Änderungen in einem unserer Bücher entdeckt haben.

Wir freuen uns auf Ihre Rückmeldung (redaktion@esterbauer.com),

Ihre bikeline-Redaktion

Vorwort

Geschichte im wahrsten Sinne des Wortes erfahrbar zu machen – das ist das Ziel vom „Europa-Radweg Eiserner Vorhang". Von der Barentssee bis zum Schwarzen Meer führt er an der Westgrenze der ehemaligen Warschauer-Pakt-Staaten entlang quer durch Europa. Dabei verbindet die Route nicht nur europäische Kultur, Geschichte und nachhaltigen Tourismus, sondern leitet geschichtsinteressierte Radelnde auch durch abwechslungsreiche Landschaften und einzigartige Biotope des Europäischen Grünen Bandes, die im Grenzstreifen entstehen konnten.

Dieser Band dokumentiert den 1.700 Kilometer langen Teil der Route, die mit dem „Ostseeküsten-Radweg" identisch ist, von Rīga nach Lübeck mit Karten im Maßstab 1:85.000.

Karten, Streckenbeschreibungen, umfangreiche historische Hintergrundinformationen, Hinweise auf das kulturelle und touristische Angebot jeder Region sowie praktische Reise- und Übernachtungstipps machen dieses Radtourenbuch zu einem wertvollen Begleiter auf der Entdeckungsreise entlang des ehemaligen Eisernen Vorhangs.

Kartenlegende

Radrouten (cycling routes)

Hauptroute, wenig KFZ-Verkehr
(main cycle route, low motor traffic)

- asphaltiert (main cycle route, paved surface)
- nicht asphaltiert (main cycle route, unpaved surface)
- schlecht befahrbar (main cycle route, bad surface)

Hauptroute, autofrei / Radweg
(main cycle route, without motor traffic / cycle path)

- asphaltiert (cycle path, paved surface)
- nicht asphaltiert (cycle path, unpaved surface)
- schlecht befahrbar (cycle path, bad surface)

Ausflug od. Variante, wenig KFZ-Verkehr
(excursion or alternative cycle route, low motor traffic)

- asphaltiert (excursion or alternative route, paved surface)
- nicht asphaltiert (excursion, unpaved surface)
- schlecht befahrbar (excursion, bad surface)

Ausflug od. Variante, autofrei / Radweg
(excursion or alternative route, without motor traffic / cycle path)

- asphaltiert (excursion or alternative route, paved surface)
- nicht asphaltiert (excursion, unpaved surface)
- schlecht befahrbar (excursion, bad surface)

Sonstiges (other cycle routes)

- sonstige Radroute (other cycle route)

- verkehrsreiche Radroute (cycle route with significant motor traffic)
- Kopfsteinpflaster (cobbled street)
- Einbahnführung (one-way connection)
- Fährverbindung (ferry connection)
- unbekannter Belag (road surface unknown)
- Tunnel (tunnel)
- Schiebestrecke (dismounting recommended)
- Zugverbindung (train connection)
- Radweg in Planung (planned cycle path)
- Radweg gesperrt (closed cycle path)
- Radstreifen mit Verkehr (cycle lane)
- Radstreifen, straßenbegleitender Radweg (cycle path along road)
- Straße für Radfahrer gesperrt (road closed to cyclists)
- Beschriebene Fahrtrichtung (described direction)
- Wegpunkt (waypoint)

Steigungen / Entfernungen (gradient / distance)

- starke Steigung (steep gradient, uphill)
- leichte bis mittlere Steigung (light gradient, uphill)
- 2,4 — Entfernung in Kilometern, gerundet (distance in km, rounded)

Radinformationen (important cycling information)

- Fahrradwerkstatt* (bike workshop*)
- Fahrradvermietung* (bike rental*)
- überdachter Abstellplatz* (covered bike stands*)
- abschließbarer Abstellplatz* (lockable bike stands*)
- E-Bike Ladestation (E-bike charging station)
- Infotafel* (information board*)
- Gefahrenstelle (dangerous section)
- Text beachten (read text carefully)
- Treppe (stairs)
- Tragestrecke (bicycle must be carried!)
- Engstelle* (constriction, bottleneck*)
- 17, 42 — Knotenpunktnummer der Wegweisung* (nodal point)
- Stadt-, Ortsplan (city map)

Nur in Ortsplänen (symbols only in the city maps)

- Parkhaus* (garage*)
- Theater* (theatre*)
- Post* (post office*)
- Apotheke* (pharmacy*)
- Krankenhaus* (hospital*)
- Feuerwehr* (fire-brigade*)
- Polizei* (police*)

* Auswahl (* selection)

Maßstab 1 : 85.000

1 cm ≙ 850 m   1 km ≙ 11,8 mm

0 1 2 3 4 5 6 7 8 9 10 11 12 13 14 15 km

Sehenswertes / Einrichtungen (sights of interest / facilities)

- Kirche; Kapelle (church; chapel)
- Kloster (monastery/convent)
- Synagoge; Moschee (synagogue; mosque)
- Schloss, Burg; Ruine (palace, castle; ruin)
- Turm; Leuchtturm (tower; lighthouse)
- Wassermühle; Windmühle (watermill; windmill)
- Kraftwerk (power station)
- Bergwerk; Höhle (mine; cave)
- Flughafen; Denkmal (airport; monument)
- sonstige Sehenswürdigkeit (other sight of interest)
- Museum (museum)
- Ausgrabungen; röm. Objekte (excavations; roman site)
- Tierpark; Natur-Information (zoo; nature info)
- Naturschutzgebiet, -denkmal (nature reserve, monument)
- sonstige Natursehenswürdigkeit (natural sight of interest)
- Aussichtspunkt* (panoramic view*)
- Tourist-Information; Gasthaus* (tourist information; restaurant)
- Unterkunft; Jugendherberge (hotel, guesthouse; youth hostel)
- Camping-; Naturlagerplatz* (camping site; simple tent site*)
- Einkaufsmöglichkeit*; Kiosk* (shopping facility*; kiosk*)
- Rastplatz*; Unterstand* (picnic tables*; covered stand*)
- Freibad; Hallenbad (outdoor pool; indoor pool)
- Naturbad; Thermal-; Erlebnisbad (natural pool; thermal baths; waterpark)
- Brunnen*; Parkplatz* (drinking fountain*; parking lot*)
- Schönern sehenswertes Ortsbild (picturesque town)
- Einrichtung im Ort vorhanden (facilities available)

Topographische Informationen (topographic information)

- Kirche; Kapelle (church; chapel)
- Kloster (monastery)
- Synagoge; Moschee (synagogue; mosque)
- Schloss, Burg; Ruine (palace, castle; ruins)
- Turm; Leuchtturm (tower; lighthouse)
- Wassermühle; Windmühle (windmill; water mill)
- Kraftwerk; Solaranlage (power station; solar power station)
- Bergwerk; Höhle (mine; cave)
- Denkmal; Hügelgrab (monument; burial mound)
- Flughafen; Flugplatz (airport; airfield)
- Windkraftanlage (windturbine)
- Funk- und Fernsehanlage (TV/radio tower)
- Umspannwerk, Trafostation (transformer station)
- Wegkreuz; hist. Grenzstein (wayside cross; boundary stone)
- Sportplatz, Stadion (playing field, stadium)
- Golfplatz; Tennisplatz (golf course; tennis courts)
- Schiffsanleger; Schleuse (boat landing; sluice/lock)
- Quelle; Kläranlage (natural spring; wastewater treatment plant)
- Staatsgrenze mit Übergang (international border crossing)
- Landesgrenze (country border)
- Kreis-, Bezirksgrenze (district border)
- Naturschutzgebiet, Naturpark, Nationalpark (nature reserve, national park)
- Truppenübungsplatz, Sperrgebiet (prohibited zone)
- Höhenlinie 100m/50m (contour line)

- A13 B12 Autobahn; Schnellstraße (motorway/freeway; expressway)
- B236 Fernverkehrsstraße (highway)
- Hauptstraße (main roads)
- untergeordnete Hauptstraße (secondary main road)
- Nebenstraße; Fahrweg (secondary road; side street/access road)
- Weg; Fähre (track; ferry)
- Straße geplant/in Bau (road planned/under construction)
- Eisenbahn/Bahnhof; S-Bahnhof (railway/station; suburban station)
- Eisenbahn stillgelegt; geplant (railway disused; planned)
- Schmalspurbahn (narrow gauge railway)
- Bergbahn; Seilbahn (mountain railway; cable car)
- Wald; Parkanlage (forest; park)
- Sumpf; Heide (marsh/bog; heath)
- Weinbau; Gartensiedlung* (vineyards; allotment gardens*)
- Steinbruch, Tagebau* (quarry, open cast mine*)
- Friedhof; Düne, Strand (cemetery; dunes, beach)
- Watt; Gletscher (tidal flats; glacier)
- Felsen; Geröll (rock, cliff; scree)
- Gewächshäuser*, Plantage* (greenhouses*, plantation*)
- Gewerbe-, Industriegebiet (commercial/industrial area)
- Siedlungsfläche; öffentl. Gebäude (built-up area)
- Stadtmauer, Mauer (defensive wall, wall)
- Damm, Deich (embankment, dike)
- Kanal (canal)
- Fluss/Staumauer/See (river/dam/lake)

Inhalt

Stadtpläne

Tourenplanung

Anreise

Es gibt verschiedene Möglichkeiten für die Anreise in die lettische Hauptstadt: Mit dem Zug benötigt man etwa zwei Tage, wobei die Verbindung meist via Warschau und Vilnius führt. Derzeit wird die Schnellbahnstrecke Rail Baltica zwischen Warschau, Vilnius, Rīga und Tallinn gebaut, sobald die Strecke fertiggestellt ist (ca. 2030), verkürzt sich die Fahrzeit nach Rīga erheblich. Mit der Fähre kann man von Lübeck-Travemünde nach Liepāja oder Ventspils anreisen und von dort mit dem Bus weiter nach Rīga. Dafür benötigt man etwas mehr als einen Tag. Die lettische Hauptstadt ist auch mit dem Flugzeug durch mehrere Fluglinien gut erreichbar. Nähere Informationen zur Anreise mit dem Fernbus gibt es unter www.eurolines.lv, www.ecolines.net und www.flixbus.de. Flixbus bietet mehrere Verbindungen auch mit Fahrradmitnahme an, die Fahrt dauert je nach Verbindung zwischen 18 und 30 Stunden.

Visum

Für Besuchende von Sankt Petersburg und Kaliningrad gibt es seit 2019 das "Elektronische Visum". Man benötigt keine Einladung, die Aufenthaltsdauer beträgt maximal acht Tage, es ist kostenlos und online beantragbar. Mehr Infos unter: https://russische-botschaft.ru/de/consulate/visafragen/elektronische-visa-fuer-besucher-der-stadt-sankt-petersburg-und-des-kaliningrader-gebiets/

Seit dem 1.1.2021 gibt es für das gesamte russische Staatsgebiet ein E-Visum. Es soll einen Aufenthalt von bis zu 16 Tagen für 40 US-Dollar ermöglichen.

Fahrrad

Es empfiehlt sich eine breite Bereifung für die Strand- und Waldstrecken. Eine Federgabel ist aber nicht notwendig.

Verständigung

In Litauen und Lettland kann man sich – besonders mit jungen Leuten – in Englisch verständigen, bei älteren oft nur in Russisch. In Klaipėda, auf der Kurischen Nehrung und am polnischen Küstenstreifen ist man vielerorts auf deutsche Touristen eingestellt.

Der Autor

Michael Cramer wurde am 16. Juni 1949 in Gevelsberg/Westfalen geboren und besuchte in Ennepetal das Reichenbach-Gymnasium. In Mainz studierte er von 1969–74 Musik, Sport und Pädagogik. Von 1975–95 unterrichtete er am Ernst-Abbe-Gymnasium und am Albrecht-Dürer-Gymnasium in Berlin-Neukölln.

Von 1989–2004 war er als verkehrspolitischer Sprecher von Bündnis 90/Die Grünen Mitglied im Abgeordnetenhaus von Berlin und von 1989-90 der Vorsitzende im Ausschuss für Verkehr und Betriebe. Gleichzeitig nahm er mehrere Lehraufträge zum Thema Verkehrs- und Stadtpolitik am Otto-Suhr-Institut der Freien Universität Berlin wahr. Von 2004 bis 2019 war er Mitglied im Europäischen Parlament und von 2014 bis 2017 der Vorsitzende im Ausschuss für Verkehr und Tourismus. Darüber hinaus ist er durch Veröffentlichungen in Zeitschriften und Büchern publizistisch tätig.

Für sein verkehrspolitisches Engagement – insbesondere für die grenzüberschreitenden europäischen Schienenverbindungen und den „Europa-Radweg Eiserner Vorhang" – wurde er 2018 mit dem Bundesverdienstkreuz und 2019 mit dem LEO-Preis der Deutschen Verkehrszeitung (DVZ) ausgezeichnet. Der Verdienstorden des Landes Berlin wurde ihm 2021 verliehen.

Seit 1979 ist Michael Cramer in Berlin auch ohne eigenes Auto mobil, weil er im Alltag Fahrrad, Bus, Bahn und Taxi benutzt und im Urlaub den sanften Tourismus bevorzugt.

www.michael-cramer.eu

Deshalb hat er viele Velo-Routen in Europa im wahrsten Sinne des Wortes erfahren. Und auch in den USA hat er den 750 Kilometer langen Radweg um die Bay von San Francisco abgeradelt. Das von ihm geschriebene bikeline-Buch „San Francisco Bay Trail" ist 2004 im österreichischen Esterbauer-Verlag in englischer Sprache erschienen.

Ausschlaggebend für die intensive Beschäftigung mit der deutsch-deutschen Geschichte sind drei Ereignisse in seiner Jugend. Als 1961 die Mauer in Berlin gebaut wurde, machte er seine erste Urlaubsreise ohne seine Eltern in das Nordseebad St. Peter Ording. Dort bestaunte er nicht nur die Strandsegler, sondern konnte auch noch dem 80-jährigen legendären Graf Luckner (1881-1966) lauschen, dem man nachsagte, dass er mit eigener Kraft Telefonbücher zerreißen sowie Fünf-Mark-Stücke umknicken und plattdrücken konnte.

Als in diesen Urlaubstagen eine Zeitung titelte: „Mauerbau in Berlin – droht der Dritte Weltkrieg?", erinnerte er sich an die Geschichten seiner Eltern und Lehrer über die Kriegszeit – und bekam fürchterliche Angst, dass auch er solche Zeiten erleben könnte.

Zwei Jahre später fuhr er mit seinem Fußballverein TuS Ennepetal zum ersten Mal nach West-Berlin und spielte gegen den BFC-Südring. Er aß seine erste Curry-Wurst – die gab es damals noch nicht in West-Deutschland –, spielte zum ersten Mal Mini-Golf in der Hasenheide – das konnte man damals in Ennepetal noch nicht – und trank die erste Fassbrause – die gibt es heute noch nicht in West-Deutschland. Für diese Reise schenkte ihm seine Tante eine Kamera und eines seiner ersten Fotos war das markante Eckhaus vom Besucherpodest vor der Mauer am Ende der Bernauer Straße.

Und jedes Mal, wenn er später nach Berlin kam, ging er zur Bernauer Straße und beobachtete, wie sich die Mauer veränderte. Anfangs waren nur im Parterre und im ersten Stock die Fenster zugemauert, später auch die anderen Stockwerke. Dann wurden die Häuser bis zum ersten Stockwerk abgerissen und schließlich durch die „moderne" Mauer ersetzt.

Wenig später las er sein erstes politisches Buch: „Die Revolution entlässt ihre Kinder" von Wolfgang Leonhard (1921-2014), der mit seiner kommunistischen Mutter, Susanne Leonhard, 1935 auf der Flucht vor den Nationalsozialisten in die Sowjetunion emigrierte. Schon nach kurzer Zeit wurde sie im „Großen Terror" von Stalin als „Volksfeind" verhaftet und zu fünfjähriger Zwangsarbeit verurteilt. Ohne Gerichtsurteil dauerte ihre Verbannung in den Arbeitslagern von Sibirien bis 1948.

Ihr Sohn Wolfgang wurde in Kinderheimen und Internaten „sozialistisch" erzogen. Als überzeugter Kommunist gehörte er zur „Gruppe Ulbricht", die nach dem Krieg aus der Sowjetunion in das besetzte Deutschland geschickt wurde. Von Juli 1945 bis September 1947 war er in der Abteilung „Agitation und Propaganda" des Zentralkomitees (ZK) der KPD (ab 1946 SED) tätig und lehrte von 1947-49 Geschichte an der SED-Parteihochschule „Karl Marx" in Kleinmachnow. 1948 half ihm der spätere DDR-Staatspräsident Wilhelm Pieck, seine Mutter aus Sibirien nach Deutschland zurückzuholen.

Susanne Leonhard (1895–1984) lebte zunächst in Ost-Berlin und zog im März 1949 nach West-Deutschland. Hier wurde sie vom US-Geheimdienst CIC (Counter Intelligence Corps) festgenommen und bis April 1950 inhaftiert. Als überzeugte - antistalinistische

- Sozialistin lehnte sie eine Arbeit für die US-Spionage ab. 1956 erschien ihr Buch: „Gestohlenes Leben. Schicksal einer politischen Emigrantin in der Sowjetunion". Auch ihr Sohn Wolfgang brach mit dem Stalinismus, verließ zur selben Zeit wie seine Mutter Ost-Berlin, floh über Prag in das „blockfreie" Jugoslawien und lebte seit 1950 in der Bundesrepublik Deutschland.

Michael Cramer zog 1974, nach dem Studium in Mainz, als gefestigter „Deutschlandpolitiker" nach Berlin (West), das weder vom Süden, Norden oder Westen, sondern nur vom „Osten" umgeben war, der größten Insel im Roten Meer. Er bestätigte die damals weitverbreitete Erfahrung: „Entweder du haust spätestens nach einem halben Jahr wieder ab, oder du bleibst für immer in Berlin". Er blieb.

Im Sommer 1989 radelte er zum ersten Mal den 160 Kilometer langen „Zollweg" rund um West-Berlin ab, der von den West-Alliierten nach dem Mauerbau angelegt worden war. Man konnte sich nicht verfahren, denn es ging auf der West-Berliner Seite immer an der Wand lang. Nach dem Mauerfall konnte er diese Umrundung im Frühjahr 1990 auf dem „Kolonnenweg" der DDR-Grenztruppen zwischen Vorder- und Hinterlandmauer mit eigenartigen Gefühlen wiederholen. Dabei wurde die Idee vom Berliner Mauerweg geboren.

Allerdings dauerte es noch zehn Jahre, bis sie Gestalt annahm. Denn nach dem Fall der Mauer lautete die Parole in Berlin: „Die Mauer muss weg", was die Grenztruppen der DDR, die für deren Abbau bis zum 2. Oktober 1990 die Verantwortung trugen, mit preußisch-sozialistischer Gründlichkeit realisierten. Nur wo Bezirke, Organisationen oder Einzelpersonen sie daran hinderten, blieben Mauerreste bestehen.

Anlässlich des 40. Jahrestages des Mauerbaus nahm Michael Cramer die Idee wieder auf und organisierte im Sommer 2001 die öffentlichen „Mauerstreifzüge", an denen mehr als 1.000 Personen teilnahmen. Auch dadurch konnte er erreichen, dass Senat und Abgeordnetenhaus von Berlin beschlossen, die verbliebenen Mauerreste unter Denkmalschutz zu stellen, für den letzten erschossenen Flüchtling, Chris Gueffroy, eine Gedenkstele zu errichten, den Berliner Mauerweg auszuschildern und ihn fahrradfreundlich auszubauen, was 2007 auch vollendet wurde.

Im österreichischen Esterbauer-Verlag erschien 2001 von Michael Cramer das Buch „Berliner Mauer-Radweg", eine 160 Kilometer lange Route entlang der ehemaligen Mauer um West-Berlin. Es wurde von dem langjährigen Berliner Senator für Stadtentwicklung und Umweltschutz, Volker Hassemer, vorgestellt, seitdem mehrfach überarbeitet und 2003 auch in englischer Sprache gedruckt.

Das Buch „Deutsch-Deutscher Radweg" erschien zum ersten Mal im Sommer 2007 - in englischer Sprache 2008 - und wurde im Europäischen Haus in Berlin von Wolfgang Thierse, dem ehemaligen Präsidenten des Deutschen Bundestages (1998-2005), vorgestellt. Dabei zitierte Thierse den früheren Präsidenten der Europäischen Kommission, Jacques Delors (1985-1995) mit seinem Ausspruch: „Die Europäische Union ist wie ein Fahrrad, hält man es an, fällt es um."

Die drei Bände vom „Europa-Radweg Eiserner Vorhang", der EuroVelo Route 13 (EV 13), erschienen 2009 und als „Iron Curtain Trail" in englischer Sprache 2010. Diese wurden - ebenfalls im Europäischen Haus in Berlin - von Hans-Gert Pöttering, dem damaligen Präsidenten des Europäischen Parlaments, vorgestellt.

Die Überarbeitung des vierten Teils, „Von Hof nach Szeged", mit dem einheitlichen Maßstab 1:85.000 erschien 2014 - in englischer Sprache 2017 - und wurde vom österreichischen EU-Kommissar für Regionale Entwicklung, Johannes Hahn, im Europäischen Haus in Wien präsentiert.

Die überarbeitete Version vom zweiten Teil, „Von Rīga nach Lübeck", die mit dem „Ostseeküsten-Radweg" (EV 10) identisch ist, erschien 2016 im Maßstab 1:85.000 in deutscher und 2017 in englischer Sprache.

Der überarbeitete erste Teil „Von der Barentssee und von Helsinki nach Rīga" wurde durch den Abschnitt von Helsinki zur finnisch-russischen Grenze ergänzt und erschien 2018 in deutscher und englischer Sprache. Die Karten von der Barentssee zur Ostsee haben den Maßstab 1:400.000 und entlang der Ostseeküste von Helsinki nach Rīga 1:120.000.

Der fünfte Teil, „Von Szeged nach Rezovo am Schwarzen Meer", erschien 2019 im Maßstab 1:120.000 in deutscher und englischer Sprache.

Nachdem Michael Cramer die gesamten 10.000 Kilometer vom „Europa-Radweg Eiserner Vorhang" abgeradelt hatte, wurden die von ihm überarbeiteten Versionen der nunmehr insgesamt fünf Bücher in beiden Sprachen am 4. April 2019 im „Haus der Europäischen Geschichte" in Brüssel abermals von Hans-Gert Pöttering vorgestellt.

Mit dem "Europa-Radweg Eiserner Vorhang" wurde 2018 die Architektur-Biennale in Venedig unter dem Thema "Unbuilding Walls" im deutschen Pavillon eröffnet. Der „Iron Curtain Trail" wurde 2019 als "Kulturroute des Europarates" zertifiziert und ist damit die erste EuroVelo Route, die in diese Liste aufgenommen wurde. Der österreichisch-tschechisch-slowakische Abschnitt von Gmünd bis Bratislava wurde im Rahmen der niederländischen Wander- und Radmesse „Fiets en Wandelbeurs" zur europaweit besten „Fahrradroute des Jahres 2021" ausgezeichnet.

Europa-Radweg Eiserner Vorhang

Der Eiserne Vorhang verlief auf einer Länge von 10.000 Kilometern von der Barentssee quer durch Europa bis zum Schwarzen Meer und trennte den Kontinent in Ost und West. Bis zu den Friedlichen Revolutionen in Ostmitteleuropa war er die physische und ideologische Grenze zweier sich feindlich gegenüberstehender Blöcke. Er trennte nicht nur viele Nachbarstaaten voneinander, sondern spaltete auch Deutschland und Berlin in Ost und West. Heute ist von dem ehemaligen Todesstreifen kaum noch etwas zu sehen, seine Relikte gemahnen uns - aber sie trennen uns nicht mehr.

Man muss Erinnerung sichtbar machen! Wir wissen, dass es zwischen West und Ost noch keine gemeinsame Geschichtsbetrachtung gibt, dass sich die Europäer im Osten und im Westen an ihre Grenze auf unterschiedliche Art und Weise erinnern, auch weil sie von der offiziellen Politik in beiden Teilen Europas völlig konträr interpretiert worden war. Die Warschauer-Pakt-Staaten hatten sie zum „Schutz vor dem Klassenfeind" und die Berliner Mauer zum „antifaschistischen Schutzwall" verklärt, für den Westen war sie das Symbol der Unfreiheit im real existierenden Sozialismus.

Berliner Mauer-Radweg

Sichtbare Erinnerung gibt es bereits mit dem „Berliner Mauerweg", den der Berliner Senat seit 2001 ausgeschildert und fahrradfreundlich ausgebaut hat. Zudem wurden anlässlich des 40. Jahrestags des Mauerbaus nahezu alle noch verbliebenen Mauerreste unter Denkmalschutz gestellt.

Als Ergänzung zur Markierung des ehemaligen Mauerverlaufs und zur künstlerischen Gestaltung der Grenzübergänge wurde die „Geschichtsmeile Berliner Mauer" ins Leben gerufen, eine viersprachige Dauerausstellung (deutsch, englisch, französisch, russisch), die mit etwa 30 Tafeln über die Geschichte von Teilung, Mauerbau und Maueröffnung informiert. Mit Fotografien und kurzen Texten werden Ereignisse geschildert, die sich am jeweiligen Standort zugetragen haben.

Diese „Geschichtsmeile" wird mit Informationstafeln im Außenbereich des Mauerwegs fortgesetzt. Mit historischen Fotos und zweisprachigen Texten (deutsch, englisch) wird auf Orte hingewiesen, die durch ihre ehemalige Nutzung, ihre frühere bauliche Ausstattung oder durch besondere Ereignisse die unterschiedlichen Aspekte der Teilungsgeschichte exemplarisch erläutern. Die Stelen - wie auch die Schilder „Berliner Mauerweg" - sind mit einer Höhe von 3,60 Meter genauso hoch wie einst die Mauer war und werden durch Informationstafeln, Gedenkkreuze und Fotos der erschossenen Flüchtlinge ergänzt, damit deren Schicksale im öffentlichen Gedächtnis bleiben.

Der „Berliner Mauerweg" wurde Bestandteil des Tourismus-Programms von Berlin und ist das erste Projekt, das den sanften mit dem Stadttourismus verbindet. In Berlin kann man in der Tat Geschichte, Politik, Natur und Kultur im wahrsten Sinne des Wortes „erfahren".

Deutsch-Deutscher Radweg

Nicht nur Berlin, auch Deutschland war jahrzehntelang gespalten, und auch die Erinnerung an den 1.400 Kilometer langen innerdeutschen Grenzstreifen gilt es zu bewahren. Deshalb brachten die Koalitionsfraktionen von SPD und Bündnis 90/Die Grünen am 30. Juni 2004 im Deutschen Bundestag einen Antrag ein (DS 15/3454), den ehemaligen Todesstreifen in einen Lebensraum umzuwandeln. Er sollte den sanften Tourismus erschließen und für die Gestaltung vom „Grünen Band Europa" entlang des früheren „Eisernen Vorhangs" entwickelt werden. Der Deutsche Bundestag hat im Dezember 2004 einstimmig dafür votiert.

Der „Deutsch-Deutsche Radweg" am „Grünen Band" führt an 150 Naturschutzgebieten entlang und integriert zahlreiche Flora-Fauna-Habitat-Gebiete (FFH), die vier Biosphärenreservate Schaalsee, Elbaue, Rhön und Drömling sowie den Nationalpark Harz. Der Radweg führt von der Ostsee bis zur tschechischen Grenze an zahlreichen Flüssen und Seen entlang und überwindet die Höhen des Harzes sowie die des Thüringer Waldes. Er passiert viele Denkmäler und Grenzlandmuseen wie auch manche der noch verbliebenen Wachtürme.

Europa-Radweg Eiserner Vorhang

Aber auch Europa war jahrzehntelang gespalten. Von der Barentssee an der norwegisch-russischen Grenze bis zum Schwarzen Meer an der bulgarisch-türkischen Grenze verlief der Eiserne Vorhang. Heute trennt er nicht mehr, sondern ist Symbol einer gemeinsamen und gesamteuropäischen Erfahrung im wiedervereinigten Europa.

Brandenburger Tor, 1961/1976

Dank Hubert Weiger, dem langjährigen Vorsitzenden vom Bund für Umwelt und Naturschutz Deutschland (BUND), gibt es seit dem 19. Juni 2005 auch den „Green Belt“, das „Grüne Band Europa“.

Auch deshalb hat das Europäische Parlament im Herbst 2005 den „Iron Curtain Trail“ („Europa-Radweg Eiserner Vorhang“) in seinen Bericht über „Neue Perspektiven und Herausforderungen für einen nachhaltigen europäischen Fremdenverkehr“ (A6-0235/2005) aufgenommen. Mit einer großen Mehrheit aus allen Mitgliedstaaten und allen Fraktionen wurde meinem Antrag zugestimmt, der die Kommission und die Mitgliedstaaten auffordert, „die Initiative ‚Iron Curtain Trail‘ umzusetzen, [...] um die europäische Identität zu fördern“.

An diesem Projekt sind 20 Länder beteiligt, darunter 15 Mitgliedstaaten der EU. Beginnend an der Barentssee verläuft der Rad- und Wanderweg an der Westgrenze der ehemaligen Warschauer Pakt-Staaten entlang bis zum Schwarzen Meer. Man radelt an der norwegisch-russischen und finnisch-russischen Grenze entlang bis zur Ostsee und passiert dort die Küstenstreifen von Russland, Estland, Lettland, Litauen, Kaliningrad, Polen und der ehemaligen DDR. Von der Halbinsel Priwall bei Lübeck-Travemünde bis zum sächsisch-bayerisch-tschechischen Dreiländereck folgt die Route dem ehemaligen innerdeutschen Grenzstreifen. Dann führt sie über die Höhen des Böhmerwalds, vorbei an Mähren und überquert in der slowakischen Hauptstadt Bratislava die Donau. Nach der österreichisch-ungarischen Grenze führt der Weg durch Slowenien, Ungarn und Kroatien. Zwischen Rumänien und Serbien folgt die Strecke weitgehend dem Lauf der Donau, um schließlich über Bulgarien, Nord-Mazedonien, Griechenland und der Türkei nach mehr als 10.000 Kilometern an der bulgarisch-türkischen Schwarzmeerküste zu enden.

Die Strecke verläuft durch mehrere Nationalparks mit einer interessanten Flora und Fauna und verbindet eine Vielzahl einzigartiger Landschaften, die in der Sperrzone lagen und nahezu unberührt geblieben sind. Sie verbindet aber auch zahlreiche Mahnmale, Museen und Freiluft-Einrichtungen, die an die Geschichte der Spaltung Europas und seiner Überwindung durch die Friedlichen Revolutionen in Ostmitteleuropa erinnern.

Wie beim „Berliner Mauer-Radweg“ und dem „Deutsch-Deutschen Radweg“ können auch beim „Europa-Radweg Eiserner Vorhang“ die teilweise noch vorhandenen asphaltierten Patrouillenwege der Grenztruppen genutzt werden. In vielen Ländern und Regionen Europas wird an dem Projekt gearbeitet, zahlreiche Abschnitte sind schon ausgeschildert und ausgebaut.

Die Geschichte der Spaltung Europas

Die Geschichte der europäischen Spaltung beginnt nicht mit dem Ende des Zweiten Weltkriegs, sondern mit Hitlers Machtergreifung am 30. Januar 1933 und dem Beginn des Zweiten Weltkriegs am 1. September 1939, als deutsche Soldaten in Polen einmarschierten. Ohne den von Nazi-Deutschland entfesselten Zweiten Weltkrieg wäre Europa nicht gespalten worden.

Die Anti-Hitler-Koalition war sich trotz der unterschiedlichen ideologischen Ausrichtung im gemeinsamen Kampf gegen das nationalsozialistische Deutschland einig. Nach der bedingungslosen Kapitulation der deutschen Wehrmacht am 8. Mai 1945 dominierten die jeweils eigenen Interessen aber schon bald. Am 5. März 1946 hatte der nach Kriegsende abgewählte britische Premierminister Winston Churchill in seiner berühmten Rede

Alois Mock und Gyula Horn durchschneiden den Eisernen Vorhang am 27. Juni 1989

in Fulton/Missouri festgestellt, dass ein Teil Europas hinter einem „Eisernen Vorhang“ verschwunden und damit eine Spaltung Europas eingetreten sei. Der Kalte Krieg hatte begonnen.

Weil die Führungen der Warschauer-Pakt-Staaten nicht gewillt waren, politische Freiheitsrechte zu gewähren und sich als unfähig erwiesen, die wirtschaftlichen Probleme zu lösen, kam es immer wieder zu Aufständen. Den ersten Volksaufstand im sowjetischen Machtbereich nach dem Zweiten Weltkrieg gab es am 17. Juni 1953 in der DDR. Ihm folgten 1956 im Juni die Posener Demonstrationen in Polen und im Oktober die Revolution in Ungarn, der „Prager Frühling“ 1968 in der Tschechoslowakei, der Arbeiteraufstand 1970 in Polen, die Charta 77 in der Tschechoslowakei sowie 1980 die Entstehung der Solidarność-Bewegung in Polen, die mit 10 Millionen viermal so viele Mitglieder hatte wie die Kommunistische Staatspartei. Die Aktivitäten der Gewerkschaft Solidarność, die erfolgreiche Orientierung der Ungarn nach Westen, der „Singende Revolution“ genannte Kampf der Unabhängigkeitsbewegungen in den baltischen Staaten, die „Samtene Revolution“ in der Tschechoslowakei, die immer stärker werdende Oppositionsbewegung in der DDR und der Abbau des Stacheldrahts an der ungarisch-österreichischen Grenze durch die beiden Außenminister Gyula Horn und Alois Mock am 27. Juni 1989 bereiteten den Fall der Berliner Mauer am 9. November 1989 und den des Eisernen Vorhangs in Europa vor.

Das Grüne Band – Vom Todesstreifen zum Lebensraum

Nach dem Vorbild vom Berliner Mauer-Radweg und vom Deutsch-Deutschen Radweg entsteht nun entlang des ehemaligen Eisernen Vorhangs auf dem früheren Todesstreifen ein Rad- und Wanderweg, der Reisen auf den Spuren der gemeinsamen Geschichte unseres Kontinents ermöglicht. Das 10.000 Kilometer lange „Grüne Band“ von der Barentssee bis zum Schwarzen Meer steht seit 2002 unter der Schirmherrschaft von Michail Gorbatschow (1931-2022), der von 1993-2022 der Präsident von Green Cross International (GCI) war und im März 1985 mit nur einer Stimme Mehrheit zum Generalsekretär der KPdSU gewählt worden.

Heute wird die Bedeutung des Grünen Bandes für den Naturschutz und der Wert als Symbol der Vereinigung zwischen Ost und West auch international anerkannt. Wenn die Mitgliedstaaten in Zusammenarbeit mit dem Europäischen Parlament und der EU-Kommission das Projekt realisieren, wird man auch europäische Geschichte, Politik, Natur und Kultur erfahren können.

Der Routen-Vorschlag

Natürlich gibt es verschiedene Möglichkeiten, sich im Grünen Band mit dem Fahrrad zu bewegen. Ob auf der westlichen oder der östlichen Seite, ob näher an der Grenze oder weiter entfernt, ob auf Kolonnenwegen mit Lochplatten oder auf Asphalt. Die vorgeschlagene Route wurde nach den folgenden fünf Kriterien ausgewählt:

Václav Havel

Marianne Birthler

Lech Wałęsa

- möglichst nahe an der ehemaligen Grenze
- vorzugsweise auf komfortabel zu befahrenden Wegen
- stark befahrene Straßen vermeidend
- die ehemalige Grenze häufig querend
- viele Zeugnisse der Geschichte integrierend

Der Routenvorschlag versteht sich als „work in progress". Denn selbstverständlich wissen die Menschen vor Ort besser über ihre Gegend Bescheid, auch gibt es immer wieder Veränderungen durch Baumaßnahmen u. ä. Und manchmal wird auch ein Umweg vorgeschlagen, um eine touristische Attraktion noch einzubinden. Das kann allerdings nur sparsam geschehen, weil sich sonst die Gesamtroute zu sehr verlängern würde. Dafür bitten Autor und Verlag um Verständnis, freuen sich aber über Anregungen und Verbesserungsvorschläge, die sich an den oben erwähnten Kriterien orientieren.

Danksagung

Die Überarbeitung dieses Bandes vom „Europa-Radweg Eiserner Vorhang" wäre nicht möglich geworden ohne die Unterstützung anderer Personen und Institutionen. Deshalb möchte ich mich bei dem österreichischen Verleger Roland Esterbauer und seinem Team ganz herzlich bedanken, das von Anfang an das Projekt unterstützt und professionell umgesetzt hat.

Bedanken möchte ich mich auch bei der europäischen Initiative europeangreenbelt (www.greenbelt.eu), die gemeinsam mit Naturschützern aus den mittel- und osteuropäischen Ländern das Projekt „Green Belt" ins Leben gerufen hat, mittlerweile eines der erfolgreichsten und zugleich symbolträchtigsten europäischen Projekte.

Am 23. September 2014 haben Gabriel Schwaderer für die European Green Belt Initiative, Daniel Mourek für die European Cyclists´ Federation und Michael Cramer für das Europäische Parlament in Slavonice ein „Memorandum of Understanding" unterzeichnet, um den Green Belt zu schützen und in ihm das Radeln zu ermöglichen.

Die unterzeichneten Institutionen verpflichten sich im Rahmen beider Projekte, den nachhaltigen Tourismus, den Schutz und die Bewahrung der Besonderheit von Flora und Fauna sowie das Bewusstsein für die Geschichte und Kultur zu unterstützen. Sie sind sich einig, dass diese Ziele nur gemeinsam mit der Bevölkerung erreicht werden können. Durch den nachhaltigen Tourismus wird insbesondere die lokale Wirtschaft gestärkt, was auch durch die Verbesserung der bestehenden Infrastruktur geschehen soll.

Und last but not least ein herzliches Dankeschön an Marianne Birthler, Václav Havel (1936-2011) und Lech Wałęsa, die für das Projekt "Europa-Radweg Eiserner Vorhang" die Patenschaft übernommen haben.

Lebendige Geschichtswerkstatt

Dieser Radweg ist eine reizvolle Kombination von Geschichtswerkstatt und Fahrradtourismus, von Freizeit, Natur und Kultur. Er verdeutlicht, dass der frühere unmenschliche Grenzstreifen zwischen Ost- und West-Europa, der sogenannte Todesstreifen, heute als großer Biotopverbund ein lebendiges ökologisches Denkmal ist, das in einzigartiger Form an die Spaltung Europas und an deren Überwindung erinnert.

Seit dem Fall der Mauer in Berlin und des Eisernen Vorhangs in Europa sind nun mehr als drei Jahrzehnte vergangen. Gemäß der Aussage von Wilhelm von Humboldt: „Nur wer die Vergangenheit kennt, hat eine Zukunft", müssen wir uns mit der Vergangenheit auseinandersetzen. Deshalb pflegen wir mit Dankbarkeit die Erinnerung an die Friedlichen Revolutionen in Ostmitteleuropa, ohne die jahrzehntelange Spaltung unseres Kontinents zu vergessen.

In diesem Sinne wünsche ich eine anregende Lektüre und viel Freude beim Erfahren von europäischer Geschichte, Politik, Natur und Kultur.

Michael Cramer

Zu diesem Buch

Dieses Radtourenbuch enthält alle Informationen, die man für den Radurlaub entlang des ehemaligen Eisernen Vorhanges benötigt: Exakte Karten, eine detaillierte Streckenbeschreibung, ein ausführliches Übernachtungs- und Serviceverzeichnis, Stadt- und Ortspläne und die wichtigsten Informationen zu touristischen Attraktionen und Sehenswürdigkeiten.

Und das alles mit der **bikeline-Garantie**: Die erstellten Routen in diesen Büchern sind vor Ort auf ihre Fahrradtauglichkeit geprüft worden. Um höchste Aktualität zu gewährleisten, werden nach der Befahrung Korrekturen von Radelnden bzw. offiziellen Stellen bis Redaktionsschluss entgegengenommen, die dann jedoch teilweise nicht mehr an Ort und Stelle verifiziert werden können.

Die Karten

Die Detailkarten sind im Maßstab 1 : 85.000 erstellt. Dies bedeutet, dass ein Zentimeter auf der Karte einer Strecke von 850 Metern in der Natur entspricht. Zusätzlich zum genauen Routenverlauf informieren die Karten auch über die Beschaffenheit des Bodenbelages (befestigt oder unbefestigt), Steigungen (leicht oder stark), Entfernungen sowie über kulturelle und gastronomische Einrichtungen entlang der Strecke. Durch Rundung der Kilometerangaben auf halbe Kilometer, können Differenzen zu den tatsächlich gefahrenen Kilometern entstehen.

Allerdings können selbst genaue Karten den Blick auf die Wegbeschreibung nicht ersetzen. Komplizierte Stellen werden in der Karte mit diesem Symbol ⚠ gekennzeichnet, im Text findet man das gleiche Zeichen zur Kennzeichnung der betreffenden Stelle wieder. Beachtenswert ist, dass die empfohlene Hauptroute immer in Rot und Violett, Varianten und Ausflüge hingegen in Orange dargestellt sind. Die genaue Bedeutung der einzelnen Symbole wird in der Legende auf den Seiten 4 und 5 erläutert.

Höhen- und Streckenprofil

Das Höhen- und Streckenprofil gibt einen grafischen Überblick über die Steigungsverhältnisse, die Länge und die wichtigsten Orte entlang der Radroute. Es können in diesem Überblick nur die markantesten Höhenunterschiede dargestellt werden, jede einzelne kleinere Steigung wird in dieser grafischen Darstellung nicht berücksichtigt. Die Steigungs- und Gefälleverhältnisse entlang der Route findet man im Detail mit Hilfe der Steigungspfeile in den genauen Karten.

Der Text

Der Textteil besteht im Wesentlichen aus der genauen Streckenbeschreibung, welche die empfohlene Hauptroute enthält.

Unterbrochen wird dieser Text gegebenenfalls durch orangefarbige Absätze, die Varianten und Ausflüge beschreiben.

TIPP Textabschnitte in Violett heben Stellen hervor, an denen die Radelnden Entscheidungen über die weitere Fahrstrecke treffen müssen, z. B. wenn die Streckenführung von der Wegweisung abweicht oder mehrere Varianten zur Auswahl stehen u. ä..

Ferner sind alle wichtigen Orte zur besseren Orientierung aus dem Text hervorgehoben. Gibt es interessante Sehenswürdigkeiten in einem Ort, so findet man unter dem Ortsbalken die jeweiligen Adressen, Telefonnummern, Öffnungszeiten-Kategorien und Weblinks.

Die Beschreibung der einzelnen Orte sowie historisch, kulturell oder naturkundlich interessanter Gegebenheiten entlang der Route tragen zu einem abgerundeten Reiseerlebnis bei. Diese Textblöcke sind kursiv gesetzt und unterscheiden sich dadurch auch optisch von der Streckenbeschreibung.

Öffnungszeiten – Kategorien

- (24) frei zugänglich
- (7d) täglich
- häufig (5-6 Tage/Wo.)
- durchschnittlich (3-4 Tage/Wo.)
- selten (bis 2 Tage/Wo.)
- (C) nach tel. Anfrage

Diese Angaben gelten während der Radsaison und dienen als Orientierungshilfe. Die tagesaktuellen Öffnungszeiten findet man über den Weblink.

Weblink

Im Ortsdatenblock bei dem jeweiligen touristischen Eintrag befindet sich nach dem @ Symbol eine sechsstellige Zahlen- und Buchstabenkombination (z. B. @ abc123). Die Eingabe dieser Weblink-ID auf unserer Internetseite www.esterbauer.com leitet direkt auf die entsprechende Webseite weiter und ersetzt somit die mühsame Eingabe ellenlanger Webadressen.

Übernachtungs- und Serviceverzeichnis

Auf den letzten Seiten dieses Radtourenbuches sind zu fast allen Orten entlang der Strecke eine Vielzahl von Übernachtungsmöglichkeiten aufgelistet, vom einfachen Zeltplatz bis zum 5-Sterne-Hotel. Zusätzlich findet man umfangreiche Informationen zu Radwerkstätten und Radverleihstationen.

Von Rīga nach Kaliningrad 683 km

Man radelt auf dem „Ostseeküsten-Radweg“ (EV 10), der mit wenigen Ausnahmen mit dem "Europa-Radweg Eiserner Vorhang“ (EV 13) identisch ist. Er führt an Sandstränden und Steilküsten entlang und verläuft bis auf wenige Ausnahmen in ebenem Gelände. Besonders reizvoll ist der rhythmische Wechsel von Natur- und Stadterlebnissen. Nacheinander durchfährt man wiederentdeckte Metropolen mit langer und ereignisreicher Geschichte wie Rīga und Kaliningrad sowie die einmalige Naturlandschaft der Kurischen Nehrung.

Die Landschaften und Regionen haben meist mehrere Namen, die auf die wechselhafte Geschichte des Ostseeraums verweisen. Hier siedelten und herrschten im Laufe der Jahrhunderte Russen, Weißrussen, Letten, Litauer, Polen, Liven, Pruzzen, Kaschuben, Slowinzen, Dänen, Schweden, Juden und Deutsche. Und so wird beispielsweise Liepāja (lett.) auch Libau (dt.), Lipawa (pl.), Liepāja (russ.) oder Libave (jidd.) genannt.

Entlang der Ostseeküste gab es während des Kalten Kriegs zwar keine Mauer wie in Berlin oder Stacheldraht wie entlang der Grenzen in Mittel- und Südosteuropa, aber von einem Eisernen Vorhang muss man dennoch sprechen. Große Teile des Küstengebietes waren zur Zeit des Kalten Kriegs militärisches Sperrgebiet. In Karosta kann man sich noch ein Bild davon machen, wie stark die einst hochgerüstete Grenze gesichert wurde.

Nach dem Wegfall der Blockgrenzen sind diese Küstenstreifen zunehmend geöffnet worden. Das geschah auch im Kaliningrader Gebiet, weshalb man auch dort – mit Ausnahme der Hafenstadt Baltijsk und der Frischen Nehrung – an der Küste entlang radeln kann.

Rīga (LV)

- **Tourist-Information**, Rātslaukums 6, ☎ 67037900, @ xlg237
- **1991.gada barikāžu muzejs (Museum der Barrikaden von 1991)**, Krāmu iela 3, ☎ 67213525 ⊜ Das Museum in der Altstadt zeigt die Dauerausstellung „Die Barrikaden von Rīga – das Ringen um die Wiederherstellung der Unabhängigkeit von Lettland im Jahr 1991". Im Gewölbekeller des Gebäudes von 1307 befindet sich das Restaurant Rozengrāls, in dem man in mittelalterlichem Stil bedient wird. @ kiq723
- **Farmācijas muzejs (Pharmaziemuseum)**, Riharda Vāgnera iela 13/15, ☎ 67213008 ⊜ Hier erfährt man alles über die Geschichte der Arzneimittelherstellung. Führungen in Englisch möglich. @ ken527
- **Georgenkirche**, Skārņu iela 10/20, ☎ 67222235 ⊜ Im ältesten sakralen Steingebäude (13. Jh.) von Rīga ist heute ein interessantes Kunstgewerbemuseum beheimatet. @ gro548
- **Latvijas Nacionālais mākslas muzejs (Nationales Kunstmuseum)**, Jaņa Rozentāla laukums 1, ☎ 67324461 ⊜ Mehr als 52.000 Werke lettischer Künstler sind hier gesammelt und geben einen Überblick über die lettische Kunst vom 18. Jh. bis heute. @ tqu537
- **Latvijas Okupācijas muzejs (Okkupationsmuseum)**, Latviešu strēlnieku laukums 1, ☎ 67229255 ⊜ Mehrere Ausstellungsräume dokumentieren die Besetzung des Landes und die damit verbundenen Verbrechen von Nazi-Deutschland und der ehemaligen Sowjetunion. Das geheime Zusatzprotokoll vom Hitler-Stalin-Pakt ist dort ausgestellt. Für Lettland ein wichtiger Beitrag zur Findung der heutigen nationalen Identität und Souveränität. @ wnc253
- **Mākslas muzejs RĪGAS BIRŽA (Kunstmuseum Rīgaer Börse)**, Doma laukums 6, ☎ 25732122 ⊜ Im Gebäude der ehemaligen Börse aus der Mitte des 19. Jhs. werden auf 6 Etagen diverse Kunstausstellungen gezeigt: Gemäldegalerie, Porzellansammlung, Silberkabinett, Kunst aus Nahem und Fernem Osten etc. @ one835
- **Melngalvju nams (Schwarzhäupterhaus)**, Rātslaukums 7, ☎ 66957225 ⊜ Das stilgetreu renovierte Haus der Bruderschaft für unverheiratete Kaufmannsgesellen ist mit seinem Skulpturenschmuck auf jeden Fall einen Besuch wert. Für Interessierte bietet eine Ausstellung im ersten Stock auch einen kurzen Überblick über die Geschichte des Hauses. @ iip422

Freiheitsdenkmal in Rīga

- **Mencendorfa nams (Mentzendorffhaus)**, Grēcinieku iela 18, ☎ 67212951 ⊜ Originale Einrichtungsgegenstände zeigen, wie die typischen Patrizierhäuser im 17. und 18. Jh. ausgesehen haben. @ dgh837
- **Rīgas Geto Muzejs (Rīgaer Ghetto und Holocaust Museum)**, Maskavas iela 14a, ☎ 67791784 ⊜ Das Museum erinnert an die jüdische Gemeinde in Lettland und an die Tragödie des Holocaust. Es wurde 2010 eröffnet und enthält eine Gedenkmauer mit über 70.000 Namen von lettischen Juden, die im Holocaust ums Leben gekommen sind. @ fts777
- **Rīgas Jūgendstila centrs (Jugendstilmuseum)**, Alberta iela 12, ☎ 67181465 ⊜ In der Straße gibt es noch mehrere Häuser, die reich verziert mit Köpfen, Monstern und Löwen Zeugen des ehemals blühenden Jugendstils in Rīga sind. Neben Wien, Paris und Barcelona war Lettland das bedeutendste Zentrum europäischen Jugendstils. @ upx675
- **Rīgas vēstures un kuģniecības muzejs (Museum für Stadtgeschichte und Seefahrt)**, Palasta iela 4, ☎ 67356676 ⊜ Obergeschoss des Domklosters St. Marien. Thema: Entwicklung der Hansestadt Rīga. @ sdt622
- **Johanniskirche**, Jāna iela 7, ☎ 25635565 ⊜ Die einschiffige Backsteinkirche wurde mehrmals umgebaut und bietet heute einen Mix aus Gotik und Renaissance. In der Kirche befinden sich ein sehenswerter barocker Altar und eine steinerne Maske, die der Legende nach früher für ein christliches Leben ohne Sünde gepredigt haben soll. @ uxd833
- **Rīgas Doms (Dom zu Rīga)**, Doma laukums 1, ☎ 67213213 (7d) Die größte Kirche des Baltikums wurde Anfang des 13. Jahrhunderts errichtet. Ursprünglich romanisch, wurden später gotische Kapellen in die Seitenschiffe eingebaut. Um den Dom der Petrikirche zu übertrumpfen, wurde der Kirchturm auf 140 Meter erhöht und der Innenraum mit wertvollen Bildern, Schnitzereien und einem romanischen Kreuzgang ausgestattet. @ kdb744
- **Sv. Pētera baznīcas (Petrikirche)**, Pēterbaznīcas iela, ☎ 67181430 (7d) Das Wahrzeichen der Stadt mit dem höchsten Holzturm Europas wurde mehrmals durch Blitz bzw. im Krieg zerstört, danach allerdings immer wieder aufgebaut. Heute kann man mit einem Aufzug bis in die zweite Turmgalerie hinauffahren und einen wunderschönen Blick auf Rīga genießen. Neben diesem barocken Turm findet man eine dreischiffige gotische Basilika, die wochentags als Ausstellungsraum genutzt wird. Nur am Sonntag finden hier noch Gottesdienste statt. @ osg474
- **Rīga pils (Ordensschloss)**, Pils laukums 3, ☎ 67092106. Mit dem Heiliggeist- und dem Blechturm dominiert das Schloss diesen Teil des

Okkupationsmuseum in Rīga

Stadtbildes. Am Ufer der Daugava gelegen, steht es an einem bedeutenden strategischen Platz, der sowohl vom Ordensstaat als auch von den späteren Besatzern als Regierungssitz genutzt wurde. Ein kleiner Teil des Schlosses wird heute für Ausstellungszwecke genutzt: Museen für lettische Geschichte, Literatur, Theater und Musik. @ cvo838

6 **Televīzijas tornis (TV-Turm)**, Ērgļu iela 7, ✆ 67108704. Der Turm ist nicht nur architektonisch eine Besonderheit, er bietet auf 97 m Höhe die beste Aussicht über die Stadt. @ wio864

8 **Freiheitsdenkmal**, Brvbas piemineklis. Am Unabhängigkeitstag, dem 18. November, wurde dieses Denkmal 1935 eröffnet. Die Bronzestatue „Milda" symbolisiert mit ihren drei goldenen Sternen jene drei Gebiete, aus denen das heutige Lettland entstand: Kurland, Lettgallen und Livland. Obwohl das ZK der KPdSU in Moskau schon beschlossen hatte, das Denkmal abzureißen, hat es die Sowjetzeit überlebt. @ twd847

Latvijas Nacionālā Opera (Nationaloper), Aspazijas bulvāris 3, ✆ 67073777. Das Theater wurde im 19. Jh. ursprünglich als Sitz des Deutschen Theaters errichtet. @ qan871

Centrltirgus (Zentralmarkt), Centrltirgus. Die 72.000 m² große Markthalle wurde aus mehreren deutschen Zeppelinhallen errichtet.

Dannenšterna nams (Dannensternhaus), Mārstaļu iela 21. Verwandte von Johann Reutern versuchten durch dieses Gebäude das Reuternhaus noch zu übertrumpfen. Die auffallende Fassadengestaltung ist das markanteste Merkmal dieses barocken Gebäudes.

Haus der livländischen Ritterschaft, Jēkaba ielā 11. Das Gebäude wurde im 19. Jh. im italienischen Renaissancestil erbaut. Heute tagt hier das lettische Parlament.

Kaķu nams (Katzenhaus), Meistaru iela 19. Zu Beginn des 20. Jahrhunderts vom lettischen Kaufmann Plme erbaut, nach dem beide Gilden seine Aufnahme verweigerten. Um ihnen zu zeigen, dass sie ihm im wörtlichen Sinne „den Buckel hinunterrutschen konnten", setzte er zwei schwarze Katzen mit krummem Rücken auf beide Ecktürme.

Nacionālā bibliotēka (Nationalbibliothek), Mūkusalas iela 3. Die Lettische Nationalbibliothek des lettisch-amerikanischen Architekten Gunnar Birkerts wurde nach zwanzigjähriger Bauzeit im Herbst 2013 eröffnet und liegt wie ein Raumschiff am Ufer der Daugava. Die ersten Bücher wurden bei beißender Kälte durch eine Menschenkette von 20.000 Menschen in das neue Gebäude von Hand zu Hand transportiert. All das passt zum „Land der Leser", das über 1.500 Büchereien hat, in denen jährlich 14 Millionen Bücher ausgeliehen werden.

Trīs brāļi („Drei Brüder"), Mazā Pils iela 17, 19, 21. Gebäudeensemble aus drei verschiedenen Jahrhunderten. Alle drei Häuser vermitteln die Lebensweise ihrer jeweiligen Zeit – vom 15. bis ins 18. Jh.

Zviedru vārti (Schwedentor), Torņa iela 11. Im 17. Jh. unter schwedischer Herrschaft errichtet, ist es heute das einzig noch erhaltene Stadttor. Im dazugehörenden Jürgensturm wohnte zeitweise der Henker.

Die 630.000 in Rīga lebenden Menschen bilden mit denen der Vororte den größten Ballungsraum des Baltikums, wo die Hälfte der Bevölkerung Lettlands lebt. Auch wenn die Bevölkerungszahl seit der Unabhängigkeit 1991 besonders durch die Abwanderung von Menschen aus Russland um 180.000 gesunken ist, haben noch immer ein Drittel der lettischen Bevölkerung Russisch als Muttersprache.

Die alte Hansestadt an der Daugava (deutsch: Düna), das „Paris des Ostens", unweit der tief eingeschnittenen Rīgaer Bucht, ist das politische, wirtschaftliche und kulturelle Zentrum des Landes. In der durch Backsteingotik, Renaissance und Jugendstil geprägten gut erhaltenen Innenstadt findet man alte und prächtig wieder aufgebaute Hansearchitektur neben tristem Sowjeterbe und kühnen Girlanden des Jugendstils.

Der steinerne Roland vor dem Rathaus bezeugt, dass die Stadt 1201 durch den aus Bremen stammenden Bischof Albert von Buxhoeveden gegründet wurde. Sie war bis 1561 Sitz eines Erzbischofs, der sich die Regierungsgewalt mit dem Rat der Kaufleute teilte. Durch die Anwerbung von Deutschen und mit militärischer Hilfe durch Schwertbrüder- und Deutschen Orden nahm die Stadt einen rasanten Aufschwung und spielte seit 1282 eine wesentliche Rolle in der Hanse. Während der Orden und der Erzbischof sich immer mehr in Händel verstrickten, konnten die Menschen sich allmählich vom Erzbischof emanzipieren, und mit der Reformation war es mit dessen Herrschaft gänzlich vorbei. Für die nächsten 100 Jahre kam die Stadt unter polnisch-litauischen Einfluss, bis sie von Schwedens Gustav II. Adolf 1621 erobert wurde. Wieder fast 100 Jahre später, im Großen Nordischen Krieg (1700-1721), fiel Rīga an Russland und wurde zu einem der größten Häfen des Zarenreiches ausgebaut. Die Oberschicht blieb deutsch,

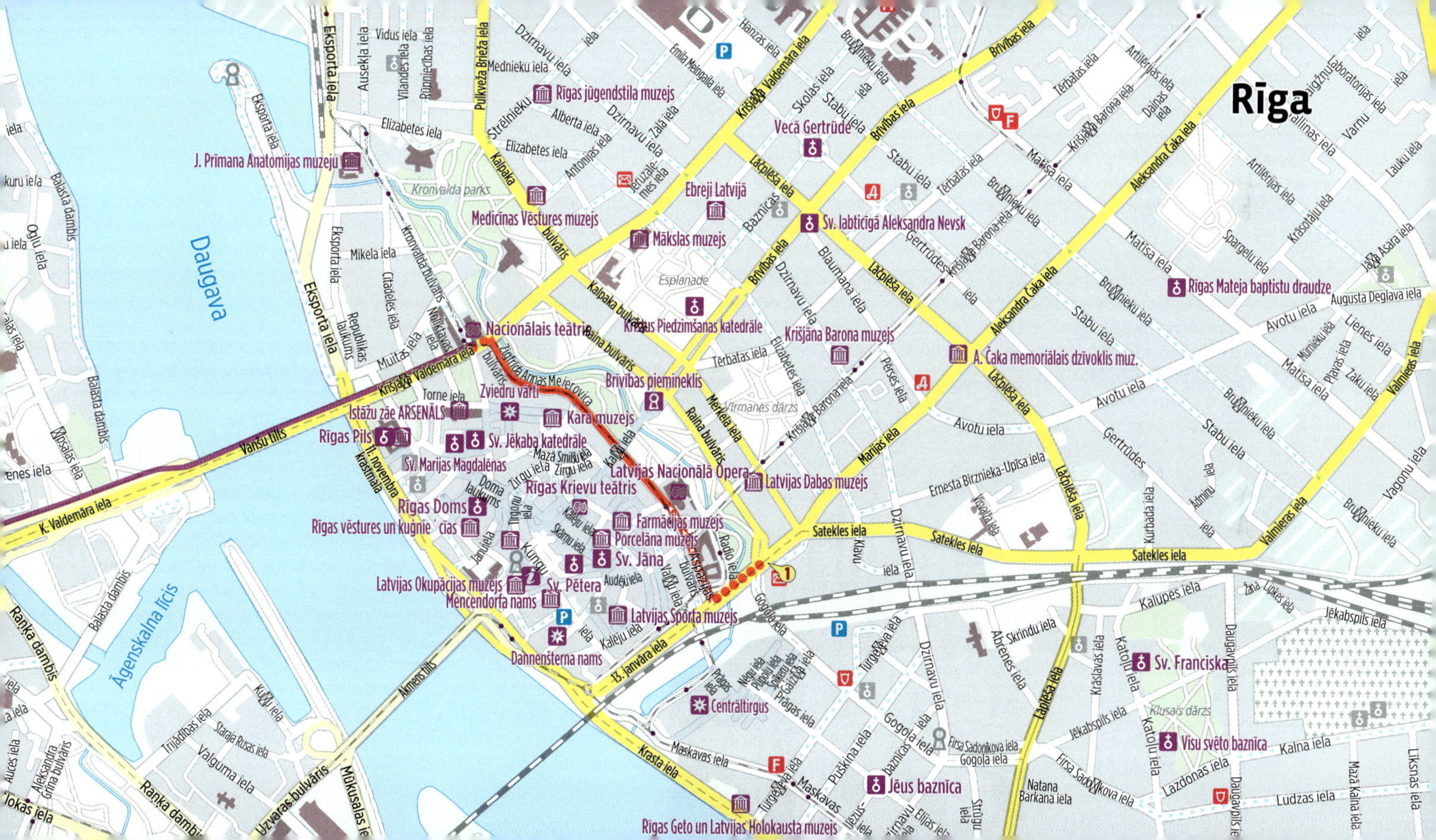
Rīga
Daugava
Āgenskalna līcis
Rīgas jūgendstila muzejs
J. Prīmana Anatomijas muzejs
Kronvalda parks
Medicīnas Vēstures muzejs
Vecā Ģertrūde
Ebreji Latvijā
Mākslas muzejs
Sv. Iabticīgā Aleksandra Nevsk
Esplanade
Kristus Piedzimšanas katedrāle
Nacionālais teātris
Krišjāņa Barona muzejs
A. Čaka memoriālais dzīvoklis muz.
Rīgas Mateja baptistu draudze
Brīvības piemineklis
Zviedru vārti
Kara muzejs
Istāžu zāe ARSENĀLS
Rīgas Pils
Sv. Jēkaba katedrāle
Sv. Marijas Magdalēnas
Vērmanes dārzs
Latvijas Nacionālā Opera
Latvijas Dabas muzejs
Rīgas Krievu teātris
Rīgas Doms
Rīgas vēstures un kuģnie cias
Farmācijas muzejs
Porcelāna muzejs
Sv. Jāņa
Latvijas Okupācijas muzejs
Sv. Pētera
Mencendorfa nams
Latvijas Sporta muzejs
Dannenšterna nams
Centrāltirgus
Sv. Franciska
Klusais dārzs
Visu svēto baznīca
Jēus baznīca
Rīgas Geto un Latvijas Holokausta muzejs
Vanšu tilts
Akmens tilts
Krišjāņa Valdemāra iela
K. Valdemāra iela
Brīvības iela
Satekles iela
Lāčplēša iela
Marijas iela
Aleksandra Čaka iela
Elizabetes iela
Raiņa bulvāris
Kalpaka bulvāris
Eksporta iela
11. novembra krastmala
13. janvāra iela
Krasta iela
Maskavas iela
Gogoļa iela
Dzirnavu iela
Tērbatas iela
Avotu iela
Matīsa iela
Stabu iela
Valmieras iela
Ranka dambis
Uzvaras bulvāris
Mūkusalas iela

ebenso wie bis 1891 die Amtssprache. Allmählich bildete sich jedoch ein lettisches Bürgertum heraus, das zum Träger eines nationalen Gedankens wurde. Nach dem Einmarsch deutscher Truppen im Ersten Weltkrieg rief es am 18. November 1918 ein unabhängiges Lettland aus – mit Rīga als Hauptstadt. Im „Friedensvertrag von Rīga" wurde es 1920 von der Sowjetunion "für alle Zeiten" anerkannt.

Das Freiheitsdenkmal wurde am 18. November 1935 zu Ehren der Gefallenen des Unabhängigkeitskriegs von 1918 eröffnet. Finanziert wurde es durch ein siebenjähriges Crowdfunding der lettischen Bevölkerung. Die Bronzestatue „Milda" symbolisiert mit ihren drei goldenen Sternen jene drei Gebiete, aus denen das heutige Lettland entstand: Kurland, Lettgallen und Livland. Obwohl das ZK der KPdSU in Moskau schon beschlossen hatte, das Denkmal abzureißen, hat es die Sowjetzeit überlebt.

In der Folge des Hitler-Stalin-Pakts von 1939 wurde die deutsche Bevölkerung nach Deutschland umgesiedelt und die Stadt von sowjetischem Militär besetzt, 1941 jedoch nach dem Angriff auf die Sowjetunion von deutschen Truppen erobert. Bei der Rückeroberung durch sowjetische Truppen 1944 wurde die Altstadt schwer beschädigt. Seit August 1991 ist Rīga die Hauptstadt eines souveränen lettischen Staates.

Rīga ist eine Stadt des Jugendstils, deren Altstadt von ihrem Stadtarchitekten Michail Eisenstein (1867-1921) mit vielen Jugendstilbauten geprägt wurde, und gehört seit 1997 zum UNESCO Weltkulturerbe. Ihr beherrschendes Merkmal ist die 1209 erstmals erwähnte Petrikirche mit ihrem 123 Meter hohen Turm und einem Portrait Martin Luthers. Sie wurde immer wieder umgebaut, oft mit dem Geld der Kaufmannsgilde, die den Dom des Erzbischofs übertrumpfen wollte. Der markante hölzerne Turmaufbau wurde mehrfach zerstört und rekonstruiert, zuletzt 1973, als sowjetische Ingenieure einen Fahrstuhl einbauten. Er bringt die vielen Besuchenden bequem auf eine Höhe von 72 Metern, von der aus man weit über die Stadt und den Fluss blicken kann.

Schwarzhäupterhaus in Rīga

Der 108 Meter hohe Kulturpalast wurde 1952-58 im Stil des Sozialistischen Klassizismus errichtet. „Stalins Geburtstagstorte" war ursprünglich als Haus der Kolchosen vorgesehen, beherbergt aber schon seit 1960 die Lettische Akademie der Wissenschaften.

Wer den Turm verlässt, steht schon fast auf dem Rathausplatz mit der Rolandstatue, wo linker Hand die roten, manieristisch verzierten Giebel vom Schwarzhäupterhaus die Blicke auf sich ziehen. Es wurde seit 1334 von der „Großen Gilde" als Versammlungsgebäude genutzt und später in holländischer Manier umgestaltet. Die Compagnie der Schwarzen Häupter war eine Bruderschaft von jungen, unverheirateten Kaufmannsgesellen mit dem Heiligen Mauritius als Schutzpatron. Durch deutschen Beschuss wurde es 1941 zerstört, von den Sowjets 1948 gesprengt und im Jahr 1999 mit allen deutschen Inschriften detailgetreu wieder aufgebaut. Als wären die Baumeister von 1600 Hellseher gewesen, schrieben sie: „Sollt´ ich einmal fallen nieder / So erbauet mich doch wieder".

Der schwarze Kubus daneben wurde eigentlich 1970 als Museum für die roten lettischen Schützen gebaut. Seit 1993 dokumentiert es aber als Okkupationsmuseum die Auswirkungen von Nationalsozialismus und Stalinismus auf das wehrlose Lettland. So mussten allein 500.000 Letten zwischen 1941 und 1991 ihr Leben lassen. Das als „schwarzer Sarg" bezeichnete Gebäude soll durch einen weißen Anbau erweitert werden. Im Gebäude befindet sich eine Kopie von dem geheimen Zusatzprotokoll im Hitler-Stalin-Pakt.

Direkt am Flussufer steht die neue Nationalbibliothek, die in Lettland „Schloss des Lichts" genannt wird. Sie wurde 2014 eröffnet, als Rīga Kulturhauptstadt Europas war.

Stadtgründer Bischof Albert von Buxhoeveden zeichnet 1211 auch für die Erbauung des Doms verantwortlich. Diese größte baltische Kirche wurde in den folgenden Jahrhunderten mehrfach umgebaut und lässt den spätromanischen Stil kaum noch erkennen. Turmhelm und Ausgestaltung präsentieren sich heute ebenso im barocken Stil wie der Prospekt der berühmten Walcker-Orgel. Auf dem Domplatz leistete die Bevölkerung für ihre Unabhängigkeit am 13. Januar 1991 erfolgreich Widerstand gegen sowjetische Panzer, wobei sieben Menschen ihr Leben verloren.

Wer die Richtung beibehält, gelangt nach 200 Metern zum Schloss (Rīgas pils), das seit dem 14. Jahrhundert ebenfalls häufig

Obwohl die mittelalterliche Anlage der Altstadt noch gut zu erkennen ist, gibt es nur einen Befestigungsturm, der die Zeiten überdauert hat. Es ist der Pulverturm (Pulvertornis) an der Smilšu iela, der heute Teil des lettischen Kriegsmuseums ist.

Wer etwas übrig hat für wirklich kurzweilige Architekturbetrachtung, kommt schon in der Altstadt und besonders in dieser Straße auf seine Kosten. Auf geradezu überschäumende Gestaltungsfreude im figuralen Jugendstil trifft man aber in der Neustadt – jenseits der ehemaligen Befestigungsanlagen. Elizabetes und Alberta iela halten die attraktivsten Gebäude bereit.

Um 1900 wurden in wenigen Jahren etwa 800 Jugendstilhäuser gebaut, viele mit aufwändig dekorierten Fassaden. Zwar gibt es Jugendstilgebäude in vielen Städten, nirgendwo sonst konzentrieren sich aber so verschwenderisch gestaltete Jugendstilhäuser auf so engem Raum mit so vielen kunstvoll verspielten Fassaden. Der Architekt und Künstler Michael Eisenstein, der Vater von Sergei Eisenstein, der mit seinem Film „Panzerkreuzer Potemkin“ Filmgeschichte schrieb, hat viele Jugendstilhäuser entworfen und bekam den Spitznamen „der verrückte Zuckerbäcker“.

Vielleicht möchte jemand besonders hoch hinaus: Zwei Kilometer südlich der Altstadt steht auf einer Daugava-Insel der höchste Turm der EU und der dritthöchste Europas. Seine Radio- und Fernsehantenne reicht bis über 368 Meter hinauf. Nicht ganz so hoch liegt die Aussichtsplattform, die bei fast 100 Metern Höhe eine überwältigende Aussicht bietet.

Am Domplatz (Doma laukums) und anderen Orten in der Innenstadt kann man gut und nicht zu teuer essen gehen. Besonders geeignet für ausländische Touristen sind Restaurants, in denen man sich sein Essen an Buffets selbst zusammenstellen kann. Hier bekommt der Besucher gleich einen Einblick über die landestypische Küche.

Die Geschichte Lettlands

Die Geschichte des wald- und wasserreichen Landes ähnelt in vielen Punkten der Geschichte der baltischen Nachbarstaaten Estland und Litauen und ist mit dieser eng verbunden. Das zuvor von lokalen Fürsten beherrschte Land fiel im 13. Jahrhundert unter die Herrschaft des Deutschen Ordens, was die zahlreiche Ansiedlung aus Deutschland, die fortan zur Oberschicht gehörten, zur Folge hatte. Die Geschichte der Schlösser und Rittergüter ist auch die Geschichte von etwa einhundert baltendeutschen Familien, den Nachkommen der Ritter und Schwertbrüder, die 700 Jahre lang Lettland wie eine deutsche Kolonie beherrschten. Zwar stellten sie nur drei Prozent der Bevölkerung, besaßen aber fast 50 % des Landes.

Im Mittelalter verbanden sich zahlreiche lettische Städte, wie in allen baltischen Staaten, mit der Hanse und bauten so weitverzweigte Handelsbeziehungen auf. In Folge der Reformation wurde der Ordensstaat in ein Herzogtum umgewandelt und nach dem Ende des livländisch-litauischen Krieges erfuhr das Land zahlreiche Gebietsveränderungen, bevor Schweden 1629 mit der Eroberung des Gebietes von Livland die Kontrolle über den größten Teil des Staatsgebietes erlangte.

Der nächste Herrschaftswechsel folgte bereits Anfang des 18. Jahrhunderts, als Lettland im Anschluss an den Großen Nordischen Krieg (1700-1721) zum größten Teil russisch wurde. Im 19. und insbesondere im 20. Jahrhundert wurden die Unabhängigkeitsbestrebungen immer stärker.

Nach der Russischen Revolution und dem Ersten Weltkrieg erklärte Lettland am 18. November 1918 seine Unabhängigkeit und konnte sie im Lettischen Unabhängigkeitskrieg (1918-1920) gegenüber Sowjetrussland auch verteidigen. Im „Friedensvertrag von Rīga“ erkannte die Sowjetunion 1920 Lettlands Unabhängigkeit “für alle Zeiten“ an.

Am 23. August 1939 wurde der Hitler-Stalin-Pakt beschlossen, der in Osteuropa nach den beiden unterzeichnenden Außenministern Ribbentrop-Molotow-Pakt genannt wird. In dem öffentlich „Nichtangriffspakt“ genannten Vertrag hatten sich die beiden Diktatoren in dem als „Geheimes Zusatzprotokoll“ bezeichneten Dokument auf die Aufteilung der sechs osteuropäischen Länder geeinigt, wobei „die nördliche Grenze Litauens zugleich die Grenze der Interessenssphären Deutschlands und der UdSSR“ bildete. Dadurch konnte sich die Sowjetunion die verlorenen Gebiete Ostpolens, des Baltikums und Bessarabiens wieder einverleiben.

Unter Gewaltandrohung besetzten sowjetische Truppen am 17. Juni 1940 das lettische Territorium, installierten eine ihnen genehme Regierung und machten es zur 14. Sowjetrepublik. Danach wurden etwa 100.000 lettische Personen nach Sibirien deportiert.

Am 22. Juni 1941 brach Hitler-Deutschland den „Nichtangriffspakt" und überfiel die Sowjetunion. Mit dem „Unternehmen Barbarossa" brachten deutsche Truppen Lettland unter ihre Kontrolle und ermordeten bis Ende 1941 mit 70.000 fast die gesamte jüdische Bevölkerung. Allein im Wald von Rumbula wurden 25.000 jüdische Menschen erschossen. Nach dem Bericht der internationalen Historiker-Kommission (2005) wurden die Deutschen dabei auch durch lettische Behörden unterstützt.

Nach der Niederlage der deutschen Truppen übernahm am Ende vom Zweiten Weltkrieg die Sowjetunion wieder die Kontrolle, und das Land wurde als „Lettische Sozialistische Sowjetrepublik" (LSSR) wiederum Teil der Sowjetunion. Anfänglicher Widerstand wurde gebrochen und umfangreiche Deportationen nach Sibirien folgten. Nach dem Plan der Sowjets sollte auch Lettland komplett „russifiziert" und die eigene kulturelle Identität ausgelöscht werden, weshalb eine massive Einwanderungswelle aus anderen Teilen der Sowjetunion eingesetzt wurde. Weil 1989 nur noch 52 % der Bevölkerung lettisch und 42 % russisch waren, drohten die Letten zur Minderheit im eigenen Land zu werden.

Nach jahrzehntelanger Zugehörigkeit zum sowjetischen Einflussbereich wollten die baltischen Staaten insbesondere in den späten 1980er Jahren die Unabhängigkeit. Dieses Freiheitsbestreben erlebte am 23. August 1989, dem 50. Jahrestag des Hitler-Stalin-Pakts, mit der längsten Menschenkette aller Zeiten ihren Höhepunkt. Daran beteiligten sich 2,5 Millionen Esten, Letten und Litauer sowie in den baltischen Republiken lebende Menschen aus Russland und Weißrussland sowie der jüdischen Bevölkerung auf dem 675 Kilometer langen „Baltischen Weg" von Tallinn über Rīga nach Vilnius und forderten die Staatliche Souveränität für Estland, Lettland und Litauen. Das Ende des sowjetischen Systems war eingeläutet.

Am 4. Mai 1990 beschloss der Oberste Rat der LSSR mit knapper Mehrheit die Wiederherstellung der Republik Lettland, setzte die Verfassung von 1922 wieder in Kraft und erklärte die Unabhängigkeit von der Sowjetunion. Der „Singende Revolution" genannte gewaltlose Kampf für die Unabhängigkeit der Baltischen Staaten führte zum Erfolg, obwohl Michail Gorbatschow am 13. Januar 1991 noch sowjetische Truppen nach Vilnius und Rīga schickte.

Dem Aufruf der „Lettischen Volksfront" (Latvijas Tautas fronte) folgend, errichteten am 13. Januar 1991 Tausende Menschen Barrikaden um das Parlamentsgebäude, stellten sich unbewaffnet den sowjetischen Truppen entgegen und vereitelten so den von Moskau initiierten Umsturz.

Gegen den drohenden Zerfall der Sowjetunion und des Warschauer Pakts richtete sich im August 1991 in Moskau ein Putsch. Nach dessen Scheitern am 21. August 1991 konnte der Beschluss des lettischen Parlaments wirksam werden, als der Präsident der russischen Sowjetrepublik, Boris Jelzin, die Auflösung der Sowjetunion zum 31. Dezember 1991 verkündete und die Unabhängigkeit von Estland, Lettland und Litauen akzeptierte. Die Russische Föderation mit dem Präsidenten Boris Jelzin (1931-2007) wurde der Nachfolgestaat der Sowjetunion.

Mauerdenkmal in Rīga

In den 1990er Jahren erlebte Lettland einen beachtenswerten Aufschwung, der ein wichtiger Faktor für den 2004 erfolgten Beitritt zur EU war. Im selben Jahr wurde das Land auch Mitglied der NATO und damit anerkannter Teil der westlichen Gemeinschaft. Seit 2014 hat es den Euro als Währung.

Und auch die Geschichtsschreibung änderte sich. Während es zu Sowjetzeiten verboten war, über den Holocaust zu schreiben und die Ermordung der jüdischen Bevölkerung verschwiegen wurde, besann man sich nun auch auf die negativen Seiten der Geschichte. So gestand Präsident Guntis Ulmanis bei seinem Israelbesuch 1998 mit tiefstem Bedauern die Beteiligung seiner Landsleute am Holocaust ein.

Lettland ist fast so groß wie Bayern und hat einen 500 Kilometer langen Küstenstreifen mit einer 300 Meter breiten Schutzzone sowie eine Waldfläche von 47 %. Von den zwei Millionen Menschen gehört ein Drittel zur russischsprachigen Bevölkerungsgruppe und 11 % sind staatenlos.

Hitler-Stalin-Pakt

In dem als „Geheimes Zusatzprotokoll" zum Hitler-Stalin-Pakt bezeichneten Dokument haben das Deutsche Reich und die UdSSR „die Frage der Abgrenzung der beiderseitigen

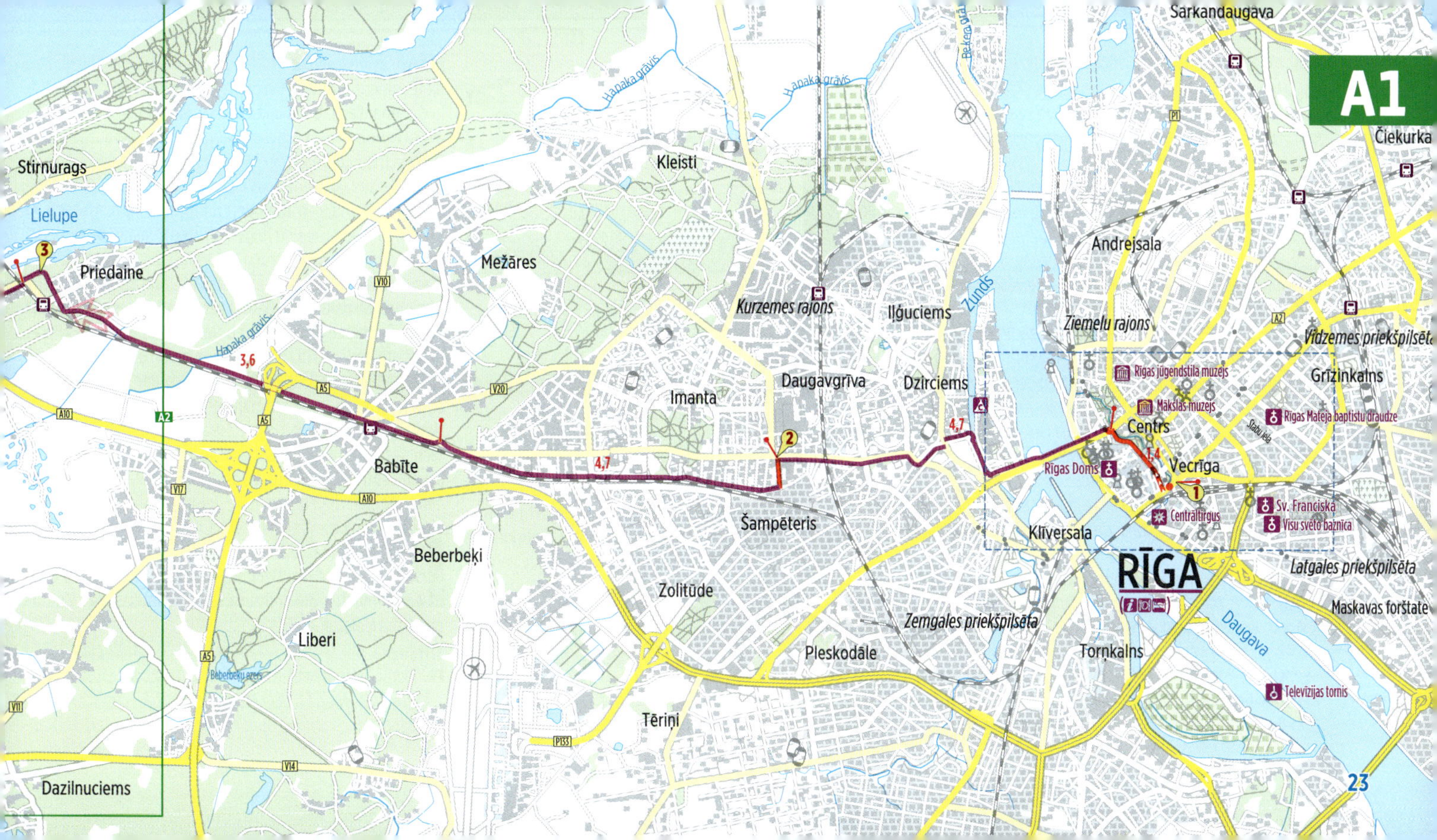
A1
Sarkandaugava
Čiekurka
Stirnurags
Lielupe
Priedaine
Kleisti
Mežāres
Hapaka grāvis
Bekera grāvis
Andrejsala
Kurzemes rajons
Iļģuciems
Zunds
Ziemeļu rajons
Vidzemes priekšpilsēta
Imanta
Daugavgrīva
Dzirciems
Grīziņkalns
Rīgas jūgendstila muzejs
Mākslas muzejs
Rīgas Mateja baptistu draudze
Centrs
Stabu iela
Babīte
Rīgas Doms
Vecrīga
Sv. Franciska
Visu svēto baznīca
Centrāltirgus
Šampēteris
Klīversala
Beberbeķi
RĪGA
Latgales priekšpilsēta
Zolitūde
Maskavas forštate
Zemgales priekšpilsēta
Daugava
Liberi
Pleskodāle
Torņakalns
Beberbeķu ezers
Televīzijas tornis
Tēriņi
Dazilnuciems
3,6
4,7
1,4
A10
A2
A5
V10
V20
V17
V11
V14
P133
P1
23

Interessenssphären in Osteuropa" erörtert. Dabei haben die beiden totalitären Diktaturen, die bis dahin Todfeinde und im Spanischen Bürgerkrieg indirekt auch Kriegsgegner waren, sich auf die Abgrenzung ihrer Interessen geeinigt. U.a. wurde Folgendes vereinbart:

„Für den Fall einer territorial-politischen Umgestaltung in den zu den baltischen Staaten (Finnland, Estland, Lettland, Litauen) gehörenden Gebieten bildet die nördliche Grenze Litauens zugleich die Grenze der Interessenssphären Deutschlands und der UdSSR. Hierbei wird das Interesse Litauens am Wilnaer Gebiet beiderseits anerkannt."

Für den erst 1918 als Staat wieder erstandenen Nachbarn Polen wurde eine weitere Teilung vereinbart: „Für den Fall einer territorial-politischen Umgestaltung der zum polnischen Staat gehörenden Gebiete werden die Interessensphären Deutschlands und der UdSSR durch die Linie der Flüsse Pissa, Narew, Weichsel und San abgegrenzt." Das war - so Bertolt Brecht - die „vierte Teilung" Polens.

Jahrzehntelang durften der Pakt und seine Folgen öffentlich nicht erwähnt werden, und die Existenz eines geheimen Zusatz-Protokolls wurde von der Sowjetunion jahrzehntelang geleugnet. Erst unter der Verantwortung von Michail Gorbatschow wurde seine Existenz eingeräumt.

Am 2. April 2009 erklärte das Europäische Parlament den 23. August zum gesamteuropäischen Gedenktag, der an die Opfer vom Hitler-Stalin-Pakt erinnern soll. Zu seinem 70. Jahrestag haben 2009 in Deutschland Marianne Birthler, Rainer Eppelmann, Joachim Gauck und viele andere unter dem Titel: "Das Jahr 1989 feiern heißt auch, sich an 1939 zu erinnern!" eine Erklärung veröffentlicht, die auch in Ostmitteleuropa große Beachtung fand.

Jūrmala, Badehaus

Von Rīga nach Klapkalnciems — 51 km

1 Vom Hauptbahnhof radelt man auf der **13. Janvrāra iela** nach links und biegt sofort rechts ab in die **Aspazuas Bulvāris**, der man geradeaus bis zur **Krišja Valdemāra iela** folgt, in die man links abbiegt. Man quert nördlich des Stadtschlosses auf der Vansu-Brücke die Daugava, an deren Ende der Radweg nach Jūrmala bereits ausgeschildert ist. Hinter einer kleinen Brücke biegt man rechts ab in die **Daugavrīgas iela**, von der man rechts abbiegt in die **Nameja krastmala** und radelt am Fluss Zunds entlang. Am Kreisverkehr geht es links ab in die **Durbes iela**. An ihrem Ende geht es erneut nach links in die **Kuldigas iela**, wo man Häuser in Holzarchitektur bewundern kann, die für Rīga bis heute charakteristisch sind. Der Radweg mündet in die **Slokas iela**, in die man rechts abbiegt. Man radelt entlang der Straßenbahngleise am Botanischen Garten vorbei und biegt links ab in die **Jūrmalas Gatve**, auf der man eine Bahnlinie überquert. **2** Nach weiteren 600 Metern biegt man hinter einer Tankstelle und dem Fahrradgeschäft ZZK links ab in die **Imantas 1. linija** und ist vom Autoverkehr befreit. An ihrem Ende beginnt nach rechts ein hervorragend ausgebauter Radweg nach Jūrmala, der über zehn Kilometer der Bahnlinie folgt. **3** Kurz vor dem Fluss Lielupe geht es nach links in die **Babītes iela** und man überquert den Bahndamm. An der A 10 biegt man rechts ab und folgt der roten Pflasterung über die Brücke. An der **Krišja Barona iela** endet der Radweg, sodass man rechts abbiegt, um einen ersten Eindruck vom Charme des größten baltischen Badeortes zu gewinnen. Villen und Wochenendhäuser ziehen sich von hier über 20 Kilometer die Küste entlang. Über 10.000 von ihnen entstanden allein in den 1880er und 1890er Jahren. Vor der Bahnlinie geht es wieder nach links und parallel zu den Gleisen unter der Hauptstraße hindurch bis zur **Turaidas iela**. Hier biegt man rechts ab, überquert die Bahntrasse und gelangt in das touristische Zentrum von Jūrmala, den Stadtteil Majori. Nach links erstreckt sich die Fußwegzone Jomas iela, in der sich auch die Touristeninformation befindet.

TIPP: **Wer die Turaidas iela weiter fährt, trifft wenige Meter vor dem Strand auf den Dzintaru-Konzertsaal und ein großes Amphitheater, die in der Saison ein erstklassiges Kulturprogramm bieten.**

Jūrmala (LV)

Tourism Information, Lienes iela 5, ☎ 67147900, @ lao684

In Jūrmala leben 50.000 Menschen und der Ort ist nicht nur der Badestrand von Rīga, sondern eine sich mehr als 15 Kilometer hinziehende Stadt zwischen der hier parallel zur Küstenlinie

A2
Lielupe
Stirnurags
Lielupe
Bulduri
Priedaine
Badehaus
Jūrmala
Majori
Dubulti
6,5
5,5
7
6,5
ciems
Asari
Melluži
Druvciems
Sloka
Valteri
Lielupe
Bankagrāvis
Krastciems
Babites ezers
Dazilnuciems
25
A3
A1
A10
V11

A3
Klapkalnciems
A4
8
7,5
Ragaciems
4
3,8
Kanieńs
Slocene
Starpiņupe
P128
Lapmežciems
5
6
Smirdgrāvis
V1472
Kanieńs
Dūņieris
Šlīteru
Bigauņciems
5,7
7,5
Slocene
A2
Putnezers
Meinezers
P128
Kaugurciems
7
6,5
Slokas ezers
Kauguri

fließenden Lielupe und dem Meer. Sie besteht aus einer Reihe von Teilorten mit einer Strandlänge von 30 Kilometern, ist seit 1838 ein Kurort und verfügt über eine Vielzahl von Villen in der Holzbauweise des späten 19. Jahrhunderts. Während der Saison bietet die Stadt ein umfangreiches und hochklassiges Kulturprogramm, darunter einen Musikwettbewerb für junge Leute, an dem viele aus ehemaligen sowjetischen Gebieten teilnehmen. Die Bemühungen, den Ort wie vor dem Zweiten Weltkrieg zum Treffpunkt des Geldadels zu machen, sind noch nicht so recht gediehen. Aber Investitionen für Hotels der Luxusklasse sind bereits getätigt und viele russische Neureiche haben sich – trotz Abwehrmaßnahmen in Form von strengen Visabestimmungen – strandnahe Villen gekauft.

Der 1935 hier geborene Architekt Meinhard von Gerkan hat mit der „Residenz Marta“ (1955) und weiteren funktionalen Villen in schlichtem Weiß das Image von Jūrmala aufpoliert.

4 Von Jūrmala fährt man knapp 20 Kilometer immer auf dem breiten und zunehmend leerer werdenden Strand an der Ostsee entlang. Lediglich bei starkem Wind oder ungeeigneter Bereifung ist die Küstenstraße eine Alternative.

Die Ostsee

Die Ostsee ist im Vergleich zum Mittelmeer ein junges Meer, ein Schmelzwassersee, den die Gletscher zum Ende der Weichseleiszeit vor 13.000 Jahren auf ihrem Weg nach Norden zurückgelassen haben. Über 1.000 Meter dick war die Gletscherschicht, die auf die Skandinavische Platte drückte und das Harz der Kiefern, die es dort vor der Eiszeit gab, in Bernstein verwandelte. Als das Eis wieder weg war, entstand nicht nur

die Ostsee, sondern auch die vielen Ostsee-Inseln. Wie aktiv die tektonischen Bewegungen noch sind, zeigt sich auch an der estnischen Küste, wo es vor 50 Jahren noch 800 Inseln gab, heute sind es über 2.000.

Auf dem Weg kommt man an Jūrmalas fotogenem Badehaus, mehreren dezent zurückgesetzten Hotels und alten Kurhäusern vorbei. Bis auf eine kurze steinige Passage (nach etwa 18 Kilometern), wo man schieben muss, kommt man mit normaler Bereifung gut voran.

5 Bald hinter der engen Passage kommt man an **Lapmežciems** vorbei.

TIPP Im Dorf gibt es Holzbuden, in denen von April bis Oktober geräucherter Fisch und verschiedene Sorten des lettischen Sauerteigbrotes verkauft werden. Wer dorthin radeln möchte, biegt bei den Fischerbooten – auf der selben Höhe liegt auch eine Mole – links ab in den mit Sonnenblumen gesäumten Weg an Holzhütten vorbei zur Küstenstraße. Dort biegt man rechts ab ins Dorf, und 200 Meter hinter einer Brücke geht es rechts über einen Schotterweg zurück zum Strand, auf dem sich weitere 15 Kilometer zurücklegen lassen.

TIPP Sollte dies jedoch wegen Gegenwindes oder zu weichen Sandes nicht möglich sein, bleibt man auf der Küstenstraße, die hier allerdings noch stark befahren ist.

6 Nach etwa 10 Kilometern liegt hinter den Dünen der Ort Klapkalnciems, in dem finnische, sowjetische und deutsche Soldatengräber liegen. Auf dem

„Deutschen Kriegerfriedhof" liest man: „Sie alle starben in treuer Pflichterfüllung für ihr Vaterland. Ehre ihrem Andenken. 1939."

Klapkalnciems (LV)

Von Klapkalnciems nach Mērsrags — 40 km

Von Klapkalnciems kann man noch die 5 Kilometer bis Apsuciems am Strand zurücklegen. Hinter der Pension Villa Anna (vom Strand aus gut sichtbar), in der man einkehren und übernachten kann, biegt man links ab. Danach geht es zweimal nach rechts und man erreicht die Hauptstraße, auf der man in den nächsten Ort **Plienciems** gelangt, wo es auch einen Campingplatz gibt. Kurz hinter dem Denkmal mit der blauen Friedenstaube, das vielleicht früher ein sowjetisches Mahnmal mit einem

Problemloses Radeln am Strand bei Jūrmala

roten Stern war, biegt man rechts ab in die asphaltierte **Strautu iela**.

TIPP: In und hinter Plienciems sind besonders die großen Dünen sehenswert.

Die asphaltierte Straße wird ein Schotterweg, der in einen schönen, teilweise sandigen Waldweg übergeht, der sich zwar nicht leicht fahren lässt, aber schon nach zwei Kilometern ins Dorf **Ķesterciems** führt, in dem man auch übernachten kann. Die Route führt links vom Strand weg und dann rechts in die **Ķesteru iela**. **7** An der nächsten Möglichkeit biegt der Weg zunächst links und kurz danach rechts ab in die schnurgerade Nebenstraße nach Engure **8**.

Engure (LV)

Hier gibt es mehrere kleine Läden, die täglich bis 23 Uhr geöffnet haben, ein Internetcafé, eine Tankstelle am Ortsausgang sowie Übernachtungsmöglichkeiten mit Restaurant. Besonders sehenswert ist der Friedhof am Meer.

Die Strecke bis Mērsrags lässt sich gut auf der Küstenstraße zurücklegen. Kurz hinter Engure beginnt der Engure-Nationalpark. Man fährt durch die Siedlung Abragciems, danach durch **Bērzciems** **9** auf einem neu angelegten Radweg und erreicht Mērsrags.

A8
V1598
A9
6
Vagalciems
4,2
11
Upesgrīva
Grīva
P127
Uguņciems
Ugunezers
8
A7
P131
Grīva

Mērsrags (LV)

In dem Ort gibt es einen Hafen für den Holzexport und die fischverarbeitende Industrie. In der Nähe befindet sich seit 1875 der bekannte Leuchtturm. Das Gebiet gehört zum Naturpark Engure-See, dessen Ufer ein wichtiges Brutgebiet für seltene Vögel ist.

In Mērsrags kann man übernachten und einkehren. Es gibt mehrere Geschäfte, eine Post, ein Internetcafe und ein Informationszentrum (Dzintaru iela 1-9).

AUSFLUG **10** Hier bietet sich ein kleiner Ausflug zur Küstenspitze an, wo ein weiter Ausblick, Badestellen sowie Holztische und -bänke zur Rast einladen.

Die Stelle erreicht man über die asphaltierte Straße, die am Ende des Ortes rechts von der Küstenstraße abbiegt. Die letzten 500 Meter muss man auf einer Sand- und Schotterpiste zurücklegen. ACHTUNG! Nicht den vor Ort angebrachten Hinweistafeln zu Radwegen folgen, denn die versanden schlecht ausgeschildert im Wald.

Von Mērsrags nach Kolka 61 km

Auf der zunehmend schwächer befahrenen asphaltierten Straße radelt man durch die kleinen Küstendörfer **Upesgrīva** **11**, **Vagalciems** und **Kaltene**, wo der Steinstrand als sehenswert deklariert ist, und erreicht Roja **12**.

Roja (LV)

In Roja sind vor allem die lutherische Kirche und der dazugehörige Friedhof einen Halt wert. Der Bau liegt links hinter der Straßengabelung im Zentrum des Ortes. Hier befinden sich eine Bank, ein Hotel, mehrere Läden und Restaurants. Zur

Weiterfahrt muss man an der Gabelung nach rechts abbiegen.

Die Touristeninformation ist im See- und Fischereimuseum im vorderen Ortsteil rechts an der Straße untergebracht. Hier bekommt man Postkarten und ausführliche (auch deutschsprachige) Informationen über Roja und Umgebung. Einen Internetzugang gibt es in der Zvejnieku-Straße. Vor der kleinen Brücke in der Ortsmitte fährt man nach links und steht nach 200 Metern vor dem Laden.

Hinter Roja hat man die Straße fast nur noch für sich und erreicht über **Žocene** und **Ģipka** **13** den Ort Pūrciems.

Pūrciems (Roja) (LV)

In Pūrciems gibt es einen angenehmen Zeltplatz, man kann aber auch in Holzhütten übernachten. Der dorthin ausgeschilderte Weg führt rechts von der Straße ab und 500 Meter weit in den Wald. Der menschenleere Strand ist zu Fuß schnell erreicht. Die Fahrräder lassen sich in den Hütten unterstellen. Bei Bedarf bietet die Pension nebenan mehr Komfort.

Über die Ortschaften **Melnsils** **14** und **Aizklāņi** - auf der Höhe von **Ēvažu** geht ein ausgeschilderter Weg vom Parkplatz rechts ab in den Wald zur Steilküste - führt der Weg auf kaum befahrener Küstenstraße in den **Slītere-Nationalpark** und man erreicht Kolka.

Kolka (LV)

In Kolka gibt es drei malerische Kirchen – eine protestantische, eine hölzerne katholische und eine orthodoxe. Zudem kann man am Ende des Kaps die Reste des Leuchtturms aus dem 16. Jahrhundert besichtigen.

Das Nordkap von Lettland heißt Kap Kolka, die nördliche Spitze Kurzemes (Kurlands), an der die Rīgaer Bucht

Leuchtturm Kap Kolka

in die Ostsee übergeht. Sie ist 20 Kilometer von der estnischen Insel Saaremaa entfernt. Der 1875 erbaute hölzerne Leuchtturm steht auf einer sechs Kilometer entfernten künstlich angelegten Insel und wurde 1883 durch den rot gestrichenen Metallturm ersetzt. Der gesamte Leuchtturmkomplex ist seit 2016 ein „Technisches Kulturdenkmal" und kann mit einer Bootstour besucht werden. (www.kolka.info/)

Von Kolka nach Ventspils 79 km

Die Route führt auf der Küstenstraße aus Kolka hinaus und nach etwa 300 Metern an der Weggabelung rechts bis zum Parkplatz mit der Touristeninformation. Von hier aus kann man einfach der Ausschilderung zum Strand folgen und den Leuchtturm anschauen.

Das gesamte Ostseeufer war während der sowjetischen Zeit streng bewacht und abgesperrt. Alle sechs Kilometer stand ein Aussichtsturm und der Strand war geeggt, um Fußabdrücke im Sand erkennen zu können. Er war tagsüber nur wenige Stunden für einige registrierte Personen aus der Umgebung zugänglich. Wenn es dunkel wurde, durfte niemand zum Strand, außerdem war er beleuchtet. Mit wenigen Ausnahmen konnten die Menschen in Lettland den Ostseestrand erst 1991 zum ersten Mal sehen.

15 Die Hauptroute auf der wenig befahrenen und asphaltierten Küstenstraße biegt an der Weggabelung hinter Kolka links ab und führt durch ausgedehnte Kiefernwälder, riesige Heidegebiete und Fischerdörfer. Hier leben die letzten Angehörigen des nahezu ausgestorbenen Volkes der Liven, das dem weiter östlich gelegenen Livland einst seinen Namen gab.

Livland

Zwischen dem 12. und 16. Jahrhundert war Livland eine bedeutende Nation, ohne deren Holz England nicht so schnell zur Seemacht aufgestiegen wäre. Die Liven gehören, wie auch die Esten, der finno-ugrischen Sprachfamilie an. Deren Flagge ist grün, weiß, blau - grün für die Wälder, weiß für den Strand und blau für die See. Livland wurde später zwischen Estland und Lettland aufgeteilt.

VARIANTE **16** Man kann auch in die V1391 rechts nach Vaide einbiegen und auf dem ausgeschilderten Waldweg durch den Park auf der ehemaligen Bahntrasse über Saunags, Pitrags und Košrags nach Mazirbe radeln. Der Weg zum Bad in der Ostsee ist nicht lang. Vom gleichnamigen Fluss bis zum Fluss Kikans in Sīkrags gibt es zwischen der Küstenstraße und dem Ostseeufer auf der ehemaligen Eisenbahntrasse einen

A12
Kolkas bāka
Vecās bākas paliekas
15
Evaņģēliski lut.
Pareizticīgo baznīca
Kolka
Katoļu baznīca
7
Vaide
Vaides dīķis
V1391
16
P131
6,5
Saunags
8
V1389
P124
6,5
Pitrags
V1388
Košrags
5
A13
5
Uši
A11
Ēvažu
5,7

A13
Košrags
Mazirbe
Sīkrags
Šlītere
Lielirbe
P124
P125
V1372
V1388
A12
A14
17
8,5
7
6
5
5
Irbe

A14
Lielirbe
Irbe
A13
8,5
Mikelbāka
Miķeļtornis
Lūžņa
V1334
18
5,7
V1334
A15
Irbe
ehem. Militäranlage
Irbe
Irbene
Trumpe
V1339

nicht asphaltierten Radweg im Slītere Nationalpark, wo auf Infotafeln die Kultur der Region und die Nutzung der Strecke zur Sowjetzeit thematisiert werden. Dieser sieben Kilometer lange Abschnitt ist Teil eines 30 Kilometer langen Rundwegs durch den Nationalpark.

Slītere Nationalpark

Der Slītere Nationalpark befindet sich in der nordwestlich gelegenen Landzunge und ist mit einer Gesamtgröße von 17.000 Hektar Land und 10.000 Hektar Wasserfläche der kleinste der vier Nationalparks in Lettland. Die Landfläche wird hauptsächlich von Wald (71 %) und Feuchtgebieten (18 %) dominiert. Nur ein kleiner Teil (4 %) wird für extensive Landwirtschaft genutzt. Die Unterschutzstellung von 1.100 Hektar begann 1921, um das alte Waldgebiet vor der Waldwirtschaft zu schützen.

Während der sowjetischen Besetzung (1940–1991) war das Betreten des Parks verboten. Erst im Jahr 2000 wurde er zum Nationalpark erklärt und wieder für die Öffentlichkeit zugänglich gemacht.

Die jahrzehntelange Sperrung ermöglichte ein artenreiches Tierleben. So findet man hier Biber, Füchse, Dachse, Ottern sowie Elche, Wölfe, Hirsche und Luchse. Zudem ist der Park ein bedeutendes Vogelschutzgebiet, weil sich am Kap Kolka der Durchflug der Zugvögel vom Weißen Meer zur Ostsee konzentriert. Im Frühjahr und Herbst fliegen hier oft mehrere Zehntausend Vögel pro Stunde vorbei, unter ihnen Uhus, Seeadler, Kormorane und Auerhähne.

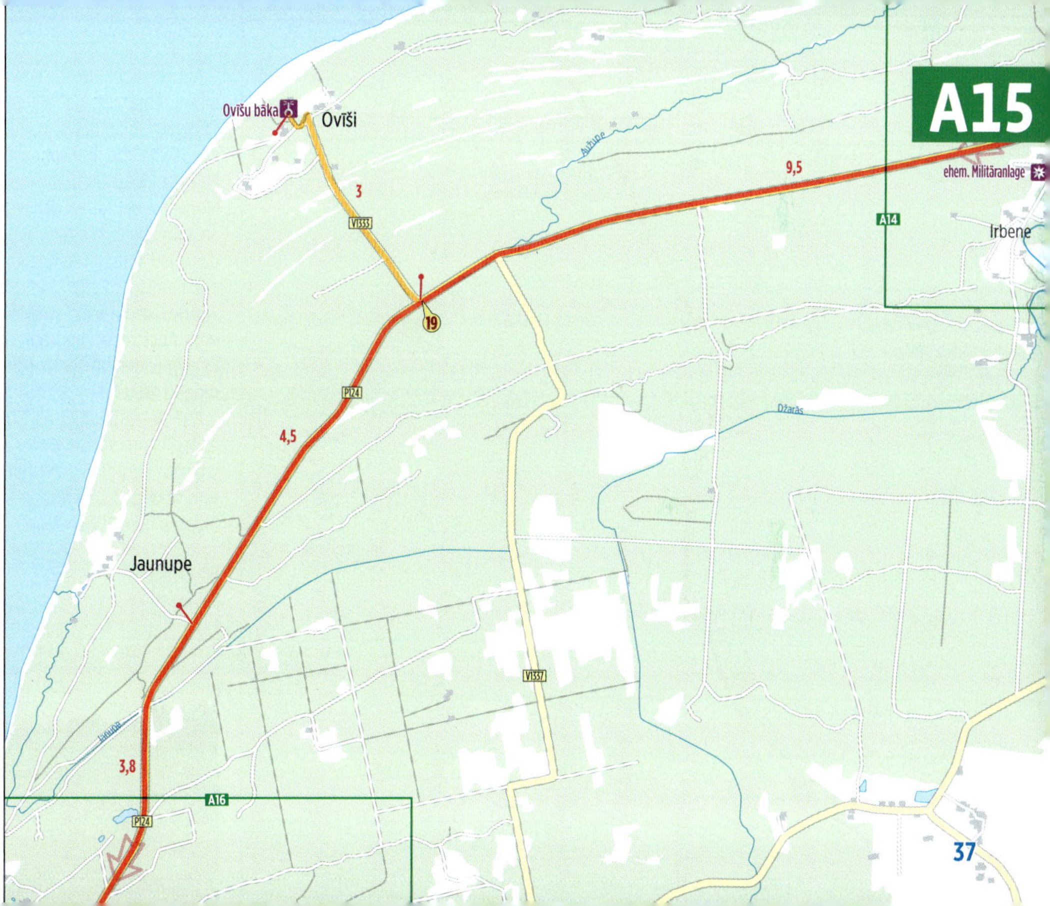

Auf der kaum befahrenen Küstenstraße – dieser Abschnitt gilt als der „großzügigste Radweg" in Lettland – erreicht man südlich der Städte über **Pitrags** und **Košrags** den Ort **Mazirbe** **17**, in dem jährlich im August ein folkloristisches Festival der livischen Kultur veranstaltet wird. Vor dem livischen Volkshaus, das 1939 mit Unterstützung der Menschen aus Finnland, Estland und Ungarn eröffnet wurde, ist die grün-weiß-blaue Flagge des vom Aussterben bedrohten Volkes gehisst. Es gibt Läden und mehrere Übernachtungsmöglichkeiten.

Auf der asphaltierten Küstenstraße geht es an Sīkrags vorbei weiter nach Miķeļtornis, wo man den 1955 erbauten und mit 62 Metern höchsten Leuchtturm in den baltischen Staaten besichtigen kann.

Miķeļtornis (Tārgale) (LV)

18 Es geht auf der wenig befahrenen Küstenstraße weiter. In Irbene findet man Spuren des Kalten Krieges und des Eisernen Vorhangs.

Irbene (Ventspils) (LV)

Von der für die UdSSR strategisch wichtigen Präsenz der Sowjetarmee an der Ostseeküste sind hier die verlassenen und zerstörten Plattenbauwohnhäuser und Militäranlagen geblieben. Das einst militärisch genutzte Radioteleskop ist eines der größten Astronomischen Zentren in Europa und heute öffentlich zugänglich.

AUSFLUG **19 Nach 6 Kilometern kann man rechts abbiegen und an der Küste den Leuchtturm bei Ovīši besichtigen. Über Jaunupe erreicht man Liepene.**

Am Strand vor Miķeļtornis

Auf der Küstenstraße geht es weiter nach Süden und **20** an einer Kreuzung schräg rechts auf der **Talsu iela** Richtung Ventspils (Windau).

AUSFLUG An dem rechts liegenden See gibt es eine Raststelle.

Am Ortseingang fährt man auf dem Radweg weiter und an der großen Kreuzung geradeaus in die **Lidoātju iela**. An ihrem Ende sieht man schon den Hafen, vor dem es zweimal links und dann rechts ab über die Bahnbrücke geht. **21** Es folgt ein Kreisverkehr und nach rechts eine zweite Brücke, die über den Venta-Fluss führt. Sie mündet wiederum in einen Kreisverkehr, an dem man sich auf dem Fuß-/Radweg weiter rechts hält, um 100 Meter danach erneut rechts abzubiegen. So gelangt man auf den **Sarkanmuižas dambis** und kann zwischen Bäumen auf dem Mittelstreifen bis ins Zentrum von Ventspils fahren. Am Ende geht es rechts ab in die Fußwegzone.

Ventspils (LV)

Tourist-Information, Dārzu iela 6, ✆ 29232226, @ akj333

Ventspils ist eine Gründung des Schwertbrüderordens aus dem 13. Jahrhundert und gehörte im Mittelalter zur Hanse. Das Schloss des Ordens beherbergt heute das Museum, zu dem auch ein Freilichtmuseum am Meer gehört, das alle Aspekte des lettischen und livischen Fischer- und Bauernlebens zeigt. In der Stadt leben heute 40.000 Menschen, über die Hälfte davon sind russischer Herkunft, und ist mit ihrem eisfreien Hafen der wichtigste Umschlagplatz für Kohle und russisches Erdöl an der Ostsee.

Die gut restaurierte Altstadt ist einen Spaziergang wert, und ebenso einladend ist der Strand. Man sollte unbedingt in Ventspils Lebensmittel und Getränke einkaufen, da es bis Jūrkalne keine Einkaufsmöglichkeiten an der Strecke gibt.

Von Ventspils nach Pāvilosta 73 km

Der Hauptweg in Ventspils geht hinter der Brücke über den Venta-Fluss rechts ab in die **Sarkanmuižas dambis** und in der Linkskurve rechts ab in die **Brīvības iela**. Danach geht es nach links in die **Kuldīgas iela** und sofort nach rechts in die **Prāmju iela** bis zum Venta-Fluss. Danach geht es links ab in die **Ostas iela** am Ufer entlang, die in die **K. Valdemāra iela** übergeht. Am Ende der Straße geht es links ab in die **Loču iela**, die durch den Jurmalas Parks zur Schmalspureisenbahn führt. An dieser entlang radelt man auf einem sehr gut

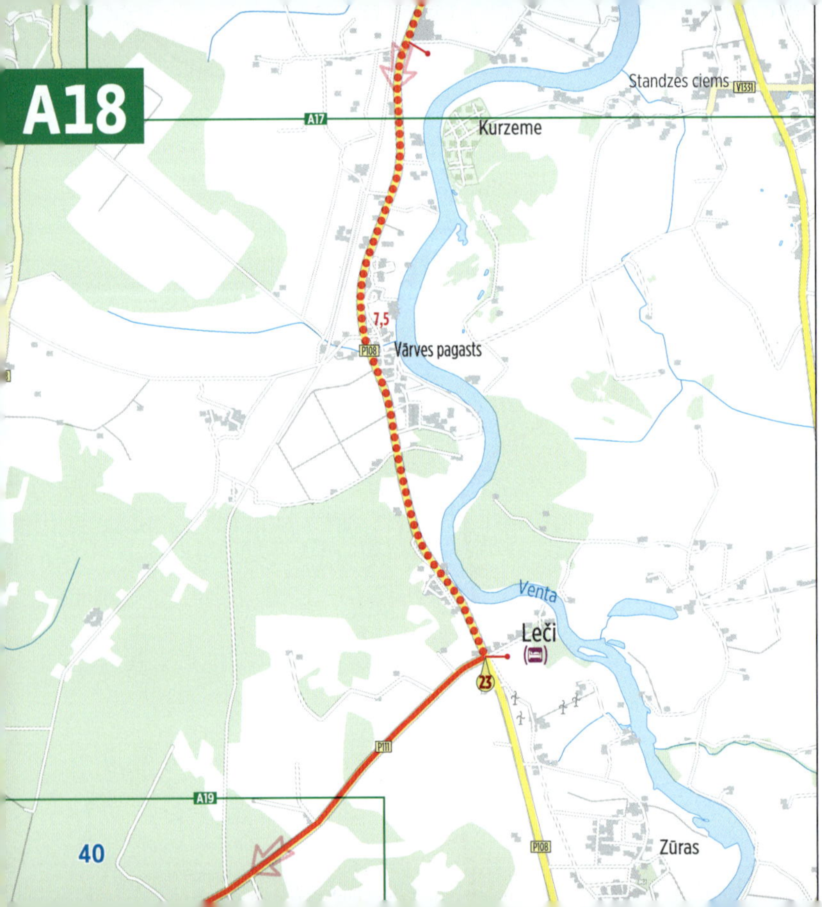

befahrbaren Radweg. Kurz vor der Endstation der Bahn quert man die Gleise.

Da der Weg rechts am Berg vorbei nach Užava ein unbequemer Schotterweg ist, fährt man halblinks in die **Riņķa iela** und folgt ihr nach einer Linkskurve immer geradeaus über die **Saules iela** bis zur **P 108**, in die man rechts einbiegt **22**. Am Ortsausgangsschild von Ventspils hört der Radweg auf.

Von hier bis nach **Leči**, wo die Route rechts nach Liepāja auf die **P 111** abzweigt **23**, sind es zehn Kilometer auf stark befahrener Straße. Danach wird es ruhig. Kurz vor **Užava**, wenn es rechts nach Lībciems abgeht, erinnert ein Gedenkstein an die Jahre 1941-1949, in denen viele Letten nach Sibirien deportiert wurden. Hinter Užava quert man den gleichnamigen Fluss.

TIPP **24** Hinter der Brücke geht es rechts ab zum vier Kilometer entfernten Leuchtturm am Strand. Auf dem Weg dorthin passiert man ein Mahnmal, das in lettischer und schwedischer Sprache an die Letten erinnert, die nach Gotland geflohen sind, Sie wurden 1949 von den Schweden nach Lettland zurückgeschickt und dann nach Sibirien deportiert.

Hinter **Priednieki** führt die Strecke wieder ganz nah ans Meer, wo man nach rechts zur Steilküste abbiegen kann. **25** Man sieht rechter Hand ein Denkmal für die ertrunkenen Einwohner der Umgebung, die vor der Roten Armee 1944/45 nach Schweden flüchten wollten. Auf der Küstenstraße erreicht man über Kalderi **26** den Badeort Jūrkalne.

Jūrkalne (LV)

Jūrkalne ist ein touristisch erschlossener Badeort mit mehreren Zeltplätzen, einer restaurierten Kirche mit Friedhof und vielen spannenden Legenden um seine Entstehung. Im Ort gibt es einen Laden und hinter dem Ortseingang rechts eine Touristeninformation, www.jurkalne.lv. Hinter dem Friedhof geht es rechts ab zur 500 Meter entfernten Steilküste.

27 Auf der kaum befahrenen Küstenstraße Richtung Liepāja kann man bei **Labrags** die alte Holzbrücke über die Riva anschauen, die man im Vorbeifahren entdeckt. Bei **Urdzenieki** biegt man rechts ab und erreicht

Ventspils

Pāvilosta, wo man einkehren, zelten und übernachten kann.

Pāvilosta (LV)

Tourist-Information, Dzintaru iela 2, ✆ 63498229, @ mal225

Der Name Pāvilosta (Paulshafen) geht auf den Grafen Otto von Lilienfeld zurück, der den Hafen nach der Zerstörung 1659 durch die Schweden ab 1878 sukzessive zu einem Handelsstützpunkt ausbaute und nach seinem Bruder Paul benannte. Lilienfeld hatte in der Gegend an der Mündung der Saka, die damals jenseits der preußisch-russischen Grenze lag, größere Ländereien erworben und betrieb eine florierende Handelsflotte, die lokale Erzeugnisse auf den Markt in Liepāja brachte.

Der Fall Pāvilosta zeigt beispielhaft, wie das Russische Reich es verstand, ausländische Investoren ins Land zu holen, um seine Grenzgebiete zu erschließen und politisch zu festigen. Eine Touristeninformation gibt Auskunft über den Aussichtsturm, das Heimatkunde-Museum, den sowjetischen und den NATO-Wachturm sowie über die Mole. Pāvilosta war einst vom sowjetischen Militär besetzt und ist heute ein Paradies für Windsurfer.

Am Strand bei Pāvilosta

Von Pāvilosta nach Liepāja 52 km

28 Kurz vor dem Hafen geht die Hauptroute links ab und man überquert auf einer Brücke die Saka. Wenn die asphaltierte Straße rechts abgeht, fährt man weiter geradeaus zur nächsten Kreuzung.

VARIANTE **Dort kann man auch auf dem nicht ausgeschilderten Waldweg weiter geradeaus am Strand entlang radeln bis zum Leuchtturm von Akmeņrags.**

Die beschriebene Route biegt rechts ab. Wenn der nicht asphaltierte, aber gut befahrbare Weg einen Rechtsbogen macht, biegt man links ab in den Waldweg. An der Dreieckskreuzung geht es rechts leicht bergab und am nächsten Abzweig

See und Rastplatz zwischen Liepene und Ventspils

folgt man dem roten Pfeil nach links. Man fährt durch den wunderbaren Wald, hört das Rauschen der Ostsee, folgt dem roten Pfeil und biegt danach aber nicht rechts ab, sondern radelt geradeaus. Man stößt auf einen Weg, an dem rechts eine Schranke ist und man links abbiegt.

Die einst asphaltierte Straße ist mit einer orangenen Linie an den Bäumen markiert. Auf dem gut befahrbaren Waldweg erreicht man die Schotterstraße, in die man rechts einbiegt und zum dritten Mal den Fluss Rudupe überquert.

AUSFLUG **29** Hinter der Brücke geht es rechts ab zum Leuchtturm, den man mit der wunderbaren Aussicht auch besteigen und wo man eine Kleinigkeit essen und trinken kann.

Auf der schlecht befahrbaren Schotterstraße geht es später rechts ab zum Campingplatz Laikas, der leider nur von Süden ausgeschildert ist. Dort gibt es neben dem Zeltplatz auch einige Häuser mit Sauna zu mieten.

30 Man quert den Fluss Ziemupe, folgt hinter der Brücke der Ausschilderung 571 rechts ab in das gleichnamige Dorf.

Ziemupe ⓘ

Der Ort wird erstmals 1422 erwähnt. Er hat eine evangelisch-lutherische Kirche mit dem 1684 aufgebauten Altar und der harmonisch gestalteten renovierten Innenausstattung. Sehenswert sind auch die Gebäude des Gutshofs und das Gelände der Truppe 90450 P der Sowjetarmee.

Man passiert die Kirche sowie das sowjetische Militärgelände, das man besichtigen kann. Man kommt wieder auf die Schotterstraße, in die man rechts in Richtung Liepāja einbiegt. Über **Smiltnieki** erreicht man **Saraiki** **31**, wo man sich rechts hält. **32** Ab **Škede** ist die Straße asphaltiert und hinter dem Ort weist ein nach rechts abbiegendes Schild - leider nur in lettischer Sprache - auf das 2004 errichtete Mahnmal hin, das an die jüdischen Opfer erinnert.

Gedenkstätte für Opfer des Holocaust

Die 2004 errichtete Gedenkstätte erinnert an die jüdischen Opfer von Massenhinrichtungen, die hier in den Dünen stattfanden. Sie hat die Form eines siebenarmigen Leuchters (Menora), eines der wichtigsten Symbole des Judentums, das auch Bestandteil des israelischen Staatswappens ist. Auf einer Gedenkwand sind die Namen der ermordeten jüdischen Menschen aus Liepāja (Libau) aufgelistet.

In besonders schmerzlicher Erinnerung sind die Tage vom 15. bis 17. Dezember 1941, als 2.750 jüdische Menschen, in der Mehrzahl Frauen und Kinder, auf einem Gewaltmarsch hierher geführt wurden, sich ausziehen mussten und von drei deutschen und lettischen Kommandos am Rande bereits ausgehobener

Gedenkstätte für Opfer des Holocaust bei Liepāja

Massengräber erschossen wurden – zynisch dokumentiert durch Fotos des SS-Oberscharführers Karl-Emil Strott.

Auf der nördlichen Seite befindet sich ein Sowjetisches Mahnmal, das an die Kriegstoten des Zweiten Weltkriegs erinnert, auf der südlichen die Bunkeranlagen der Jahrhundertwende.

Bunkeranlagen

Die von 1893 bis 1906 errichteten Forts wurden vor 1914 zerstört und werden seitdem von den Wellen abgetragen. Diese Forts und der Kanal waren die ersten Bauten in Karosta. Ein Seitenarm des Kanals ist für Schiffe und U-Boote vorgesehen. Daneben existieren Docks und Werften.

Leider gibt es keine direkte Wegverbindung zwischen den historischen Orten. Man fährt deshalb zurück zur Straße und biegt dort rechts ab. An deren Ende biegt man links ab in die **Pulkvežeza Brieža**, erreicht den ehemaligen Kriegshafen und passiert die **Nikolaus-Kathedrale** von Karosta, der größten orthodoxen Kathedrale Lettlands – und das inmitten eines Plattenbauviertels!

Karosta (Liepāja) (LV)

Karosta (lettisch: Kara-osta = Kriegshafen) ist ein Stadtteil von Liepāja und entstand

Nikolaus-Kathedrale in Karosta

ab 1890 auf Geheiß von Zar Alexander III. als Stützpunkt der russischen Ostseeflotte wegen seiner westlichen und eisfreien Lage. Er war der Kriegshafen des Russischen Reiches und später der Sowjetunion. Aus Gründen der militärischen Sicherheit war Liepaja in sowjetischem Kartenmaterial teilweise nicht verzeichnet. In der Hauptbasis der Russischen Ostseeflotte mit ihren 30 Atom-U-Booten und 140 Kriegsschiffen waren 25.000 Soldaten stationiert. Chemische Kampfmittel und radioaktiver Abfall der Marinebasis sollen vor dem sowjetischen Abzug zwischen 1989 und 1992 noch in der Ostsee versenkt worden sein.

Der orthodoxe Dom St. Nikolaus ist eines der Wahrzeichen von Karosta. Sehenswert ist neben den Villen für Admiräle auch das dreiflügelige Schloss für den Zaren, das nur einmal benutzt wurde.

Mitte der 1990er Jahre verließen die letzten Kriegsschiffe der russischen Baltischen Flotte den Hafen. Die Militärs und ihre Familien zogen weg, sodass Karosta zu einem teilweise verwahrlosten und nur zu einem Drittel bewohnten Stadtteil von Liepāja wurde.

Die entstandenen Freiräume haben Künstler für sich entdeckt. Heute ist Karosta ein angesagter Ort für zeitgenössische Kunstprojekte aus ganz Europa, die vom K@2 Kultur- und Informationszentrum in der Katedrāles iela 2 koordiniert werden. Infos unter www.karosta.lv

33 Hinter der Kathedrale biegt man rechts ab in die **Studentu rotas iela** und sofort links ab in die **Imantas iela**. Hinter dem Park geht es rechts ab in die **Turaidas iela** und an deren Ende links ab in die **Atmodas bulvāris**. Auf der 1906 erbauten drehbaren Klappbrücke, der einzigen dieser Art in Lettland, überquert man den Hafenkanal. Nach einer Schiffskollision 2006 war sie vorübergehend nicht befahrbar und wurde 2009 erneuert. Man quert die Bahngleise, passiert einen Friedhof und erreicht auf der **Oskara Kalpāka iela** das Zentrum von Liepāja

Liepāja (LV)

Tourist-Information, Rožu laukums 5/6, ✆ 63480808, @ ars877

Liepāja (Libau) war um 1900 ein wichtiger Handelshafen für das Russische Reich. Mit Blick auf den säbelrasselnden

deutschen Kaiser Wilhelm II. ließ Alexander III. die Stadt befestigen und in der Folge die Militärbasis im Norden einrichten, die den eigenen Hafen Kara osta erhielt. Gleichzeitig wuchs die Bedeutung des Handelshafens und der Gesamtstadt, die ihre Bevölkerungszahl in 60 Jahren verzehnfachte. Die militärischen Interessen brachten es jedoch während der Sowjetzeit mit sich, dass der Handelshafen gesperrt und Liepāja zur „geschlossenen Stadt" erklärt wurde, die selbst die Bauern der Umgebung nur mit Sondergenehmigung betreten durften.

Ein Zeugnis des Kalten Kriegs und von dessen Überwindung ist eine unlängst am Denkmal für die ertrunkenen Fischer und Matrosen zusätzlich angebrachte Gedenktafel. Sie erinnert an die Besatzung eines US-Navy-Flugzeugs, das am 8. April 1950 über Liepāja abgeschossen wurde.

Für Touristen ist Liepāja heute eine Perle auf dem „Europa-Radweg Eiserner Vorhang". Aufgrund ihrer besonderen Geschichte liegt die Stadt, in der heute 76.000 Menschen leben, wie ein Dornröschen da, das gerade erst wach geküsst wurde. Auch wenn die Infrastruktur und das touristische Angebot schon auf der Höhe der Zeit sind, hat die westliche Tourismusmaschinerie die verschlafene Schönheit noch nicht für sich entdeckt. Und da die Kurgäste aus Russland, der Ukraine und Weißrussland wegen der Visapflicht nun wegbleiben, ist für einen Moment eine seltsame Stille eingekehrt. Auch städtebaulich scheint die Stadt an der Wende zum 20. Jahrhundert stehen geblieben zu sein. Hier lässt sich studieren, wie es ausgesehen haben muss an den Orten des fin-de-siècle-Baubooms, als neben einfachen Holzhütten sechsstöckige Wohnhäuser und Paläste emporschossen.

Liepāja, Alte Drehbrücke

Besonders das Villenviertel am Kurpark und die vielen Jugendstilbauten verzaubern den Besuch der Stadt. Neben verträumter Kuratmosphäre hat Liepāja auch etwas für Ohren und Gaumen zu bieten. Musikszene und Restaurants der Stadt sind alles andere als provinziell und locken regelmäßig auch Menschen aus Rīga an die lettische Westküste. Legendäres Rockcafé: www.pablo.lv, alljährliches Rockfestival im August: www.Liepājasdzintars.lv.

Sehenswert sind die Markthalle und der Petermarkt an der Kursu-Straße, die Dreifaltigkeitskirche, deren Orgel nach dem Umbau 1885 mit 131 Registern, vier Manualen und mehr als 7.000 Pfeifen bis 1912 die größte der Welt war, und das Museum der Geschichte der Stadt im Kūrmājas prospekts 16 mit seinen ausführlichen Informationen. Lohnenswert ist nicht zuletzt der breite und feinsandige Strand. Restaurantempfehlung: Pastnieka maja, www.pastniekamaja.lv

Von Liepāja nach Palanga *76 km*

Nach einer Linkskurve quert man abermals die Bahngleise, biegt rechts in die **Kapsētas iela** und danach links ab in die **Aldaru iela**. An deren Ende geht es links ab in die **Kaiju ieala** und man quert dann rechts ab auf einer Brücke den **Tirdzniecības kanāls**. Am Ostseeufer befindet sich der westlichste Punkt von Lettland.

Hinter der Kanalbrücke geht es rechts ab in die **Jūras iela**, und an der neuen Konzerthalle „Great Amber" rechts ab in die **Radio iela**. Am Kanal entlang radelt man bis zur **Celtnieku iela**, in die man links einbiegt. An deren Ende geht es rechts ab in den **Kūrmājas prospekts**. An dessen Ende geht es halblinks in die **Mikela Valtera iela** und an der Linkskurve geradeaus. Am Ostseeufer entlang radelt man ausgeschildert auf wunderbarem Radweg durch den Park und gelangt nach einer Linkskurve zur **Klaipēdas iela**, in die man rechts einbiegt **34** und dann auf die **A 11** stößt, in die man rechts einbiegt. Auf ihr geht es weiter nach Süden und man biegt kurz vor Bernāti rechts ab zum Zentrum **35**.

Bernāti (Nīca) (LV)

Janis Cakste

An der Küste erinnert ein Mahnmal an Janis Cakste (1859-1927), den ersten Präsidenten von Lettland (1922-27). Während der Sowjetzeit war die Küste abgesperrt und an der Bushaltestelle war ein Checkpoint, der die Fahrgäste kontrollierte, ob sie eine Genehmigung zum Betreten der abgesperrten Stadt Liepāja hatten.

Man stößt südlich von Bernāti wieder auf die **A 11** und an der nächsten Kreuzung geht es rechts ab nach Jurmalciems.

Jurmalciems (Nīca) (LV)

Man kann den einzigen an der Küste noch erhaltenen Wachturm besichtigen sowie kurz vor dem Ende des Ortes auch noch einige Bunker und das südliche Fort. Man kann am Strand sein Zelt aufschlagen und in Ferienhäusern übernachten.

36 Am Ortsende verlässt man die asphaltierte Straße und radelt geradeaus in den Waldweg immer an der Ostsee entlang bis Pape. Leider wird dieser Weg auch als Rennstrecke für Motorbikes und Jeeps genutzt, weshalb man an einigen sandigen Stellen das Rad schieben muss.

37 Auf diesem ansonsten wunderschönen Weg zwischen dem See (Papes ezers) und der Ostsee, wo man auch zelten und in Ferienhäusern übernachten kann, erreicht man **Pape**. Dort überquert man den Papes kanāls und biegt hinter der Brücke rechts ab **38**. Man kommt durch eine kleine Siedlung, passiert den Campingplatz Mikjāņi nu Sēta und radelt auf gut befahrbarem Weg entlang der Ostsee-Küste durch den Wald, wobei einige sandige Stellen zu überwinden sind.

Man kommt wieder in eine Siedlung, überquert einen Bach und biegt an der nächsten Gabelung schräg rechts ab **39**. Nach zweimaliger Bachquerung geht es wieder entlang der Küste, man überquert die Grenze zu Litauen und passiert am Ostsee-Ufer einen Leuchtturm. Auf der schmalen „Affenbrücke" geht es über den Šventoji-Fluss, der einst die Grenze zu Lettland war.

TIPP **Wenn auf der schmalen „Affenbrücke" ein langer Stau ist, kann man auch geradeaus weiterfahren, links abbiegen, durch eine Feriensiedlung und später über die Flussbrücke radeln und danach rechts abbiegen**

Die Geschichte von Litauen

Die Geschichte von Litauen unterscheidet sich von der Geschichte der anderen baltischen Staaten dadurch, dass es dem Land im 13. Jahrhundert gelang, sich dem Deutschen Orden erfolgreich zu widersetzen. Großfürst Mindaugas (1203-1263) vereinigte die einzelnen Fürstentümer, gründete 1250 den litauischen Staat und ließ sich 1253 zum ersten und einzigen König krönen.

Ab 1385 ging Litauen unter Führung der litauischen Jagiellonen eine Personalunion mit den slawischen Polen ein und nahm damit als letztes von allen europäischen Völkern den christlichen Glauben an.

In der „Schlacht von Tannenberg" hatte Vytautas der Große, der von 1392-1430 der Großfürst war, mit polnischen und litauischen

Truppen das Heer der deutschen Ordensritter am 15. Juli 1410 vernichtend geschlagen. Nach dem 1422 erfolgten Friedensvertrag von Melnosee entwickelte sich das Land zu einer europäischen Großmacht von der Ostsee bis zum Schwarzen Meer, weil deren Herrschaftsbereich auch Teile der Ukraine und Westrusslands umfasste. Die polnisch-litauische Union hatte vier Jahrhunderte Bestand, bevor Litauen 1795 nach der endgültigen Teilung von Polen unter russische Herrschaft geriet.

Der Frieden von Tilsit teilte 1807 Osteuropa in eine französische und eine russische Interessensphäre und stufte Preußen, das nach der verheerenden Niederlage gegen Frankreich fast die Hälfte seines Territoriums verloren hatte, auf den Status einer europäischen Mittelmacht zurück. Napoleon verhandelte auf einem Floß inmitten der Memel allein, nur mit dem russischen Zar Alexander I., während Preußens König Friedrich Wilhelm III. im Abseits stand.

Aufstände gegen die russische Herrschaft in den Jahren 1830/31 und 1863 blieben erfolglos und eine zielstrebige Russifizierungspolitik wurde durchgesetzt. Diese schrieb unter anderem die Veröffentlichung litauischer Texte in kyrillischer Schrift und Russisch als Unterrichtssprache vor.

Im 19. Jahrhundert entwickelte sich in Litauen, wie im Rest Europas, eine erstarkende Nationalbewegung. Die litauische Bevölkerung setzte 1904 durch, Texte wieder in lateinischer Schrift veröffentlichen zu können. 1905 erreichte sie die Autonomie des litauischen Staates innerhalb des Russischen Reiches.

Nach dem Ersten Weltkrieg erklärte die Litauische Republik am 16. Februar 1918 ihre Unabhängigkeit, die mit der Haupt-

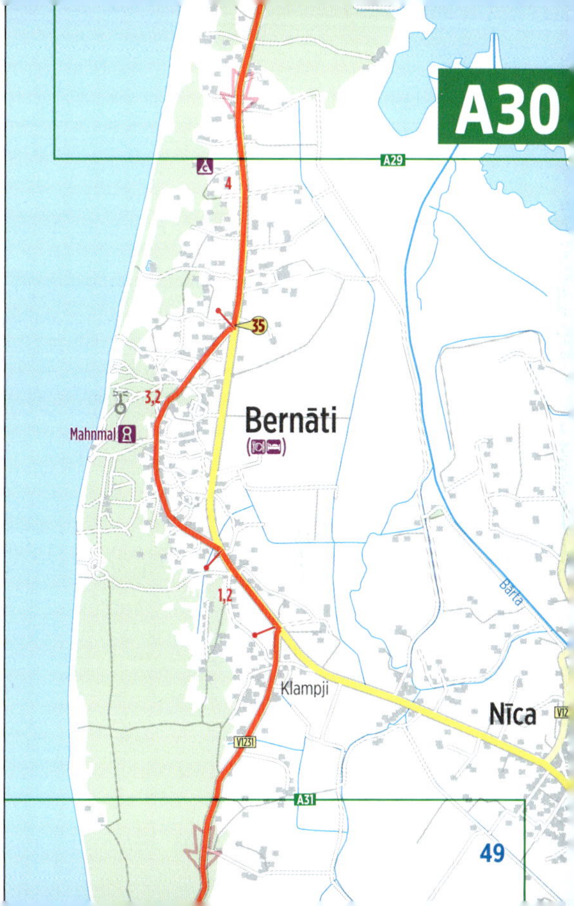

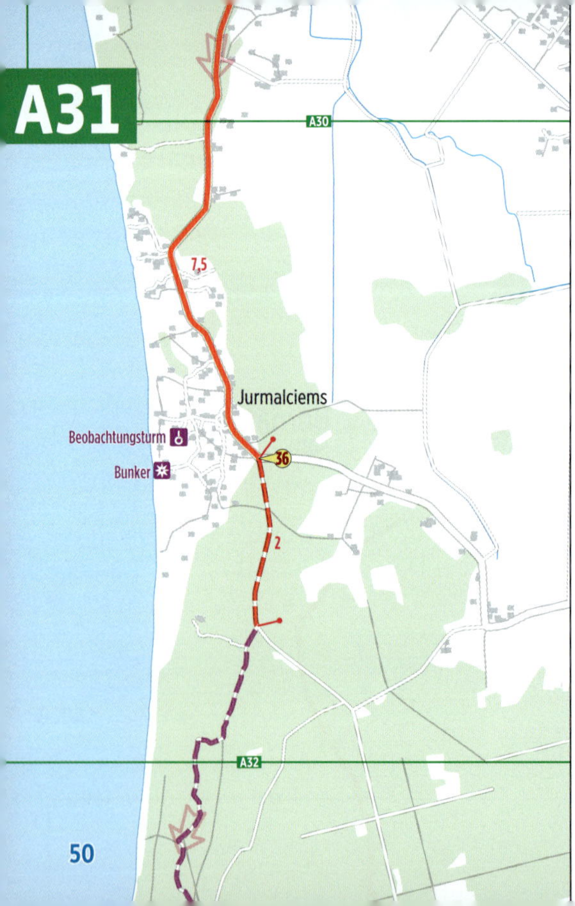

stadt Vilnius im litauisch-sowjetischen „Friedensvertrag von Moskau" am 12. Juni 1920 von der sowjetischen Regierung und auch international anerkannt wurde. Nachdem im Oktober 1920 polnische Truppen die Stadt und das Gebiet um Vilnius besetzten, wurde Kaunas bis 1939 die „vorübergehende Hauptstadt" von Litauen.

Das Memelland, nach dem Versailler Vertrag an die alliierten Mächte abgetreten und von Frankreich verwaltet, wurde 1923 von Litauen militärisch besetzt und annektiert. Litauen erlebte eine Zeit der Blüte, die jedoch 1926 durch den Putsch von Antanas Smetona und die Auflösung des Parlaments belastet wurde.

Auf Druck der Nazi-Regierung wurde das Memelland am 22. März 1939 an Deutschland abgetreten, wobei man sich deutsche Unterstützung bei der Rückgewinnung des Gebietes der ehemaligen Hauptstadt Vilnius erhoffte. Als Hitler vor Beginn des Zweiten Weltkriegs, am 23. März 1939 das Memelland „heim ins Reich" holte, wurde ihm ein begeisterter Empfang bereitet. Zu diesem Zeitpunkt waren mehr als 75 Prozent der Bevölkerung im Memelland gegen einen Verbleib bei Litauen.

Am 23. August 1939 wurde der Hitler-Stalin-Pakt (mehr dazu auf Seite 22) beschlossen, der in Osteuropa nach den beiden unterzeichnenden Außenministern Ribbentrop-Molotow-Pakt genannt wird. In dem öffentlich „Nichtangriffspakt" genannten Vertrag hatten sich die beiden Diktatoren in dem als „Geheimes Zusatzprotokoll" bezeichneten Dokument auf die Aufteilung der sechs osteuropäischen Länder geeinigt. Es wurde vereinbart, dass „die nördliche Grenze Litauens zugleich die Grenze der Interessensphären Deutschlands und der UdSSR" bildete,

wobei „das Interesse Litauens am Wilnaer Gebiet beiderseits anerkannt" wurde. Dadurch konnte sich die Sowjetunion die verlorenen Gebiete Ostpolens, des Baltikums und Bessarabiens wieder einverleiben.

Der Pakt war das Einfallstor zum Zweiten Weltkrieg und erleichterte Hitler den Überfall auf Polen am 1. September 1939, nachdem er den 1934 mit Polen geschlossenen Nicht-Angriffspakt am 28. April 1939 einseitig gekündigt hatte. Am 17. September 1939 rückte trotz des 1932 mit Polen geschlossenen Nicht-Angriffspakts die Rote Armee von Osten nach Polen ein. Sie traf in der Mitte des Landes an der vereinbarten Demarkationslinie auf die Deutsche Wehrmacht und beide hielten eine gemeinsame Siegesparade ab.

Eine Woche später, am 29. September 1939, wurde ein weiterer „Grenz- und Freundschaftsvertrag" unterschrieben, in dem das Baltikum einschließlich Litauen und Finnland definitiv der Sowjetunion zugeschlagen wurde. Im Juni 1940 wurde Litauen von der UdSSR besetzt und annektiert. Ein Jahr später, im Juni 1941, begannen die Massendeportationen der litauischen Bevölkerung nach Sibirien.

Am 22. Juni 1941 brach Hitler-Deutschland den „Nichtangriffspakt" und überfiel die Sowjetunion. Mit dem „Unternehmen Barbarossa" nahmen deutsche Truppen das litauische Staatsgebiet ein und begannen mit der Vernichtung der jüdischen Bevölkerung. Gemessen an der Zahl der Opfer war der Holocaust in Litauen am grausamsten, weil von den 220.000 jüdischen Menschen nur etwa 12.000 überlebten. Damit fielen in Litauen 95 % der jüdischen Bevölkerung dem Holocaust zum Opfer. Das Ghetto, das die Nazis 1941 im als „Jerusalem des Nordens" apostrophierten Vilnius einrichteten, galt fast einem Drittel der damaligen Bevölkerung. Nach dem Bericht der internationalen Historiker-Kommission (2005) wurden die Deutschen dabei auch durch litauische Behörden unterstützt. Das ganze Land erlebte einen rapiden Niedergang, als es 1944 der Roten Armee gelang, Litauen zurückzuerobern und die „Litauische Sozialistische Sowjetrepublik" wieder herzustellen.

Nach den Plänen der Sowjets sollte auch Litauen komplett „russifiziert" und die eigene kulturelle Identität ausgelöscht werden. Deshalb vollendeten sie die Massendeportationen mit etwa 250.000 Menschen nach Sibirien, begannen die Kollektivierung der Landwirtschaft und führten die Wehrpflicht zur Roten Armee ein. Als Reaktion darauf gründete sich der anti-sowjetische Widerstand. Unter den Baltischen Staaten war er in Litauen am besten organisiert und dauerte am längsten, weil die „Waldbrüder" bis 1949 ganze Regionen auf dem Lande kontrollierten, deren militärischer Widerstand bis 1953 dauerte. Etwa 30.000 Waldbrüder und ihre Unterstützer wurden umgebracht, der letzte Partisan 1965 getötet. Menschen aus anderen Teilen der Sowjetunion wurden in großer Zahl in Litauen angesiedelt, wobei die Zahl wegen des massiven Widerstands geringer war als in Lettland und Estland, und die Industrialisierung bahnte sich ihren Weg. Trotz der Russifizierungsversuche konnte sich die litauische Sprache und Kultur halten.

Nach jahrzehntelanger Zugehörigkeit zum sowjetischen Einflussbereich wollten die baltischen Staaten insbesondere in den späten 1980er Jahren die Unabhängigkeit. Am 3. Juni 1988 gründeten Intellektuelle die Unabhängigkeitsbewegung

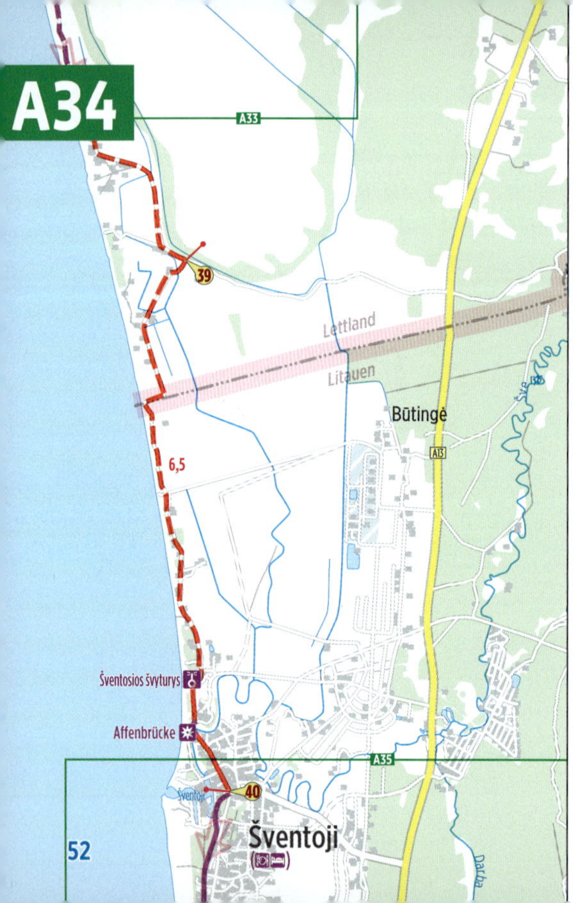

„Sajudis", die von Vytautas Landsbergis (*1932) geleitet wurde. Dieses Freiheitsbestreben erlebte am 23. August 1989, dem 50. Jahrestag des Hitler-Stalin-Pakts, mit der längsten Menschenkette aller Zeiten ihren Höhepunkt. Daran beteiligten sich 2,5 Millionen Menschen aus Estland, Lettland und Litauen sowie in den baltischen Republiken lebende Menschen aus Russland, Weißrussland und jüdischen Glaubens auf dem 675 Kilometer langen „Baltischen Weg" von Tallinn über Rīga nach Vilnius und forderten die Staatliche Souveränität für Estland, Lettland und Litauen. Das Ende des sowjetischen Systems war eingeläutet.

Im Februar 1990 fanden die ersten demokratischen Wahlen statt. Am 11. März 1990 erklärte das litauische Parlament (Seimas) als erstes der sogenannten Sowjet-Republiken mit 124 Stimmen, bei 6 Enthaltungen und ohne Gegenstimme seine Unabhängigkeit und Vytautas Landsbergis, dessen Großvater die litauische Schriftsprache einst entwickelt hatte, wurde das erste Staatsoberhaupt.

Der „Singende Revolution" genannte gewaltlose Kampf für die Unabhängigkeit führte zum Erfolg, obwohl Michail Gorbatschow am 13. Januar 1991 noch sowjetische Truppen nach Rīga und Vilnius schickte, um diese Bewegung mit militärischer Gewalt aufzuhalten. Als am „Blutsonntag" - im Gedenken an den Petersburger Blutsonntag von 1905 - sowjetische Panzer neben dem Parlament auch auf den Fernsehturm zurollten, wurde er von Tausenden umstellt, um die Unabhängigkeit Litauens und seines Rundfunks zu schützen. Dabei wurden 14 Zivilisten getötet und mehr als 1.000 gewaltfreie Demonstrierende verletzt. Am 9. Februar 1991 stimmten in einem Referendum

90,5 % für ein unabhängiges Litauen und die Verfassung der Ersten Republik (1920-1940) wurde wieder in Kraft gesetzt.

Gegen den drohenden Zerfall der Sowjetunion und des Warschauer Pakts richtete sich im August 1991 in Moskau ein Putsch. Nach dessen Scheitern am 21. August 1991 wurde das litauische Referendum wirksam, als der Präsident der "Russischen Sowjetrepublik", Boris Jelzin, die Auflösung der Sowjetunion zum 31. Dezember 1991 verkündete und die Unabhängigkeit von Estland, Lettland und Litauen akzeptierte. Die „Russische Föderation" mit dem Präsidenten Boris Jelzin (1931-2007) wurde der Nachfolgestaat der Sowjetunion.

Nach anfänglicher Instabilität entwickelte sich Litauen mit seinen drei Millionen Menschen in den 1990er Jahren sehr positiv, wurde 2004 Mitglied von NATO und EU und hat seit 2015 den Euro als Währung. Der Anteil der russischen und polnischen Minderheit liegt bei jeweils sechs Prozent.

Und auch die Geschichtsschreibung änderte sich. Während es zu Sowjetzeiten in den Baltischen Staaten verboten war, über den Holocaust zu schreiben und die Ermordung der jüdischen Bevölkerung verschwiegen wurde, besann man sich nun auch auf die negativen Seiten der Geschichte. So entschuldigte sich 1993 der litauische Präsident Algirdas Brazauskas im israelischen Yad Vashem für die Beteiligung seiner Landsleute am Holocaust.

Affenbrücke bei Sventoji

In Panerial, nahe Vilnius, steht ein Gedenkstein, dessen Inschrift mehrfach verändert wurde. Zu Sowjetzeiten las man auf Russisch und Litauisch, dass sowjetische Menschen umgekommen sind. Nach der Unabhängigkeit durfte auch in Jiddisch und Hebräisch daran erinnert werden, dass 70.000 jüdische Menschen erschossen wurden. Und nach langen Diskussionen wurden 2008 zwei Wörter eingefügt, die darüber informieren, dass „örtliche Helfer" die Deutschen bei ihrem grausamen Werk unterstützt hatten.

40 In **Šventoji**, das zur Stadtverwaltung Palanga gehört, fährt man auf einer typischen Strandstraße an Feriensiedlungen, Geschäften und Camping-Plätzen vorbei. Danach geht es weiter geradeaus über **Monciškė** nach **Užkanavė** **41**, wo es ein Café gibt. Für einen Besuch nimmt man den Weg durchs Dorf, statt auf dem Radweg zu bleiben, der dieses umgeht. Knapp fünf Kilometer weiter befindet man sich auf der Höhe der Seebrücke von Palanga, an der sich im Sommer sämtliche Ostsee-Touristen zu versammeln scheinen **42**.

Palanga (LT)

Vorwahl: 460

Tourist-Information, Vytauto g. 94, ✆ 48811, @ epc647

Der Ort kam 1253 zum Deutschen Orden, wurde 1435 von Litauen erobert und war über Jahrhunderte der einzige litauische Zugang zur Ostsee. Der Hafen wurde im heutigen

Gemeindeteil Šventoji angelegt. Nach dem Großen Nordischen Krieg gehörte er seit 1705 zu Schweden, ab 1819 zum Russischen Reich. Nach der Entstehung der baltischen Staaten wurde die Stadt 1920 im Zuge eines Grenzausgleichs mit Lettland an Litauen zurückgegeben.

In Palanga leben heute 18.000 Menschen. Die Kulturhauptstadt Litauens von 2013 gehört zu den Zentren des litauischen Fremdenverkehrs mit Hotels, Campingplätzen, einer langen Strandpromenade mit Seebrücke sowie einem Flughafen. Sehenswert ist das ehemalige Palais des Grafen Feliks Tyszkiewicz, das 1897 nach einem Entwurf des Berliner Architekten Franz Schwechten im neoklassizistischen Stil erbaut wurde. Seit 1963 ist dort das Bernsteinmuseum mit dem größten Bernstein (3,5 kg) untergebracht, das heute vom Botanischen Garten umgeben ist. Die Römisch-Katholische Sankt-Marien-Kirche ist von 1897 bis 1906 nach einem Entwurf des schwedischen Architekten Karl Eduard Strandmann (1867–1946) als neugotischer Backsteinbau mit einem 76 Meter hohen Turm errichtet worden. Infos unter www.palangatic.lt, Empfehlung für eine Einkehr im Café Kaviné Babú in Užkanavė.

Von Palanga nach Klaipėda 26 km

Der hervorragende Radweg nach Süden führt vier Kilometer vom Ortsausgang an einem kleinen historischen Kuriosum vorbei: In einem Wald liegt der Ortsteil Nemirseta (kurisch Nimersata), der heute nur noch aus zwei Häusern besteht.

Nemirseta (Palanga) (LT)

Nemirseta war bis 1920 der nördlichste Ort des Deutschen Reiches und als solcher unter dem Namen Nimmersatt bekannt („Nimmersatt, wo das Reich sein Ende hat"). Das ehemalige Zollhaus und die einst letzte Gaststätte vor der Grenze wurden zu Wohnhäusern umgebaut und besonders das letztere steht heute vor dem Verfall. Der deutsche Name ist ein Beispiel dafür, wie fremde Herren unverstandene geografische Bezeichnungen ungeniert verballhornen.

Freiheitsdenkmal in Klaipėda

43 Die **EV 13** stößt kurz vor **Karklė** auf eine Straße, in die man rechts einbiegt. Hinter dem Ort verlässt man die Straße nach links, fährt durch einen wunderschönen Wald und stößt auf eine Bahnlinie, die man vor dem Bahnhof **Giruliai** überquert. Man passiert ein modernes Amphitheater und stößt auf die Straße nach Klaipėda, an der sich auf der rechten Seite wenig später ein Soldatenfriedhof befindet. **44** Man quert abermals die Bahnlinie – links ist der Bahnhof, von dem Direktzüge nach Vilnius fahren.

Die Straße ins Zentrum wird teilweise von einem Radweg begleitet und führt zunächst durch die Neustadt. Hinter der Brücke über die Danė (Dange) beginnt das dichte Netz der

Altstadtgassen von Klaipėda. Die dritte breite Straße rechts führt an der Tourismusinformation vorbei zum Theaterplatz.

Klaipėda ⓘ

Vorwahl: 46

Tourist-Information, Turgaus g. 7, ✆ 412186, @ rtf476

Klaipėda (Memel) ist mit knapp 170.000 Menschen die drittgrößte und einzige Hafenstadt von Litauen. Sie wurde 1253 neben einer im Entstehen begriffenen Burg des Schwertbrüderordens von Dortmunder Kaufleuten gegründet. Da sie dachten, dass der Dange-Fluss die Memel sei, nannten sie die Stadt Memel.

In Auseinandersetzungen zwischen dem Deutschen Orden als Nachfolger und Polen-Litauen wurde die Stadt viele Male geplündert und gebrandschatzt. Durch Säkularisierung des Ordensstaates zum Herzogtum Preußen wurde das Gebiet nach 1525 mit der Geschichte Brandenburgs verknüpft, es war der nordöstlichste Zipfel von Preußen.

Hier wurden nach der Niederlage gegen Napoleon bei Jena und Auerstedt (1806) nicht nur die Bauernbefreiung und die preußische Heeresreform auf den Weg gebracht, sondern auch die preußische Bildungsreform, die mit den Freiherren vom und zum Stein sowie von Hardenberg verbunden ist.

Nach dem Ersten Weltkrieg und der Annektierung des Memellandes durch Litauen 1923 wuchs in Klaipėda, wie es nun hieß, seit den 1920er Jahren die jüdische Bevölkerung von 2.000 auf über 8.000 an. 1938 begann die litauische Verwaltung mit der Diskriminierung der jüdischen Handels- und Geschäftsleute.

Im Zweiten Weltkrieg waren die Hafenanlagen der nördlichsten Stadt des Deutschen Reiches so stark umkämpft, dass bei Kriegsende nur noch sechs Menschen in der Stadt gelebt haben sollen. Nach Evakuierung der deutschen Bevölkerung wurde sie militärisch aufgegeben, nach der Übernahme durch die Sowjetunion von Menschen aus Litauen und Russland neu

Ännchen-vonTharau-Statue in Klaipėda

Ausblick von einem Café am Strand bei Juodkrantė

besiedelt und von Memel wieder in Klaipėda umbenannt. Seit der Unabhängigkeit Litauens hat sie eine stürmische wirtschaftliche Entwicklung genommen und spielt als Fähr- und Handelshafen eine wichtige Rolle.

Wahrzeichen ist der Simon-Dach-Brunnen auf dem Theaterplatz mit dem „Ännchen von Tharau" aus dem von Friedrich Silcher vertonten Lied, das Gottfried Herder 1778 vom Ostpreußischen Plattdeutsch ins Hochdeutsche übertragen hatte. Es ist die Kopie des 1912 nach einem Entwurf des Bilhauers Alfred Kühne aufgestellten Denkmals, das 1939 einer Hitlerbüste weichen musste. Nach dem Krieg ersetzten die Sowjets diese durch ein monumentales Panzerdenkmal. Nach Abschluss der Innenstadtsanierung wurde der neue Brunnen mit dem „Ännchen von Tharau" 1989 eingeweiht.

Das regelmäßig angelegte Altstadtviertel zeichnet sich durch seine zahlreichen Fachwerkhäuser des 17. bis 19. Jahrhunderts aus. Das eigentliche Geschäftsviertel ist aber heute die Neustadt nördlich der Danė, wo die beiden Hochhäuser mit dem K und dem D den Namen der Stadt an der Danė symbolisieren. Dort befindet sich auch das historische Postamt, dessen Jugendstilgebäude sich mit einem Glockenspiel schmückt.

Seit der Inbetriebnahme des ersten schwimmenden Flüssiggasterminals (2014) auf dem 450 Meter langen Tankschiff „Independence" kann Litauen täglich vier Millionen Kubikmeter Gas überwiegend aus Norwegen importieren, was drei Viertel des Bedarfs der baltischen Staaten abdeckt. Das macht sie unabhängig vom russischen Gazprom.

In Klaipėda gibt es Fahrradläden, zwei befinden sich im südlichen Teil der Altstadt. In der Tourismusinformation erhält man kostenlos Radwanderführer für den gesamten litauischen Küstenradweg und Klaipėda.

TIPP Wer nicht durch Kaliningrad radeln möchte, fährt in Klaipėda über Sudmantei auf die 141 nach Jurbakas, überquert dort die Memel nach Kidulai und radelt auf der 3802 zur Memel in Slavikai. Entlang der Memel geht es dann nach Kudirkos, auf der 5103 über Kybartai nach Vistytis und von dort am Wystytiter See entlang über Vartelial zur Grenze nach Polen. Von dort geht es über Grzybina nach Braniewo und von dort nach Krynica Morska. Die Strecke bis Braniewo ist etwa 500 Kilometer lang.

Von Klaipėda nach Nida (Nidden) *51 km*

Vor der Danė biegt man rechts ab, radelt am Fluss entlang und erreicht die Fähre zur Kurischen Nehrung.

Kurische Nehrung

Von der 98 Kilometer langen sandigen Halbinsel gehören 52 zu Litauen und 46 zur russischen Exklave Kaliningrad. Die breiteste Stelle hat eine Länge von 3.800, die schmalste von 350 Metern. Auf der einen Seite glitzert die Ostsee, auf der anderen das Kurische Haff. 70 % der Nehrung sind mit Wäldern bedeckt, der Rest ist Sand. Hier wachsen 960 Pflanzenarten, 70 Fisch- und 37 Säugetier-Arten leben hier.

Die Nehrung ist wichtig für den Vogelflug, weil viele Zugvögel die Überquerung größerer Wasserflächen scheuen und den Landweg bevorzugen. Im Frühjahr und im Herbst sind es 15 Millionen Zugvögel.

Die einzigartige Landschaft der Kurischen Nehrung wurde von der UNESCO im Jahr 2000 zum Weltkulturerbe erklärt. Bereits 1809 schrieb Wilhelm von Humboldt: „Die Kurische Nehrung ist so merkwürdig, dass man sie eigentlich ebenso wie Spanien und Italien gesehen haben muss, wenn einem nicht ein wunderbares Bild in der Seele fehlen sollte".

Die „Sahara des Nordens" besteht ausschließlich aus Sand mit riesigen Wanderdünen, die nach der Abholzung der Wälder in der frühen Neuzeit immer wieder Ortschaften unter sich begruben. Ende des 19. Jahrhunderts wurden wieder Bäume gepflanzt, um das Wandern der Nehrung zu stoppen.

Auf der Kurischen Nehrung führt der ausgeschilderte Radweg zur Ostsee, die man wegen der Dünen aber nicht sieht, und dann weiter über **Alksnynė** **45** nach Süden. Auf der Höhe von Juodkrantė gibt es in den Dünen ein Café mit weitem Blick aufs Meer. **46** Danach führt eine Variante links ab zum Zentrum.

Juodkrantė (Neringa) (LT)

In dem zweitgrößten Ort der Nehrung leben 700 Menschen, im Sommer ist die Zahl um ein Vielfaches höher. Man findet zahlreiche Restaurants und Übernachtungsmöglichkeiten. Sehenswert ist der Hexenberg, wo seit 1979 viele Holzskulpturen

Am Hexenberg in Juodkrantė

zu den dazugehörigen litauischen Märchen aufgestellt wurden.

In Juodkrantė geht es auf der Variante von der Küstenstraße am Haff rechts ab zur Ostsee und dann wieder nach links auf den Radweg. Zu Sowjetzeiten war der Strand natürlich bewacht, aber zugänglich. Nach 22 Uhr durfte sich dort aber niemand mehr aufhalten. Der Radweg führt bis kurz vor Pervalka an der Ostsee entlang.

Tote Dünen

Zwischen Juodkrantė und Pervalka befindet sich das Gebiet der „Toten Dünen", wo man nur die Holzwege benutzen darf. Hier wachsen 900 Pflanzen, von denen 31 auf der Roten Liste stehen. Seit 1992 haben sich hier auch wieder die Kormorane mit 3.000 Nestern angesiedelt. Das sind die größten Konkurrenten der Fischer, weil sie viele Fische verzehren.

Entlang der Toten Dünen fährt man später auf dem Radweg der Straße. **47** Dann geht es links ab zum Haff nach **Pervalka**. Im kleinsten Ort der Nehrung leben nur 20 Menschen. Man bleibt auf dem ausgeschilderten Radweg und stößt in **Preila** auf die Hauptstraße **48**. Hier leben im Winter 100 Menschen, es gibt Restaurants und Übernachtungsmöglichkeiten.

Am Haff entlang geht es auf dem separaten Radweg an der Vecekrugas Düne vorbei, der mit 68 Metern – nunmehr bewaldeten – höchsten Düne auf der Nehrung. Der ausgeschilderte Radweg endet an der Düne, man radelt weiter geradeaus nach Nida.

Nida (Neringa) (LT)

Nida lag ursprünglich fünf Kilometer weiter südlich am so genannten Grabscher Haken. Wegen Versandung wurde es auf die Meeresseite verlagert. Ab 1730 wurde die Ortslage aus demselben Grund ein weiteres Mal auf die heutige Position nördlich der Wanderdünen verschoben. Diese reizvolle Lage war es dann auch, die ab 1900 viele Künstler anlockte, darunter den Maler Lovis Corinth, die Brücke-

Maler Max Pechstein und Karl Schmidt-Rottluff, der in den Dünen von Nidden 1913 seine „Drei Akte" schuf, sowie den Expressionisten Ernst Mollenhauer. Die Versammlungskneipe der Künstlerkolonie Nidden existiert noch heute unter dem Namen „Nidos Smilte".

Das 1930 erbaute Sommerhaus von Thomas Mann auf dem „Schwiegermütterhügel" im nördlichen Ortsteil, oberhalb des Radwegs direkt am Haff, gehört zu den touristischen Pilgerstätten. Von der Landschaft war auch Thomas Mann überwältigt: „Man findet einen erstaunlich südlichen Einschlag ... Die weiße Küste ist schön geschwungen, man könnte glauben, in Nordafrika zu sein."

Er hatte es mit einem Großteil seines 1929 erhaltenen Nobelpreises finanziert, konnte es jedoch nur drei Sommer lang für sein Werk „Joseph und seine Brüder" nutzen, da er schon 1933 Deutschland verlassen musste. Sein Sommerhaus wurde 1939 von den Nazis beschlagnahmt und geriet in den Besitz von Hermann Göring. In seinem kalifornischen Exil verfasste er über die BBC Radioansprachen an seine Landsleute über die Verbrechen des NS-Regimes.

In Nida schrieb Engelbert Humperdinck (1854-1921) seine Oper „Hänsel und Gretel", die - von Richard Strauss 1893 uraufgeführt - ein Welterfolg wurde. Interessant ist auch der alte Friedhof mit seinen typischen Kurenkreuzen.

Die größte Wanderdüne

Sie befindet sich in der „Litauischen Sahara" an der Grenze zu Russland und zählt mit 60 Metern zu den größten Sanddünen in Europa. Allerdings wird der Sand durch die Winde abgetragen und ins Haff verweht, so dass die Düne ständig schrumpft - in den letzten 25 Jahren allein um 15 Meter. Von hier hat man einen wunderbaren Blick auf das Haff, die Ostsee und den Ort Nida, den Thomas Mann folgendermaßen beschrieb: „Alles ist weglos, nur Sand, Sand und Himmel"

Die Dünen wandern heute noch sechs Meter pro Jahr und haben in den vergangenen 500 Jahren insgesamt 14 Dörfer unter sich begraben. Von den verschütteten Dörfern ist wenig oder nichts übriggeblieben. Die Dörfer Nida und Pillkoppen sind an anderer Stelle wiederaufgebaut worden.

Im 19. Jahrhundert begann ein Postangestellter damit, die Dünen nach dem Plan eines Wittenberger Professors zu bepflanzen und wieder aufzuforsten. Seitdem wurden mit der Strauch-Methode mehrere Wanderdünen zum Stillstand gebracht.

Von Nida nach Selenogradsk 54 km

Man folgt in Nida den Straßenschildern nach Kaliningrad und radelt über die Grenze **49**. Östlich des Haffs bildet die Memel die Grenze, ein Fluss, an dem Deutsche und Litauer über Jahrhunderte hinweg friedlich zusammenlebten. Heute verläuft die Außengrenze der Europäischen Union zwischen Litauen und Kaliningrad sowie zwischen Litauen und Belarus.

Die Memel

Die Memel ist neben Oder und Elbe einer der letzten freifließenden Ströme in Mittel- und Osteuropa und wird nur vor Kaunas durch ein Wasserkraftwerk aufgestaut. Sie entspringt südlich von Minsk, fließt 462 Kilometer durch Belarus, markiert auf 18 Kilometern die weißrussisch-litauische Grenze und ist dann 348 Kilometer lang ein litauischer Fluss. Sie teilt sich hinter Sowjetsk, dem ehemaligen Tilsit, in zwei Mündungsarme. Der Ruß-Strom bildet auf knapp 100 Kilometern die Grenze zwischen Litauen und dem zu Russland gehörenden Kaliningrad und mündet nach insgesamt 937 Kilometern - wie auch die Gilge im Kaliningrader Gebiet - ins Kurische Haff. Beide Arme fließen damit in die Ostsee, das „mare nostrum" der Europäer.

Bis zur russischen Oktober-Revolution „benötigte" man für die Querung von einem Memelufer zum anderen 13 Tage - der Unterschied zwischen dem russisch-orthodoxen und dem christlichen Kalender. Im Buch von Uwe Rada „Die Memel " kann man sich über die „Kulturgeschichte eines europäischen Stromes" informieren."

TIPP An der Grenze zwischen Litauen und dem russischen Kaliningrad ist kaum Verkehr und entsprechend schnell verläuft die Einreiseprozedur. Auch für die schlichte Durchreise ist ein Visum im Vorhinein zu beantragen. Mehr Infos unter: https://russische-botschaft.ru/de/consulate/visafragen/elektronische-visa-fuer-besucher-des-kaliningrader-gebiets/

Die Geschichte der Oblast Kaliningrad

*Die Oblast Kaliningrad (*Калининградская область *Kaliningradskaja oblast) ist die westlichste Oblast (Gebiet) der Russischen Föderation. Sie hat knapp eine Million Einwohner und ist mit 15.000 km² etwas kleiner als Schleswig-Holstein und die kleinste Oblast von Russland. Sie wird häufig auch als Bernsteinland bezeichnet, was auf seinen Reichtum hinweist.*

Sie umfasst das nördliche Drittel vom ehemaligen Ostpreu-

ßen im Deutschen Reich und ist als russische Exklave räumlich vom übrigen Russland getrennt. Die mit 475.000 Menschen am Pregel liegende Großstadt Kaliningrad - das frühere Königsberg - ist die Hauptstadt und das Verwaltungszentrum der Oblast. Die wichtigste Landverbindung zum russischen Kernland verläuft durch Litauen und Weißrussland.

Das Gebiet wird im Westen von der Ostsee begrenzt, im Norden durch die Memel und im Osten durch die Flüsse Šešupė und Širvinta. Der Grenzabschnitt entlang der drei Flüsse zu Litauen existiert seit dem 13. Jahrhundert und zählt zu den am längsten unverändert bestehenden Grenzen Europas. Im Süden grenzt die Oblast an Ermland-Masuren in Polen, wobei diese Grenze fast schnurgerade von der Frischen Nehrung nördlich von Krynica Morska bis zur Südspitze vom Wystiter See verläuft, wo sich mit 230 Metern auch die höchste Erhebung befindet.

Im Westen ragt das Samland als Halbinsel in die Ostsee und im Südwesten liegt das Frische Haff. Die Oblast hat Anteil an der Kurischen sowie der Frischen Nehrung und ist seit 2004 landseitig vollständig vom NATO-Gebiet umgeben.

Nachdem Ostpreußen 1945 von der Roten Armee erobert worden war, wurde das Gebiet bis 1969 zu einem Militärsperrbezirk mit Atomwaffen, in den selbst Menschen der Sowjetunion nur mit Sondergenehmigung einreisen konnten. Mehr als 2.000 Orte wurden nicht wieder besiedelt, die übrigen 2.500 erhielten neue russische Namen.

Bis 1990 wurde die Oblast Kaliningrad von der Bundesrepublik Deutschland als „unter sowjetischer Verwaltung stehend" betrachtet. Mit der Ratifizierung des Moskauer Vertrages 1970 wurden die vorhandenen Grenzen für unverletzlich erklärt und auf Gebietsansprüche ausdrücklich verzichtet, was 1990 im Zwei-plus-Vier-Vertrag bekräftigt wurde.

Nach der schweren Zerstörung im Krieg gab es mit dem Königsberger Dom und einigen alten Stadtbefestigungen nur noch wenige historische Sehenswürdigkeiten. Trotzdem wurde 1969 unter Protesten der dort lebenden Menschen die Ruine des Königsberger Schlosses gesprengt.

Als sich 1991 das Gebiet im Zuge der Perestroika wieder für ausländische Touristen öffnete, wurden der Königsberger Dom und einige repräsentative Kirchen, aber auch die Königin-Luise-Brücke restauriert.

Weil es keine direkte Verbindung zum Mutterland hat, ist der russische Binnenmarkt für Produkte aus der Oblast schwer zugänglich, da ein teurer und langwieriger Transit durch Litauen und Weißrussland notwendig ist. Zudem bestehen restriktive Zoll- und Grenzbeschränkungen zu den EU-Nachbarn Polen und Litauen.

Die Oblast hat für Russland nach wie vor große Bedeutung als Militärstützpunkt sowie durch die eisfreien Ostseehäfen. Dort gibt es die größte Fischereiflotte Russlands sowie Automontagen für BMW und KIA. Große Teile der ländlichen Bevölkerung arbeiten in der meist genossenschaftlich organisierten Landwirtschaft und an der Küste in der Fischerei. Seit 2010 ist das erste Atomkraftwerk nahe Neman an der Memel im Bau.

Die Nehrungsstraße ist auf russischer Seite ein wahres Naturerlebnis. Rechts und links der Straße erstreckt sich ein über Jahrzehnte von Menschen unberührter Wald. Das in der Zeit der militärischen Sperrzone entstandene Biotop Kurische

Nehrung ist heute als Nationalpark geschützt.

Das Kaliningrader Gebiet zählt zu den Landstrichen entlang des ehemaligen Eisernen Vorhangs, die als militärische Sperrzonen während des Kalten Kriegs nur für Menschen mit Sondergenehmigung zugänglich waren. Der russische Teil der Frischen Nehrung ist auch heute noch für den Tourismus gesperrt

50 Man fährt durch **Morskoje** (Морское Pillkoppen), passiert den **Tanzenden Wald** und erreicht Rybatschi **51**, wo der geräucherte Fisch in einem kleinen Laden sehr zu empfehlen ist.

Rybatschi (Рыбачий) RUS

Der Ort Rossitten und die hier befindliche Deutschordensburg werden 1372 erstmalig erwähnt. Aus der Burg wurde später dann ein Ordenshaus mit angeschlossenem Gestüt, einer Ziegelei und einer Burgkapelle. Aufgrund des guten Lehmbodens wurde Landwirtschaft betrieben, es lebten aber auch schon damals Fischer hier. Von den Wanderdünen war es nicht so sehr bedroht wie andere Nehrungsdörfer.

Bekannt ist vor allem die Vogelwarte, die 1901 von Johannes Thienemann gegründet wurde, die erste ornithologische Station in Deutschland. Hier schärfte der junge Heinz Sielmann seinen Blick auf die Tierwelt und drehte 1938 seinen ersten Film „Vögel über Haff und Wiesen“. Auch heute noch werden Vögel beobachtet und beringt. Die Station befindet sich nicht mehr an der ursprünglichen Stelle, sie ist im ehemaligen Gästehaus des Kurhauses untergebracht.

1947 wurde der Ort in Rybatschi umbenannt. Die alte Backsteinkirche, die während der Sowjet-Zeit als Lager für Fischernetze diente, wird seit den 1990er Jahren als russisch-orthodoxe Kirche genutzt. Von dem Aussichtsturm „Müllers Höhe“ hat man einen schönen Blick auf die Umgebung. Direkt an der Nehrungsstraße gibt es ein großes Ausflugslokal.

Tanzender Wald bei Rybatschi

Südlich von Rybatschi nimmt der Verkehr zu. Mit dem Bau eines Radwegs auf der Nehrung sollte schon 2014 begonnen werden.

Man passiert die Vogelwarte, danach **Djuny (Дюны)** **52** mit den großen Ferienanlagen am Haff und das Museum der Nehrung mit einer Ausstellung über die Tier- und Pflanzenwelt. Hinter dem Museum führen einige Wege nach rechts durch die Dünen zum Strand. Teilweise sind sie mit Holzlatten ausgelegt, sodass man – wenn auch beschwerlich – das Rad mitnehmen kann.

Man fährt bei **Lesnoj** (Лесной Sarkau) durch die mit 350 Meter schmalste Stelle der Nehrung. Danach nimmt der Verkehr stark zu. **53** Am Ende der Nehrungsstraße, wo der Nationalpark Kurische Nehrung endet und die Straße einen Linksbogen macht, geht es an der Skulptur „Wasserturm" geradeaus weiter in die **Moskowskaja ul.** (Московская ул.). An der T-Kreuzung vor dem See biegt man für die Weiterfahrt rechts ab, ins Zentrum von Selenogradsk geht es links versetzt geradeaus weiter an einem Friedhof und mächtigen Villen des einst mondänen Seebads Cranz vorbei.

Selenogradsk (Зеленоградск) (RUS)

1816 wurde auf dem Gebiet des Fischerdörfchens Cranz ein Badeort gegründet. Mit der Bahn aus Königsberg schnell zu erreichen, entwickelte er sich in der Kaiserzeit zum bedeutendsten Badeort Ostpreußens mit einer Promenade von 1.400 Meter Länge und blieb im Krieg fast unzerstört. Es gibt eine schöne Kirche und einen 40 Meter hohen Wasserturm mit einem Katzenmuseum. Die Stadt hat eine Fußwegzone und eine Seebrücke. Der Name des früheren Cranz heißt

übersetzt „Grüne Stadt".

Von Selenogradsk nach Jantarny 49 km

Man fährt in den Weg zum Stadtpark, der nach einer Linkskurve zum Parkplatz führt. Dort folgt man der grünen Linie links und sofort rechts und an deren Ende rechts ab – Verlängerung der **Volodarskogo** – zum Ostseeufer.

Dort biegt man links ab und radelt am Ufer entlang. Wenn links die 2-Y Primorskiy Pereulok abgeht, radelt man weiter geradeaus und stößt nach einer Linkskurve auf die **Gagarina**, in die man rechts einbiegt. Weiter geradeaus geht es nördlich der Bahntrasse am Strand entlang und man erreicht den Bahnhof in **Priboi**.

In Priboi entfernt man sich von den Bahngleisen, radelt weiter geradeaus und überquert den Fluss Reka Aleyka. Man umfährt den Windpark nach Süden und stößt hinter dem Campingplatz am Strand auf die **Lesnaâ**. An deren Ende – links ist der Bahnhof von Kulikowo – biegt man rechts ab in die **Pionerskaa** und weiter am Strand entlang nach Saostrowje.

Auf dem Radweg fährt man drei Kilometer und danach auf asphaltiertem Weg an der von der EU kofinanzierten Kläranlage in **Saostrowje** (Заостровье Rantau) vorbei, biegt nach der scharfen Linkskurve rechts ab über den Motyl-Fluss (ручей Мотыль) in die **Pionerskajaul.** (Пионерская ул.) und radelt durch Pionerski.

Pionerski (Пионерский) RUS

In Pionerski leben 11.000 Menschen und der Ort ist unter dem deutschen Namen Neukuhren seit 1254 bekannt. Gegen Ende des 19. Jahrhunderts entwickelte er sich zu einem der Badeorte an der Nordküste der Halbinsel Samland, stand jedoch im Schatten der benachbarten Orte Cranz und Rauschen.

Während des Zweiten Weltkriegs waren hier Truppenteile der Deutschen Wehrmacht stationiert, danach kam der Ort zur sowjetischen Oblast Kaliningrad, wurde 1947 in Pionerski umbenannt und bekam 1952 die Stadtrechte. 2011 wurde in dem Badeort mit dem wichtigen Hafen der Fischereiflotte eine Residenz für den Präsidenten der Russischen Föderation fertiggestellt.

Man folgt der **Komsomolskajaul.** (Комсомольская ул.) und radelt an der Präsidentenresidenz vorbei, die mit Sendemasten ausgestattet ist. In der Linkskurve biegt man rechts ab in die **Portowajaul.** (Портовая ул.) - geradeaus geht es zum Bahnhof - überquert den Tschistaja-Fluss (река Чистая) und radelt am Strand entlang. Wenn es geradeaus zum Hafen geht, biegt man links ab ein bisschen bergauf in die **Rabotschajaul.** (Рабочая ул.) und fährt an einem Öldepot vorbei.

In **Rybnoje** (Рыбное) hört der Asphalt auf und man radelt weiter geradeaus. Hinter dem Ort nimmt man an der fünfarmigen Kreuzung den zweiten Weg und biegt am Plattenweg links ab. Am Ende des Weges biegt man rechts ab und quert den Fluss Swetlogorka (Светлогорка). Man stößt auf eine asphaltierte Straße, in die man links und danach rechts einbiegt. Es geht bergauf, man biegt vor dem Restaurant rechts ab und passiert das Hotel Russ.

Selenogradsk

54 Hinter dem Hotel geht es links ab in den Park an der Steilküste, an einem Veranstaltungsgebäude und schönen alten Häusern vorbei immer geradeaus.

An den Badehäusern geht es rechts ab zum Strand, wo sich auf der linken Seite ein Gedenkstein befindet, der an Thomas Mann erinnert. Man biegt aber links ab in die **ul.Oktjabrskaja** (ул. Октябрьская) und dann rechts ab in die **ul.Lenina** (ул. Ленина), fährt am Bahnhof vorbei und befindet sich im Zentrum von Swetlogorsk.

Swetlogorsk (Светлогорск) RUS

- **Kirche Rauschen (Кирха Раушена)**, Ulitsa Mayakovskogo, 14,, ✆ 40153/21442. Die ehemals evangelische Kirche aus dem Jahr 1907 wird mittlerweile als Museum genutzt. @ acn118
- **Wasserturm (Водонапорная башня)**, ul. Oktyabrskaya. Wahrzeichen der Stadt ist ein Wasserturm aus deutscher Zeit, der heute gemeinsam mit dem Nachbargebäude ein Warmbad beherbergt. Es ist mit der markanten Sonnenuhr des Swetlogorsker Künstlers Nikolai Frolow geschmückt.
- **Kurhäuser**. Zu den größten Kurhäusern zählen Jantarny Bereg, das Militärsanatorium (ehem. Kurhaus) und das „Swetlogorsk" (ehem. Hotel Hartmann).
- **Sandstrand**. Hauptattraktion ist der Ostsee-Sandstrand, der seit dem 19. Jahrhundert bis heute Touristen und Kurgäste in den Ort lockt.

In Swetlogorsk (Светлогорск) leben heute etwa 11.000 Menschen. Es gehörte bis 1945 zum Deutschen

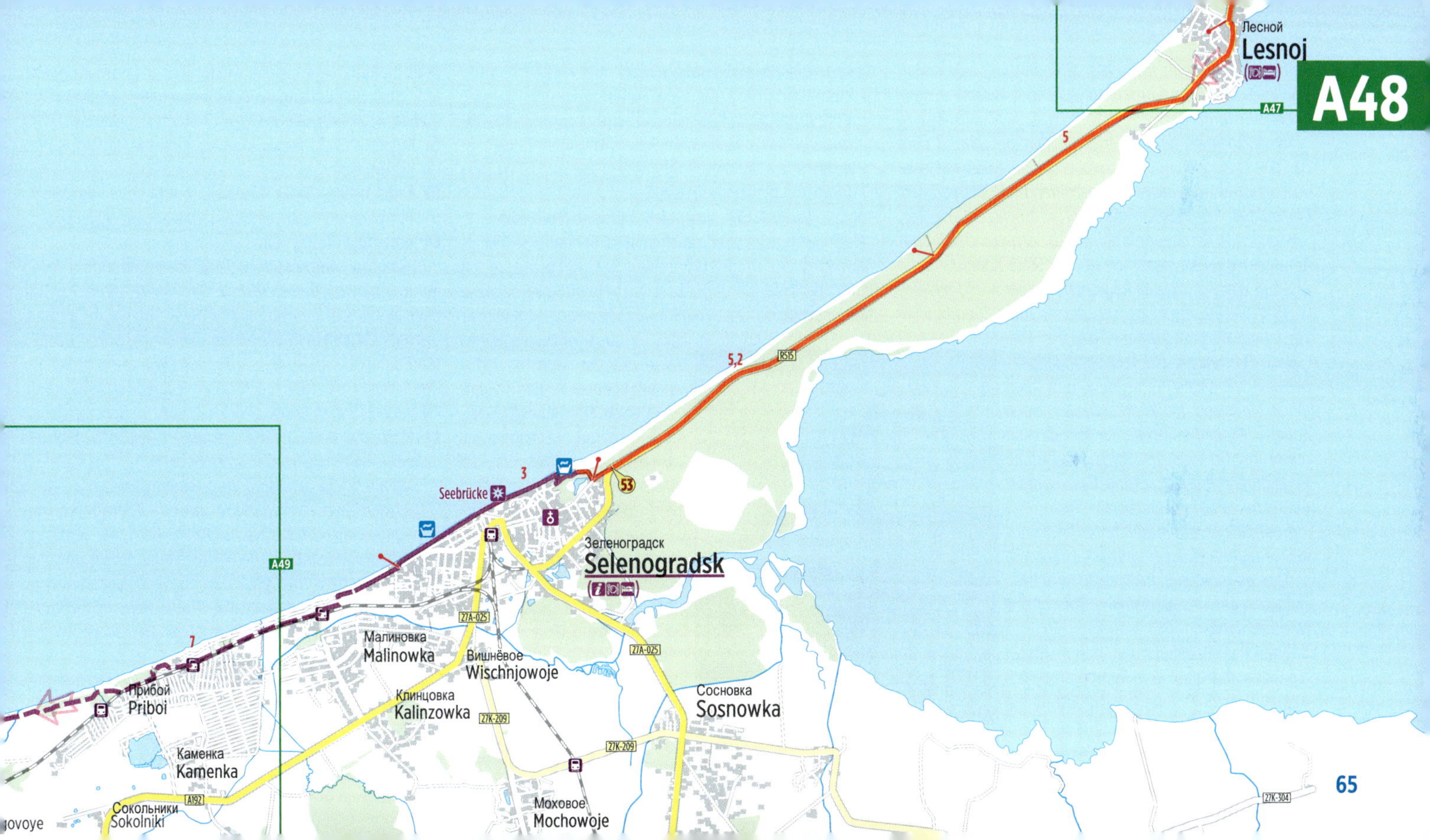
Лесной
Lesnoj
A48
A47
5
5,2
R515
3
Seebrücke
53
Зеленоградск
Selenogradsk
A49
27A-025
Малиновка
Malinowka
Вишнёвое
Wischnjowoje
7
Прибой
Priboi
Клинцовка
Kalinzowka
27K-209
Сосновка
Sosnowka
Каменка
Kamenka
A192
Сокольники
Sokolniki
Моховое
Mochowoje
27K-304

Reich und wurde als Rauschen 1258 erstmals urkundlich erwähnt. Sein Name beschreibt die vom Wasser ausgehöhlte Küstenform.

Der Aufstieg als renommierter Badeort begann mit dem Bau der Samlandbahn (1906), wobei die Badegäste mit einer Seilbahn direkt vom Bahnhof an den Strand gelangen konnten. Die heute betriebene Seilbahn stammt nicht mehr aus dieser Zeit.

Bis 1945 war Rauschen ein bekanntes Seebad und Naherholungsgebiet für die Menschen von der Stadt Königsberg. Im Zweiten Weltkrieg wurde Rauschen nur sehr wenig zerstört, weshalb viel historische Bausubstanz aus dem 19. und frühen 20. Jahrhundert noch erhalten ist.

Nach 1945 wurden die noch nicht geflohenen deutschen Menschen vertrieben, vor allem die aus Russland und Weißrussland wurden angesiedelt. In der Epoche der Sowjetunion büßte der Ort zunächst seine touristische Bedeutung ein, da das gesamte Kaliningrader Gebiet militärischer Sperrbereich war.

In den 1990er Jahren erlebte der Tourismus in Swetlogorsk einen erneuten Aufschwung, sodass es innerhalb Russlands zwischenzeitlich sogar den Beinamen „Sotschi des Nordens" erhielt.

Hinter dem Bahnhof quert man rechts ab die Gleise, radelt auf dem Radweg in gutem Abstand zur A 192 und erreicht **Otradnoje** (Отрадное).

Historischer Wasserturm in Swetlogorsk

Otradnoje (Отрадное) (Swetlogorsk) RUS

Herman Brachert Haus (Дом-музей Германа Брахерта), ul. Tokareva 7, 40153/21166 Das Kunstmuseum ist im ehemaligen Landhaus des deutschen Bildhauers Hermann Brachert untergebracht und zeigt dessen Skulpturen. Mehrere Großplastiken sind auch im Ort unter freiem Himmel zu sehen. @ wve863

Man folgt der **A 192** und erreicht **Primorje** (Приморье).

Nach der Brücke über die ehemalige Bahnntrasse zweigt man rechts ab und radelt bis zu einem See. Dort geht es rechts und vor der Unterführung links ab nach **Molodogwardeiskoje** (Молодогвардейское). Man folgt der Straße und gelangt wieder links ab zur ehemaligen Bahntrasse. An der nächsten Möglichkeit geht es rechts ab und man erreicht **Donskoje** (Донское). Am Ende der **ul. Stepanowa** (ул. Степанова) geht es links ab in die **Jantarnaja ul.** (Янтарная ул.). Man quert später auf dieser Kopfsteinpflasterstraße einen Fluss und folgt der Straße immer geradeaus. Hinter dem Abzweig nach Jantarowka (Янтаровка) ist die Straße asphaltiert und man erreicht auf der kaum befahrenen Straße den Süßwassersee von **Sinjawino** (Синявино), ein Relikt des Bernsteintagebaus. **55** Dort geht es rechts in die **Zentralnaja ul.** (Центральная ул.), später wieder links ab und man erreicht am Ostseeufer entlang auf der Küstenstraße Jantarny.

Jantarny (Янтарный) RUS

Bernsteinmuseum (Янтарный замок), ul. Sovietskaja 61a, 40153/37366 7d, @ jit651

Kirche Jantarny (Кирха Янтарный). Die 1892 erbaute evangelische Pfarrkirche wird heute von der russisch-orthodoxen Kirche genutzt.

Wasserturm (Вассертурм)

In Jantarny (Янтарный) leben 5.500 Menschen und es liegt an der so genannten Bernsteinküste. Das frühere Palmnicken war über Jahrhunderte ein abseits gelegener Gutshof im Samland, der seit 1234 vom Deutschen Orden beherrscht wurde. Ab 1525 war Palmnicken im Herzogtum Preußen, wurde im Dreißigjährigen Krieg (1618-1648) sechs Jahre lang von schwedischen, im Siebenjährigen Krieg (1758-1762) von russischen Truppen besetzt und gehörte seit 1818 zu Preußen. Ab 1827 begann der industrielle Bernsteinabbau und Palmnicken entwickelte sich zu Beginn des 20. Jahrhunderts zu einem Badeort.

Nach dem Zweiten Weltkrieg wurde es Teil der Sowjetunion und - angelehnt an das russische Wort für Bernstein - jantar - in Jantarny umbenannt. Die ehemals ostpreußische Bevölkerung floh oder wurde vertrieben und weitgehend durch russische, aber auch durch zugewanderte weißrussische, ukrainische und tatarische Menschen ersetzt. Die letzten Deutschen wurden 1947 ausgewiesen.

Von Juli 1947 bis April 1953 bestand im Ort ein Internierungslager für bis zu 2.700 Personen, die bei der Bernsteinaufbereitung eingesetzt wurden.

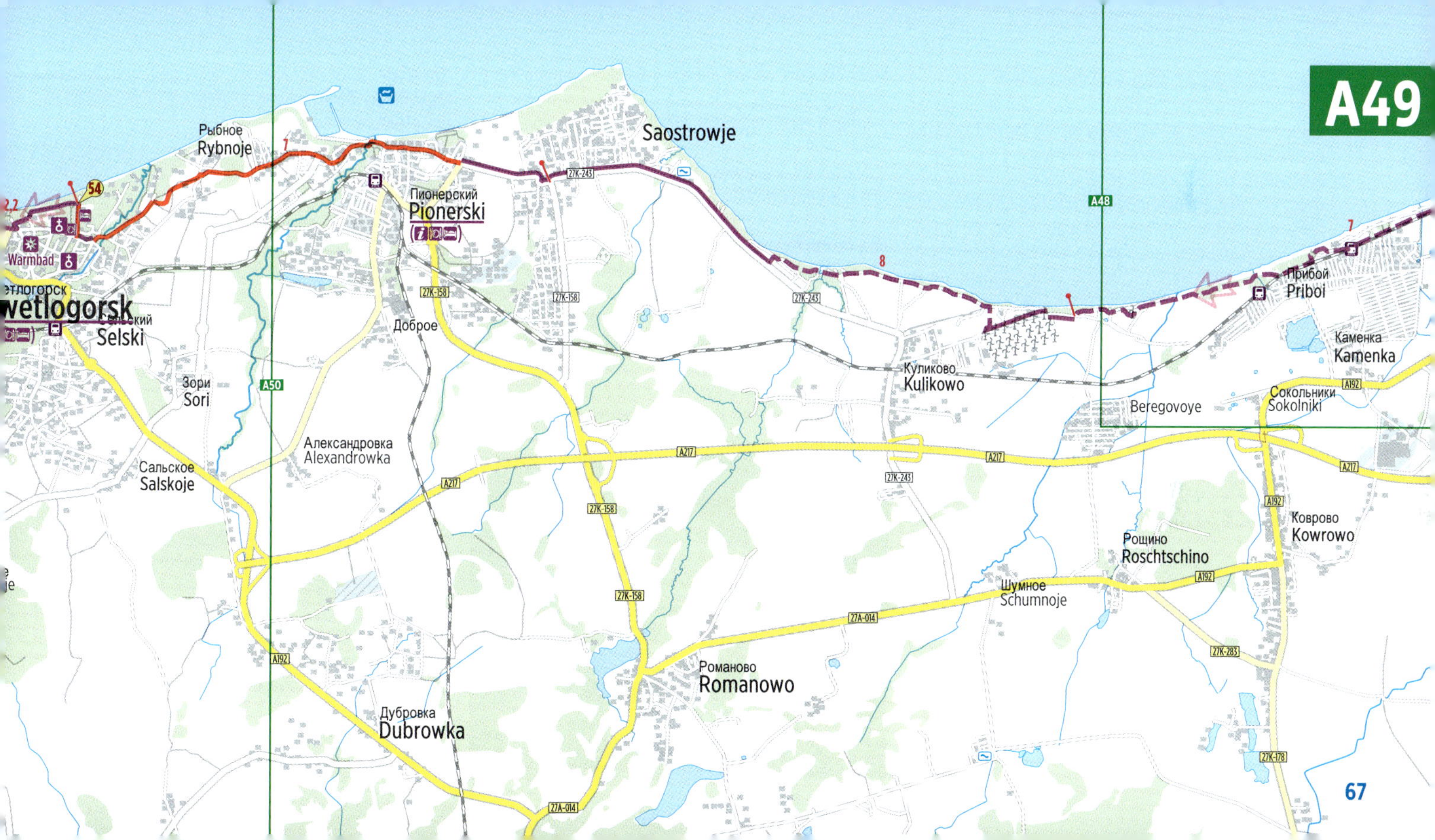
A49
Рыбное
Rybnoje
Saostrowje
Пионерский
Pionerski
Warmbad
Svetlogorsk
Сельский
Selski
Доброе
Зори
Sori
Сальское
Salskoje
Александровка
Alexandrowka
Куликово
Kulikowo
Прибой
Priboi
Каменка
Kamenka
Beregovoye
Сокольники
Sokolniki
Ковровo
Kowrowo
Рощино
Roschtschino
Шумное
Schumnoje
Романово
Romanowo
Дубровка
Dubrowka
A48
A50
A217
A192
27K-243
27K-158
27A-014
27K-283
27K-178

Das Massaker von Palmnicken

Als die sowjetischen Truppen anrückten, wurden im Januar 1945 die ostpreußischen Außenlager vom KZ Stutthof aufgelöst und deren Insassen von der SS über Königsberg nach Palmnicken getrieben. Den Todesmarsch überlebten von ursprünglich über 7.000 überwiegend aus Polen und Ungarn stammende jüdische weibliche Gefangene nur etwa 3.000, die am 27. Januar in Palmnicken eintrafen. Am nächsten Morgen lagen in den Straßen Dutzende erschossene und erschlagene Frauen in Häftlingskleidung, vielfach furchtbar entstellt.

Nicht alle der entsetzten Menschen von Palmnicken schwiegen. Der ursprüngliche Plan der SS-Wachmannschaften, die Gefangenen in einem Stollen des Bernsteinbergwerkes Anna einzumauern, scheiterte am Widerstand des Werksdirektors Landmann sowie des Güterdirektors und Volkssturmkommandanten Feyerabend, der an die in der Werksschlosserei eingepferchten Frauen Kartoffeln und Essen verteilen ließ. Auch andere Menschen versuchten, den Gefangenen zu helfen. Viele hatten Angst vor der Rache der Roten Armee, denn die Front verlief keine zehn Kilometer mehr vom Ort entfernt.

Weil der Plan der Vernichtung durch Einmauern misslang, trieb die SS die Gefangenen in der Nacht zum 31. Januar an den Strand von Palmnicken und jagte sie dort unter Maschinengewehrfeuer in die Ostsee. Zehn Wochen später nahmen sowjetische Truppen den Ort ein und entdeckten die Leichen am Strand. Der Kommandeur, selbst russischer Jude, zwang die in Palmnicken verbliebene Zivilbevölkerung, die Toten aus dem Strand zu graben und in Massengräbern zu bestatten. Höchstens 15 der 7.000 Gefangenen haben dieses letzte große Massaker an der jüdischen Bevölkerung im Zweiten Weltkrieg überlebt.

An dem Massengrab für 263 Opfer an der Grube Anna wurde 1999 ein Gedenkstein errichtet, der 2011 durch ein Mahnmal des Bildhauers Frank Meisler ersetzt wurde, das zwei ausgestreckte Hände zeigt.

Von Jantarny nach Kaliningrad — 71 km

Man fährt durch den Ort am Schlosshotel, am Bernsteinmuseum sowie an der Kirche vorbei und quert am Ortsende die stillgelegte Bahntrasse. Kurz vor **Pokrowskoje** (Покровское) sieht man auf der linken Seite eine Skulptur, an der es links ab zum Bernsteintagebau geht, den man besichtigen kann.

Man folgt der Beschilderung und der **A 192** nach Primorsk (Приморск), biegt bei **Russkoje** (Русское) und **Kruglowo** (Круглово) **56** jeweils rechts ab, quert den Fluss Primorskaya (Приморская) sowie die Bahntrasse und radelt durch **Parusnoje** (Парусное) und **Diwnoje** (Дивное). Wenn die Straße auf die Bahntrasse stößt, biegt man rechts ab und ist am Bahnhof von Primorsk.

Nixenstatue in Jantarny

Primorsk (Приморск)

Primorsk liegt mit seinen 1.500 Menschen in einer Bucht der so genannten Bernsteinküste der Ostsee. Um 1266 erbaute der Bischof von Samland am Nordufer vom Frischen Haff die Burg Schönewick. Erstmals wird der Ort 1268 als „aput castrum nostrum Schonewik" erwähnt.

1299 wurde mit Menschen aus Stralsund neben der Burg eine Stadt gegründet, 1305 erteilte der samländische Bischof Siegfried von Reinstein der Stadt die erste Urkunde und 1326 wird das Schloss „Castrum Vischhusen" genannt. Von 1305 bis 1315 wurde im gotischen Backsteinstil eine Ordenskirche errichtet.

Die Burg verfiel am Ende des 17. Jahrhunderts, der Preußenkönig Friedrich I. ließ sie abreißen und verwendete die Steine für den Festungsbau in Pillau, dem heutigen Baltijsk.

Als nach dem Wiener Kongress Preußen seine Verwaltung neu ordnete, wurde Fischhausen 1818 zur Kreisstadt. Mit dem Bau der Ostpreußischen Südbahn erhielt die Stadt eine Bahnverbindung sowohl nach Königsberg als auch nach Pillau.

Als sich im April 1945 die sowjetische Front näherte, begab sich deren Bevölkerung auf die Flucht. Am 16. April wurde die Stadt von den sowjetischen Truppen angegriffen und völlig zerstört.

Nach Kriegsende kam es zur sowjetischen Oblast Kaliningrad und wurde am 7. September 1946 in Primorsk (am Meer gelegen) umbenannt.

Die im 14. Jahrhundert errichtete Kirche war ein Backsteinbau mit gerade geschlossenem Chor sowie Turm. Die seit der Refor-

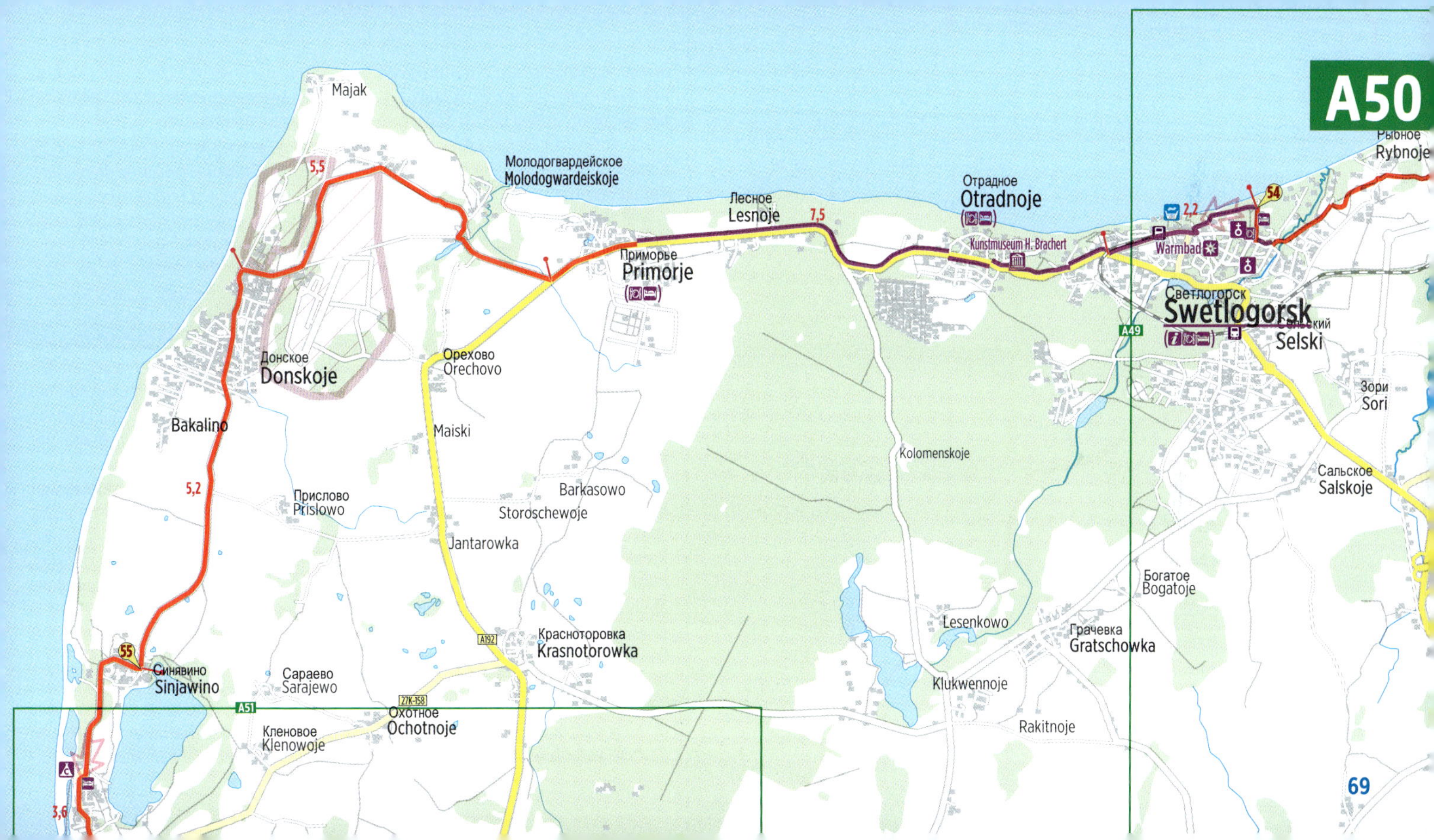
A50
Majak
Молодогвардейское
Molodogwardeiskoje
5,5
Лесное
Lesnoje
7,5
Отрадное
Otradnoje
Kunstmuseum H. Brachert
Рыбное
Rybnoje
54
2,2
Warmbad
Приморье
Primorje
Светлогорск
Swetlogorsk
Сельский
Selski
A49
Донское
Donskoje
Орехово
Orechovo
Зори
Sori
Bakalino
Maiski
Kolomenskoje
Сальское
Salskoje
5,2
Прислово
Prislowo
Barkasowo
Storoschewoje
Jantarowka
Богатое
Bogatoje
Lesenkowo
Грачевка
Gratschowka
Красноторовка
Krasnotorowka
A192
55
Синявино
Sinjawino
Сараево
Sarajewo
Klukwennoje
27K-158
A51
Охотное
Ochotnoje
Кленовое
Klenowoje
Rakitnoje
3,6

mation als evangelisches Gotteshaus genutzte Kirche überstand den Zweiten Weltkrieg in stark beschädigtem Zustand. Das alte Stadtzentrum wurde Anfang der 1960er Jahre mitsamt der Kirchenruine eingeebnet. Vom Kirchengebäude sind nur noch wenige Steinfragmente zu sehen.

Weil das südliche Küstengebiet mit der Stadt Baltijsk (**Балтийск**) und der Frischen Nehrung auch heute noch militärisches Sperrgebiet ist, muss man in Primorsk am Haff entlang radeln.

Man radelt entlang der Gleise zur **A 193**, in die man links einbiegt **57**. Am Ortsausgang überquert man den Fluss Primorskaja (**Приморская**) und biegt hinter der Brücke rechts ab in die nicht asphaltierte Straße. Sie führt am Haff entlang über viele Brücken auf einer ehemaligen Kopfsteinpflasterstraße mit einigen sandigen Stellen nach dem Motto: „bad surface, nice view". Wenn es nach der Kanalüberquerung in den Wald hineingeht, biegt man vor der Kleingartenanlage rechts ab und folgt der Straße auch bei der nächsten Linkskurve. Man quert die militärische Eisenbahntrasse, passiert ein großes abgeschirmtes Militärgelände und stößt auf die Straße vor der stillgelegten Eisenbahntrasse, in die man links einbiegt **58**. Man quert abermals das militärische Gleis, radelt an der Bahntrasse entlang, quert weitere Gleise und radelt an einer Leninstatue vorbei durch Swetly, wo man auch einkehren kann.

Swetly (конкурс) RUS

Der Ort entstand um 1640 unter dem Namen Zimmerbude als Fischerdorf im damaligen Herzogtum Preußen und trägt seit 1946 seinen jetzigen Namen (helle Stadt). 1955 wurde ihm das Stadtrecht verliehen. In der Stadt mit 21.000 Menschen gibt es zwei russisch-orthodoxe Kirchen.

Hauptwirtschaftszweige sind Fischfang und Fischverarbeitung. In dem Hafen, der seit 2011 ausgebaut wird, unterhält der Lukoil-Konzern einen Mineralölhafen. Zudem sollen dort ein Tiefwasserterminal mit drei Anlegern sowie eine neue Werft errichtet werden.

Im Kreisverkehr endet der Ort und man fährt geradeaus. Die vierspurige Straße ist wenig befahren, man wird aber mit hohem Tempo überholt. Wenn sie an der Brücke nur noch zweispurig ist, wird es bis zur Raffinerie ein Problem. Danach gibt es einen Radweg in großem Abstand zur Straße – der leider bei Ausfahrten eine hohe Stufe hat.

Man stößt auf die **A 193** und biegt dort rechts ab. Man unterquert die Eisenbahn, biegt hinter der Flussbrücke links ab und fährt parallel zur stark befahrenen A 193.

Am Ende der Nebenstraße geht es links und an deren Ende wiederum rechts ab in den nicht asphaltierten Weg, der auf einen nicht asphaltierten Güterweg stößt, in den man links einbiegt. Man radelt immer geradeaus über einige Kanäle bis zur Bahntrasse, hinter der man links in die asphaltierte Straße einbiegt. Danach geht es rechts ab in die nicht asphaltierte Straße, die auf die Asphaltstraße stößt, in die man rechts einbiegt **59**. Am Ortseingang von Ljublino befindet sich auf der rechten Seite eine Quelle und kurz danach eine Gedenkstätte, wo die gefallenen Soldaten des Januar 1945 begraben sind.

Ljublino (Люблино) (Kaliningrad) (RUS)

Der 405 gegründete Ort wurde bekannt durch den 1915 erbauten Luftschiffhafen, wo es auf einer Fläche von 7.200 km² eine 50 Meter hohe Halle gab, die bis zu drei Luftschiffe aufnehmen konnte. Hier war die LZ 62 stationiert, das erfolgreichste Luftschiff im Ersten Weltkrieg. 1920 wurde es zerlegt und als Reparationsleistung Belgien übergeben. Teile davon sind im Musée de L'Air in Brüssel zu sehen. Das Gelände wurde als Fliegerhorst genutzt, von wo aus 1920 der Flugbetrieb zwischen Königsberg und Berlin aufgenommen wurde.

In der Zeit des Nationalsozialismus befand sich in Seerappen eines der 39 Außenarbeitslager des Konzentrationslagers Stutthof, in dem jüdische Häftlinge untergebracht waren.

Seerappen wurde 1946 mit dem Ort Korniten in Ljublino umbenannt und hat heute 1.600 Einwohner. Der Bahnhof Ljublino-Nowoje liegt an der ehemaligen Ostpreußischen Südbahn (Königsberg–Pillau), die heute zwischen Kaliningrad und Baltijsk verkehrt.

Man folgt der asphaltierten Straße, kommt nach einer scharfen Rechtskurve an einem großen See vorbei und hält sich geradeaus. Auch an der nächsten Rechtskurve folgt man der **Ljublinskoje sch.** (Люблинское ш.) und folgt der O-Bustrasse bis zu deren Ende, wo es links abgeht in die **ul. Gabaidulina** (ул. Габайдулина), die auf den stark befahrenen **Sowjetskiy pr.** (Советский пр.) stößt, in den man rechts einbiegt **60**.

Anfangs ist der Radweg nicht, später aber gut asphaltiert. Es geht an einem Supermarkt, einem Gefängnis und einem Fahrradladen vorbei zum **Pl. Pobjedy** (пл. Победы Siegesplatz), an dem man links in den **Leninskiy pr.** (Ленинский пр.) abbiegt und das Zentrum von Kaliningrad erreicht.

Kaliningrad (Калининград) (RUS)

Vorwahl: 4012

i **Tourist-Information**, Plosjtsjad Pobedy 1, ✆ 555200, @ rpi287

🏛 **Bernsteinmuseum (Музее янтаря)**, pl. Marschala Wasiljewskogo 1, ✆ 466888 Ⓔ, @ frp431

♁ **Christ-Erlöser-Kathedrale (Храм Христа Спасителя)**, Ploschtschad Pobedy, 2a, ✆ 616063. Die orthodoxe Christ-Erlöser-Kathedrale wurde im Jahr 2006 geweiht. Sie gilt als das höchste Gebäude der Stadt und das größte Gotteshaus der Oblast. @ swh143

Im heutigen Kaliningrad (Königsberg) errichtete der Deutsche Orden 1255 eine Burg, auf der von 1457 bis 1525 der Hochmeister des Deutschen Ordens seinen offiziellen Sitz hatte. Von 1525 bis 1618 war sie anschließend die Residenz der Herzöge von Preußen. In der Nachbarschaft der Burg entstanden drei Gemeinden, die Mitglieder der Hanse wurden und sich 1724 zur Stadt Königsberg zusammenschlossen.

Die nach Berlin und Breslau drittgrößte Stadt Preußens entwickelte sich zu einem wichtigen Wirtschafts- und Industriezentrum, das über einen Kanal mit dem eisfreien Vorhafen Pillau (Baltijsk) an der Ostsee verbunden ist. Auch als Universitätsstadt erlangte die Stadt Bedeutung, nicht zuletzt dank des bedeutenden Philosophen Immanuel Kant (1724-1804), der hier die meiste Zeit seines Lebens wirkte.

Mit der Gründung des Deutschen Reiches (1870/71) wurde das bis dahin preußische Königsberg Teil des neuen gesamtdeutschen Staates. Im Ersten Weltkrieg wurde es Schauplatz erbitterter Kämpfe zwischen deutschen und russischen Truppen, blieb jedoch unter deutscher Kontrolle. Es wurde Hauptstadt der deutschen Provinz Ostpreußen, die aufgrund der polnischen Gebietsgewinne aber nur noch durch einen Korridor mit dem Deutschen Reich verbunden war.

A54
Логвино
Logwino
27K-184
Tscherepanowo
27K-119
59
Schipowka
8
27K-183
Kotelnikowo
Люблино
Ljublino
A193
A55
27K-244
Песчаное
Pestschanoje
Weselowka
7,5
A53
Взморье
Wsmorje
Ижевское
Ischewskoje
Спасское
Spasskoje
Волочаевское
Wolotschajewskoje

Im Zweiten Weltkrieg blieb die Stadt wegen ihrer abgelegenen Lage lange von den Kriegsauswirkungen verschont. Der historische Stadtkern wurde aber Ende August 1944 durch britische Luftangriffe fast vollständig zerstört. Nach viermonatiger Belagerung wurde die Stadt kurz vor dem Kriegsende von der Roten Armee eingenommen und nach den Beschlüssen der Potsdamer Konferenz Teil der Sowjetunion. Am 4. Juli 1946 wird die Stadt nach Michail Kalinin, einem Weggefährten Stalins, umbenannt.

Am 11. Oktober 1947 ordnete Stalin die Deportation der deutschen Bevölkerung an. Dabei wurden 25.000 Menschen in die Sowjetische Besatzungszone umgesiedelt. Danach wurde es als militärisches Sperrgebiet abgeschottet und war für Menschen aus dem Westen nur schwer erreichbar. Die Stadt sollte eine sowjetische Musterstadt werden, weshalb 1969 die Überreste des Königsberger Schlosses ebenso wie die Ruinen der Königsberger Innenstadt beseitigt wurden.

Der Zerfall der Sowjetunion und die Unabhängigkeit der Baltischen Staaten machten Kaliningrad mit seinen 430.000 dort lebenden Menschen 1991 zur russischen Exklave an der Ostsee und zur westlichsten Großstadt von Russland. Nach der EU-Osterweiterung 2004 wurden für die dort wohnenden Menschen besondere Reisebestimmungen mit Russland vereinbart.

Trotz zahlreicher Proteste von Veteranen der Roten Armee fand 2005 die 750-Jahr-Feier statt. Der „Sowjetpalast", der auf den Ruinen des gesprengten Königsberger Schlosses errichtet und wegen Bauschäden zur Ruine geworden war, wurde renoviert. Der Platz des Sieges im heutigen Zentrum, einst Hansaplatz und lange Zeit bloße Kulisse für Militärparaden, wurde 2005 für das 750-jährige Jubiläum der Stadt umgestaltet.

Die Lenin-Statue musste weichen und wurde als Zeichen treuer Verbundenheit mit Moskau durch Kaliningrads größte Kirche ersetzt. Sie steht jetzt in der Nähe des Südbahnhofs. Neben der 2006 eröffneten Russisch-Orthodoxen Kathedrale befindet sich ein Springbrunnen und mit einem Relief von Georg dem Drachentöter die Siegessäule, die der Alexandersäule auf dem Schlossplatz in Sankt Petersburg nachempfunden wurde.

Die auf den Grundmauern der im Krieg zerstörten Albertina wiederaufgebaute Universität erhielt 2005 den Namen „Baltische Immanuel-Kant-Universität Kaliningrad". Davor steht das Kant-Denkmal, eine Replik des verschollenen Originals.

Der Dom auf der Kneiphofinsel ist ein Baudenkmal der Backsteingotik. Er wurde am Ende des Zweiten Weltkriegs schwer

Im Bernsteinmuseum

zerstört und die Ruinen wurden unter sowjetischer Herrschaft abgetragen und überbaut. Die 1992 begonnene Restaurierung ist nahezu abgeschlossen und das Kant-Grabmal befindet sich in seiner nordöstlichen Ecke.

Auf dem riesigen Platz im Zentrum der Stadt erhob sich einst das Königsberger Schloss, das bei den britischen Luftangriffen im Sommer 1944 ausgebrannt war. Von der Roten Armee wurde es im Frühjahr 1945 weiter zerstört und seine Reste 1968 gesprengt.

Kaliningrad ist keine Stadt für das Radeln, weil die stark befahrenen Straßen der Innenstadt keine entspannte Stadtrundfahrt per Rad zulassen. Dennoch sieht man Radelnde und im Park am Pionier-Stadion trifft sich die lokale Mountain-Bike-Szene und zeigt über Hügel und selbst gebaute Schanzen springend ihr Können.

Immanuel Kant

Der Philosoph Immanuel Kant wurde am 22. April 1724 in Königsberg geboren und entfernte sich nie weiter als 16 Kilometer von dieser Stadt. Schon im Alter von 16 Jahren begann er dort seine Studien der Naturwissenschaften, Physik, Mathematik und der Philosophie. Seine Abschlussarbeit wurde jedoch 1746 von Prof. Martin Krutzen nicht anerkannt, weswegen sich Kant in den folgenden Jahren als Hauslehrer verdingte.

Nach Krutzens Tod kehrte Kant an die Königsberger Universität zurück, wo er 1755 habilitierte. Da er zunächst keinen Lehrstuhl für Logik und Metaphysik bekam, war er von 1766 bis 1772 als Unterbibliothekar der königlichen Schlossbibliothek angestellt. Mehrere Rufe an andere Universitäten nahm er nicht an, bis er

Brandenburger Tor in Kaliningrad

1770 in Königsberg den gewünschten Ruf bekam. Von 1786-88 war er Rektor der Universität von Königsberg. In den letzten 15 Jahren seines Lebens spitzte sich der Konflikt mit der preußischen Zensurbehörde stetig zu. Er starb am 12. Februar 1804 in Königsberg.

Immanuel Kant ist der wohl wichtigste Denker der deutschen Aufklärung. In den 1770er Jahren entwickelte er seine Erkenntnistheorie, die in der "Kritik der reinen Vernunft" (1781) mündete. In den „Grundlagen zur Metaphysik der Sitten" (1785) entwickelte er den „Kategorischen Imperativ", der als einer der bekanntesten Prüfsteine moralischen Handelns gilt: „Handle nur nach derjenigen Maxime, durch die du zugleich wollen kannst, dass sie ein allgemeines Gesetz werde". Berühmt wurde auch die Schrift „Zum Ewigen Frieden" (1795).

Von Kaliningrad nach Świnoujście 569 km

Da die Küstenstraße von einem sehr starken Autoverkehr dominiert ist und keinen Radweg hat, empfiehlt sich das Radeln von Kaliningrad nach Braniewo auf der alten Reichsautobahn A 1, die gänzlich dem Radverkehr vorbehalten ist. Man überquert mit der Fähre das Haff, radelt auf der Frischen Nehrung, überquert die Weichsel und gelangt über Gdańsk nach Gdynia.

Dort setzt man über auf die Halbinsel Hel und erreicht am Kap Rozewie den nördlichsten Punkt von Polen. Auch hier haben die Landschaften und Regionen meist mehrere Namen, die auf die wechselhafte Geschichte vom Ostseeraum verweisen. Man radelt direkt an der Küste oder etwas weiter entfernt und erreicht über Łeba, Ustka und Darłowo die Stadt Kołobrzeg.

Von dort geht es an der Ostseeküste entlang nach Świnoujście, wo die geschützten Forts des 19. und frühen 20. Jahrhunderts wichtiges Anschauungsmaterial europäischer Geschichte sind.

Diese Tour ist auch eine Reise in die glorreiche Geschichte der Hanse und zeigt die Wiege vom Königreich Preußen sowie großartige Badeorte des 19. Jahrhunderts.

Man wird aber auch konfrontiert mit den Ereignissen und Narben des Zweiten Weltkriegs. Auf dem Gelände des ehemaligen Konzentrationslagers Stutthof wird im Museum an die Verbrechen des Holocaust erinnert.

Man kreuzt mit Gdańsk aber auch jenen Ort, an dem die Überwindung des Eisernen Vorhangs in Europa ihren Anfang nahm. Im 2014 eingeweihten Solidarność-Museum kann man sich beeindruckend informieren.

Alte und neue Autobahn bei Mamonowo

Von Kaliningrad nach Krynica Morska *84 km*

TIPP: Von Kaliningrad bis Frombork gibt es an der Ostseeküste entlang keinen Radweg. Die sehr stark befahrene Küstenstraße über Mamonowo wiederum ist auch nicht zu empfehlen. Deshalb kann man entweder die Bahn benutzen oder auf der alten Reichsautobahn über den neuen Grenzübergang Mamonowo II die sicherste und angenehmste Variante wählen.

1 Auf dem **Leninski pr. (Ленинский пр.)** biegt man rechts ab, überquert die beiden Flussarme des Pregel (Преголя) und biegt dann rechts ab in die **ul. Bagrationa (ул. Багратиона)**, wo auch die Straßenbahnschienen rechts abgehen. Man radelt durch das **Brandenburger Tor (Бранденбургские ворота)**, hinter dem sich auf der linken Seite auch der Süd-Bahnhof befindet und fährt geradeaus in die **Alexandra Suworowa (ул. Александра Суворова)**, wobei man die Gleise überquert. **2** Hinter dem Fluss Towarny (ручей Товарный) biegt man links ab in die **Kamskaja ul. (Камская ул.)**, auf der man mehrfach die Bahngleise quert.

Man überquert die sehr stark befahrene A229/E 77 nach Schossejnoje und radelt auf der **ul. Tereschkowoi (ул. Терешковой)** parallel zur Bahntrasse Kaliningrad-Berlin durch **Laskino (Ласкино)**. Man passiert in **Zwetkowo (Цветково)** einen großen Friedhof, **3** quert am Bahnhof von **Golubewo (Голубево)** nach links die Gleise und folgt der Straße geradeaus bis zur alten Reichsautobahn, in die man rechts einbiegt.

Reichsautobahn A 1

Die Massenmotorisierung war noch nicht absehbar, als 1926 ein „Vorentwurf zu einem Kraftwagenstraßennetz Deutschlands" mit einer Länge von 10.000 Kilometern vorgestellt

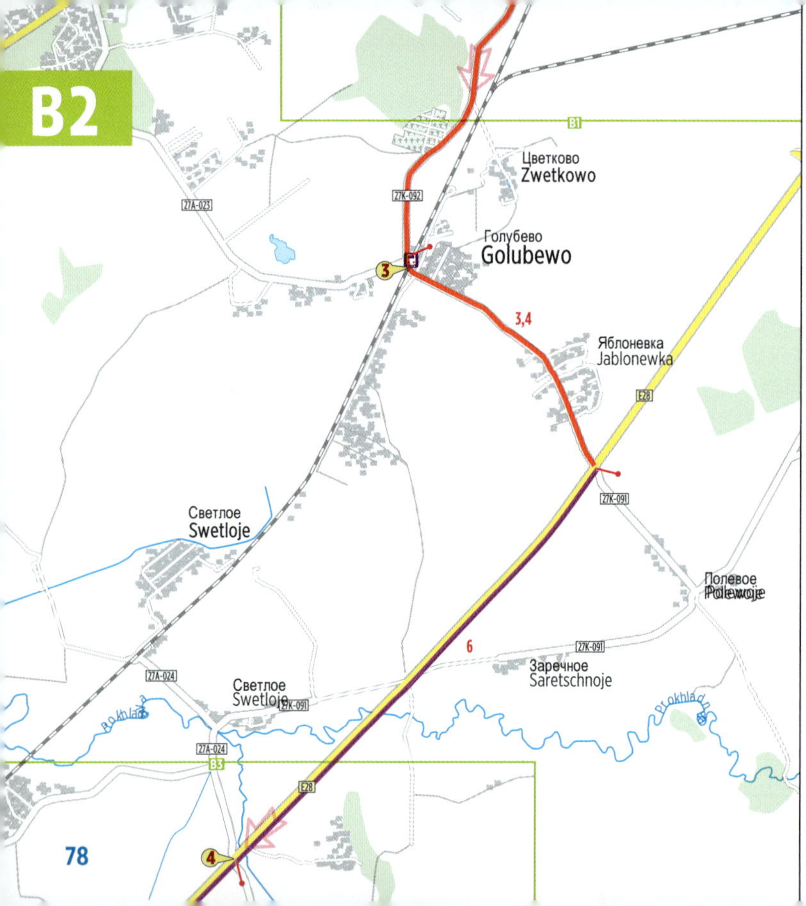

wurde. Die Reichsautobahnen (RAB) waren ein Netz von Schnellstraßen im Eigentum des Deutschen Reiches. Mit der Planung und dem Aufbau wurde zur Zeit der Weimarer Republik begonnen und ihr Ausbau nach 1933 von den Nationalsozialisten beschleunigt. Sie waren später der Grundstein für das Bundesautobahnnetz. Als erste autobahnähnliche Schnellstraße in Deutschland gilt die „Automobil-Verkehrs-und Übungsstraße" (AVUS) in Berlin, die 1921 für den Verkehr freigegeben und 1936 bis Magdeburg verlängert wurde. Sie war weltweit die erste ausschließlich Automobilen vorbehaltene Straße.

Die Reichsautobahn A 1 von Aachen nach Königsberg sollte eine Verbindung von der West- zur Ostgrenze des Deutschen Reiches sein und wurde in den 1930er und 1940er Jahren teilweise realisiert. Sie musste durch den polnischen Korridor geführt werden. Durchgehend zweispurig befahrbar war ab 1936 die Autobahn-Strecke von Berlin bis Stettin sowie ab 1938 die einspurige Verbindung von Elbing bis Königsberg, die zu großen Teilen auch heute noch vorhanden ist.

In Russland darf das Fahrrad auch die Autobahn benutzen. Parallel zur alten zweispurigen Reichsautobahn ist in Russland und in Polen eine neue zweispurige Schnellstraße gebaut worden, auf der aber nur wenig Verkehr herrscht. Die alte Reichsautobahn mit den großen Platten ist für den Autoverkehr gesperrt, weshalb sie sich hervorragend als gut befahrbarer und breiter Radweg eignet.

Man passiert den Abzweig nach Saretschnoje (Заречное) und fährt geradeaus auf der alten Reichsautobahn weiter. **4** Auch am Abzweig nach Medowoje (Медовое) geht es geradeaus weiter, leider muss man hier entweder am beginn der Leitplanke auf die Straße wechseln oder später das Fahrrad über die Leitplanke heben.

5 Man durchquert auf der **E 28** die Ortschaft **Nowoselowo (Новоселово)** – das letzte Dorf vor der Grenze – und sieht auf der westlichen Seite das Parkhotel Philipp (parkhotel-philipp.ru), wo man einkehren und übernachten kann.

An der Grenze kann man an den Schlagbäumen vor den eigentlichen Passkontrollen vorbeiradeln, besser ist es aber immer, sich per Blickkontakt mit den Grenzsoldaten abzustimmen und für den Moment zu schieben. Nach Überquerung der EU-Außengrenze ist man in Polen.

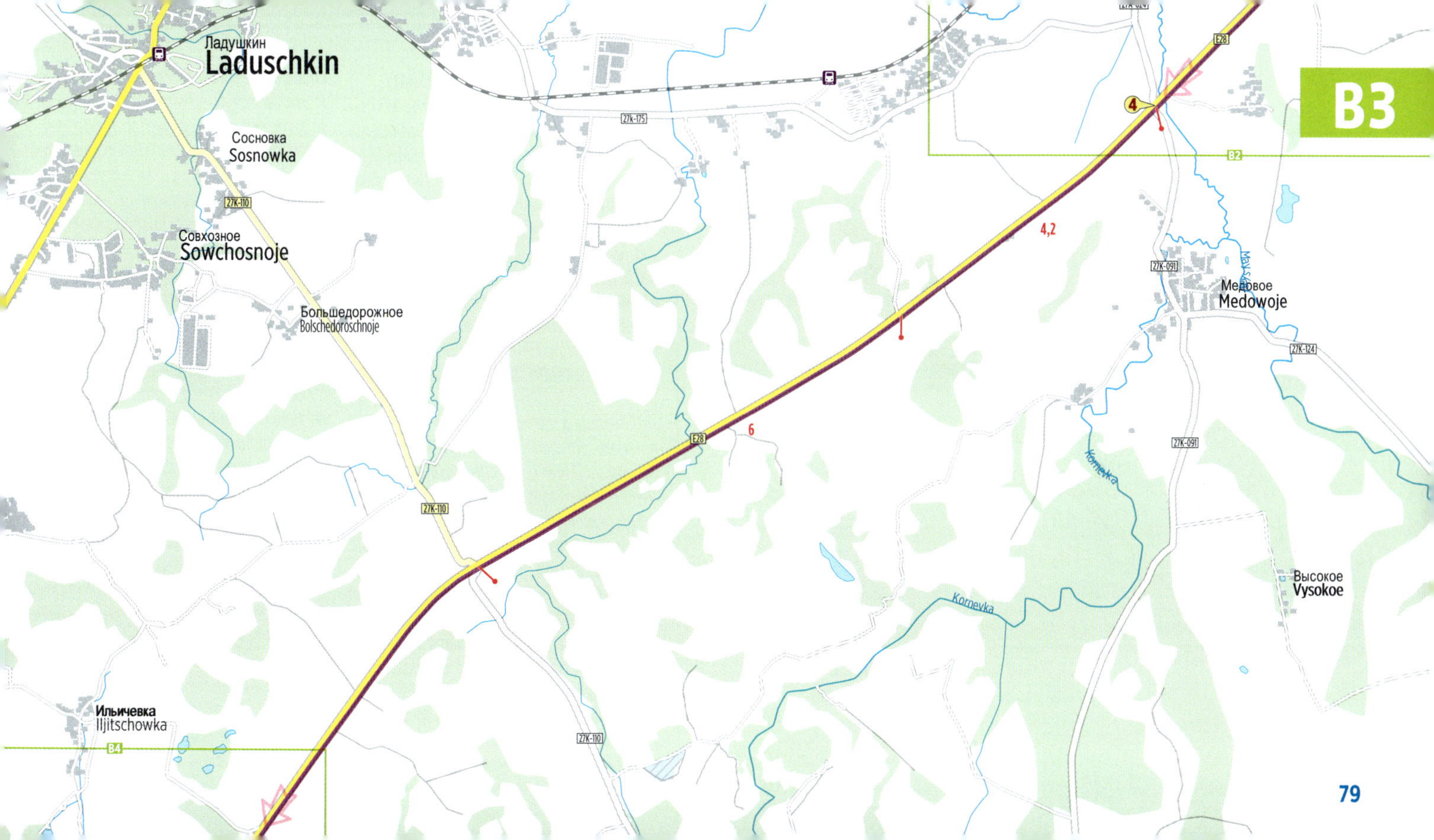
Ладушкин
Laduschkin
Сосновка
Sosnowka
Совхозное
Sowchosnoje
Большедорожное
Bolschedoroschnoje
Медовое
Medowoje
Высокое
Vysokoe
Ильичевка
Iljitschowka
B3
B2
B4
E28
27K-110
27k-175
27K-091
27K-124
4
4,2
6
Kornevka

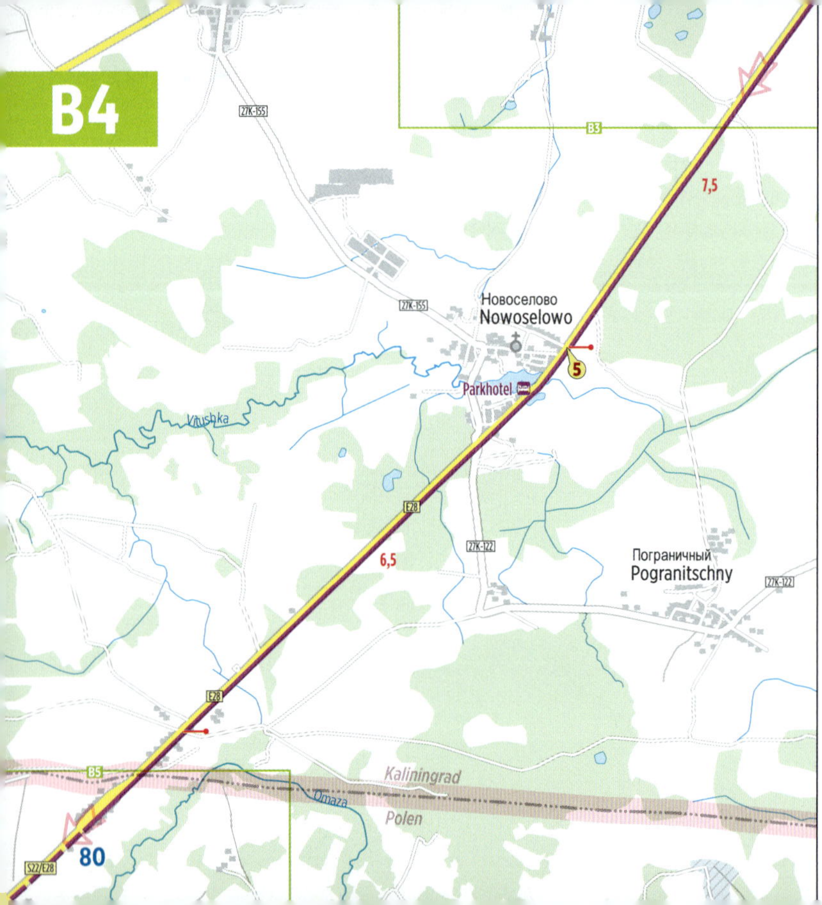

Die Geschichte von Polen

Die Geschichte des zentraleuropäischen Staates Polen begann mit der Besiedlung des heutigen Staatsgebietes durch Slawen im Zuge der Völkerwanderung. Der Christianisierung ab dem Jahre 966 folgte eine Blütezeit im Frühmittelalter, die 1138 mit der Zersplitterung des Territoriums in einzelne Herzogtümer und nach großflächiger Verwüstung durch die Mongolen 1241 ein Ende fand.

Vom Spätmittelalter bis in die Neuzeit bestand eine enge Bindung an den nördlichen Nachbarn Litauen, mit dem man zunächst in einer Union, dann in einer gemeinsamen Adelsrepublik zur europäischen Großmacht aufstieg, die sich von der Ostsee bis zum Schwarzen Meer erstreckte. Im 18. Jahrhundert brach der Staat jedoch zusammen und das Staatsgebiet wurde zwischen dem russischen Zarenreich, Preußen und Österreich aufgeteilt.

Die polnischen Teilungen - 1772, 1792, 1795 - sind nach dem Warschauer Historiker Włodzimierz Borodziej der „schlimmste politische Skandal des 18. Jahrhunderts“ und zählen zu den schwersten Traumata der polnischen Geschichte. Nach der dritten polnischen Teilung verschwand Polen für 123 Jahre von der europäischen Landkarte und war in mehr als zwei Jahrhunderten nur zweimal 20 Jahre lang ein unabhängiger Staat. Einzelne Aufstände gegen Fremdherrschaft scheiterten, jedoch bildete sich vor allem in der zweiten Hälfte des 19. Jahrhunderts eine nationale Bewegung heraus.

Nach der Schlacht von Jena und Auerstädt 1806 marschierte Napoleon in Berlin ein und im Frieden von Tilsit 1807 verlor Preußen mehr als die Hälfte seines Territoriums. Das relativ kleine „Herzogtum Warschau“ war als Vasallenstaat Frankreichs ein Pufferstaat zwischen Preußen und Russland, das auf dem durch die Teilungsmächte dominierten Wiener Kongress 1815 aufgeteilt wurde.

Der Erste Weltkrieg machte Polen zu einem der Hauptschauplätze der Auseinandersetzung. Mit Zustimmung der Mittelmächte erlangte Polen 1918 als Zweite Republik seine Souveränität zurück, jedoch in engeren Grenzen als zuvor. Der Monarchien-Untergang der Habsburger, Romanows und Hohenzollern ermöglichte aber auch Litauen, Belarus und der Ukraine die Unabhängigkeit. In Warschau träumte man von Polens Herrlichkeit längst vergangener Zeiten, wollte die Grenzen so weit wie möglich ausdehnen und besetzte Minsk und Kiew, wobei auch jüdische Geschäfte und Wohnungen überfallen und viele jüdische Menschen getötet wurden.

Nachdem die Rote Armee die polnischen Besatzer aus Minsk und Kiew wieder ver-

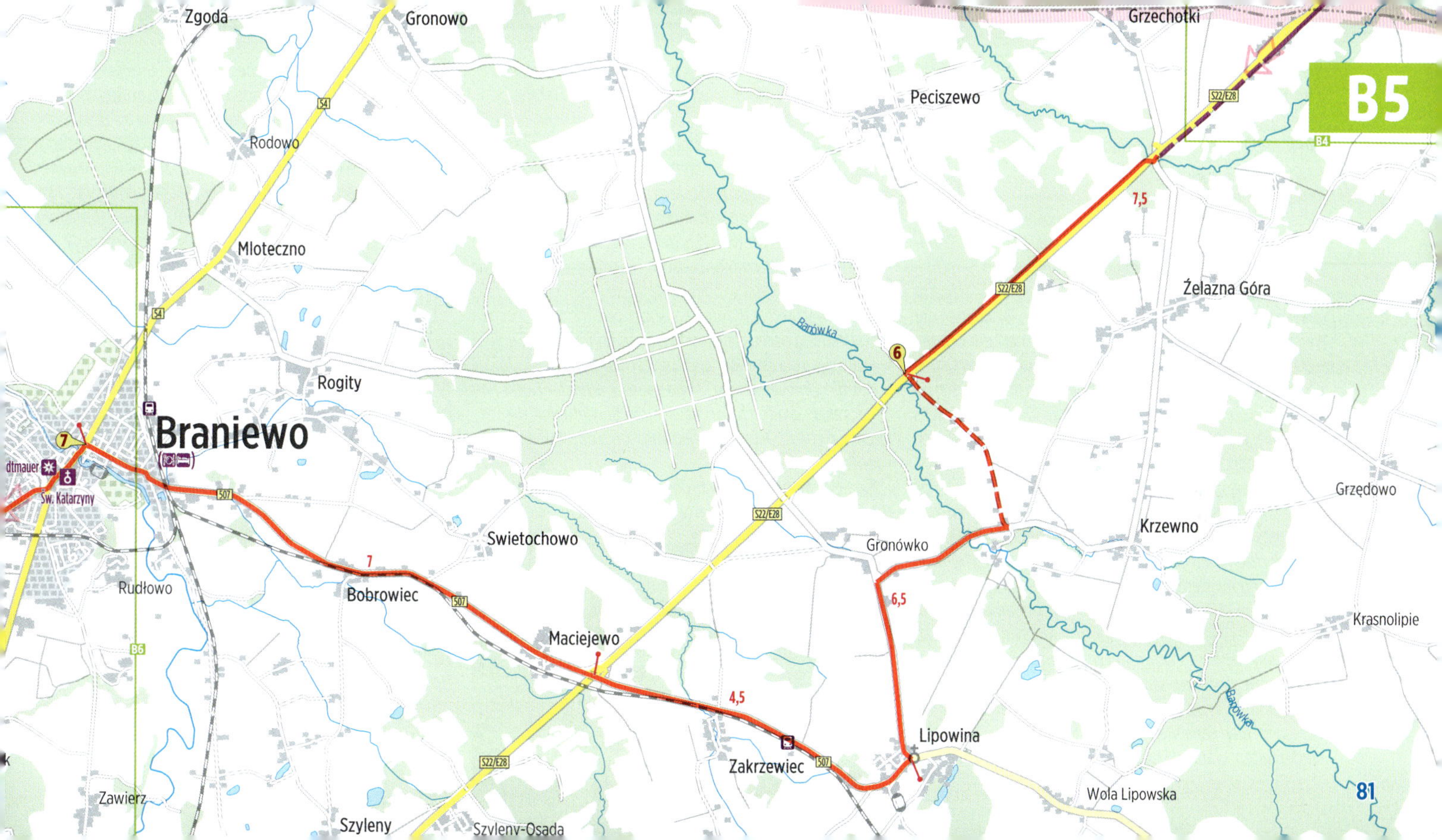

B5
Zgoda
Gronowo
Grzechotki
Peciszewo
Rodowo
Mloteczno
Żelazna Góra
Rogity
Braniewo
Bańówka
Św. Katarzyny
Swietochowo
Gronówko
Krzewno
Grzędowo
Rudłowo
Bobrowiec
Maciejewo
Krasnolipie
Lipowina
Zakrzewiec
Wola Lipowska
Zawierz
Szyleny
Szyleny-Osada
S22/E28
S4
507
B4
B6
7,5
7
6,5
6
4,5
81

trieben hatte, wurden diese Länder wieder Bestandteil der Sowjetunion. Die Stadt Vilnius wurde zunächst von der Roten Armee besetzt, danach von Polen. Die größten Verlierer waren neben Litauen die belarussischen und ukrainischen Nationalbewegungen, denen die Unabhängigkeit vollkommen versagt wurde.

Nachdem die Bolschewiki die Weißen besiegt hatten, wollte sich die Rote Armee im Polnisch-Sowjetischen Krieg (1919-1921) nach Westen ausdehnen und in Warschau einmarschieren, wurde aber von Marschall Józef Piłsudski in der Schlacht von Warschau im August 1920 besiegt. Dem „Wunder an der Weichsel" folgten die „Schlacht an der Memel" bei Grodno und die Vertreibung der russischen Streitkräfte nach Osten. Mit dem „Friedensvertrag von Rīga" zwischen der Sowjetunion und Polen am 18. März 1921 wurde die Ostgrenze Polens festgelegt, womit in Ostmitteleuropa der Zweite Weltkrieg nicht 1918, sondern erst 1921 beendet wurde.

Am 9. Dezember 1922 wurde Gabriel Naturowicz von der Nationalversammlung zum ersten verfassungsmäßigen Staatspräsidenten gewählt und am 11. Dezember vereidigt. Da er mit den Stimmen des Blocks der jüdischen, deutschen und ukrainischen Minderheiten gewählt worden war, sahen die Nationalisten in ihm einen „Verräter an der polnischen nationalen Sache". Sie bezeichneten ihn als „Judenknecht" und als „jüdischer Präsident". Obwohl er sich sofort um den Ausgleich und eine Regierungsbildung auf breiter parlamentarischer Basis bemühte, wurde er fünf Tage nach seiner Wahl von einem rechtsradikalen Fanatiker ermordet. Der Block der nationalen Minderheiten wählte Stanisław Wojciechowski zu seinem Nachfolger. Mit dem Maiputsch 1926 wurde ein autoritäres Regime errichtet, das die junge Demokratie beendete.

Am 23. August 1939 wurde der Hitler-Stalin-Pakt (s. Seite 22) beschlossen, der in Osteuropa nach den beiden unterzeichnenden Außenministern Ribbentrop-Molotow-Pakt genannt wird. In dem öffentlich „Nichtangriffspakt" genannten Vertrag hatten sich die beiden Diktatoren in dem als „Geheimes Zusatzprotokoll" bezeichneten Dokument auf die Aufteilung der sechs osteuropäischen Länder geeinigt, was für das erst 1918 als Staat wieder erstandene Polen eine weitere Teilung bedeutete: „Für den Fall einer territorial-politischen Umgestaltung der zum polnischen Staat gehörenden Gebiete werden die Interessensphären Deutschlands und der UdSSR durch die Linie der Flüsse Pissa, Narew, Weichsel und San abgegrenzt". Dadurch konnte sich die Sowjetunion die verlorenen Gebiete Ostpolens, des Baltikums und Bessarabiens wieder einverleiben.

Für Sebastian Haffner war der Pakt ein „Teufelspakt" und für Bertolt Brecht die „vierte Teilung" Polens, womit die Sowjetunion „das fürchterliche Stigma einer Hilfeleistung an den Faschismus" auf sich geladen habe. Denn im Sommer 1939 hatte Stalin von London, Paris und Warschau als Bedingung für ein Bündnis gegen Hitler gefordert, jederzeit sowjetische Truppen nach Polen bringen zu dürfen - Stalins Rache gegen das „Wunder an der Weichsel". Der „Nichtangriffspakt" war ein Kriegspakt und das Einfallstor zum Zweiten Weltkrieg. Jahrzehntelang wurde das geheime Zusatz-Protokoll von der Sowjetunion geleugnet. Erst unter der Verantwortung von Michail Gorbatschow wurde die Existenz zugegeben.

Katharinenkirche in Braniewo

Der Hitler-Stalin-Pakt erleichterte Hitler nur eine Woche später, am 1. September 1939, den Überfall auf Polen, nachdem er den 1934 geschlossenen Nicht-Angriffspakt am 28. April 1939 einseitig gekündigt hatte. Am 17. September 1939 rückte trotz des 1932 mit Polen geschlossenen Nicht-Angriffspaktes die Rote Armee von Osten nach Polen ein. Sie traf in der Mitte des Landes an der vereinbarten Demarkationslinie auf die Deutsche Wehrmacht und beide hielten eine gemeinsame Siegesparade ab.

Erneut war Polen in seiner Existenz bedroht und wurde Opfer grausamer Unterdrückung. Die Vernichtungsmaschinerie der Nationalsozialisten traf das Land besonders hart, weil dort mit zehn Prozent der größte jüdische Bevölkerungsanteil weltweit lebte. Nahezu 90 Prozent der drei Millionen polnisch-jüdischen Bevölkerung wurde umgebracht, vor allem in den deutschen Konzentrationslagern auf polnischem Boden.

Der frühere KZ-Häftling und spätere polnische Außenminister Władysław Bartoszewski erinnerte daran, dass zur selben Zeit, als die Nazis das Konzentrationslager Auschwitz für politische polnische

Häftlinge einrichteten, Stalin im März 1940 mehr als 25.000 polnische Offiziere, Polizisten, Intellektuelle und andere Eliten hatte ermorden lassen. Da das 1943 entdeckte Massengrab bei Katyń lange das einzig bekannte war, wird die gesamte Aktion als das „Massaker von Katyń" bezeichnet. Es wurde zunächst von der NS-Propaganda instrumentalisiert, während die sowjetische Führung unter Stalin das Verbrechen von sich wies und es der deutschen Wehrmacht anlastete.

Michail Gorbatschow erklärte zwar im April 1990, dass „der Stalinismus Ursache der Tragödie" war, hielt aber die Akten, als ihm 1989 die Erschießungsbefehle gezeigt wurden, mit der Bemerkung verschlossen: „Kannst du dir vorstellen, was diese Dokumente bedeuten? Niemandem darf etwas darüber gesagt werden."

In Polen kursierten sie bereits. Deshalb machte Lech Wałęsa als polnischer Staatspräsident 1991 seinen Antrittsbesuch bei Boris Jelzin - erfolgreich - von der Veröffentlichung der russischen Akten abhängig. Die Mordbefehle des sowjetischen Politbüros unter Stalin ließen sich danach nicht mehr verheimlichen. Für den Massenmord in Katyń war die Sowjetunion verantwortlich.

Die Komplizenschaft zwischen der Sowjetunion und dem Deutschen Reich wurde am 22. Juni 1941 beendet, als Hitler-Deutschland den „Nichtangriffspakt" brach und mit dem „Unternehmen Barbarossa" die Sowjetunion überfiel. Bei der Neuordnung Europas nach dem Zweiten Weltkrieg verlor Polen trotz der Westverschiebung etwa 20 % seines Territoriums und geriet für 44 Jahre unter die Dominanz von Moskau.

Von den ursprünglich 25.000 jüdischen Menschen von Kielce kehrten nach dem Ende des Zweiten Weltkriegs gerade einmal 200 Überlebende zurück. Am 4. Juli 1946 wurden dort bei anti-jüdischen Protesten vor dem Haus, in dem das jüdische Komitee mit den jüdischen Überlebenden untergebracht war, über 40 von ihnen ermordet und weitere 80 verletzt. Für die Mehrheit der etwa 300.000 jüdischen Menschen aus Polen, die die deutsche Besatzungszeit überlebt hatten, bedeutete dieser Pogrom keine sichere Zukunft in Polen, weshalb ein Drittel von ihnen das Land verließ.

Erst nach 1980 forderte die Gewerkschaft Solidarność eine Dokumentation und eine Debatte über die antisemitisch motivierten Mordtaten der ersten Nachkriegsjahre, die mit der politischen Wende von 1989/90 begann. Zum 50. Jahrestag 1996 gedachte Staatspräsident Aleksander Kwaśniewski der jüdischen Opfer und sein Nachfolger, Lech Kaczyński, sprach 2006 am Ort des Verbrechens in Kielce von einer „Schande für Polen".

Der Arbeiter-Aufstand 1956 in Posnań und die Demonstrationen 1970 in ganz Polen sind Ausdruck des Widerstands gegen die sowjetische Bevormundung. Wegen des Streits um die Hafenstadt Stettin - sie lag auf der westlichen Seite der zwischen den Siegermächten vereinbarten Oder-Neiße-Linie und hätte demnach zur Sowjetischen Besatzungszone in Deutschland gehören müssen - wurde mit dem pass- und visafreien Grenzverkehr erst 1972 die erste Öffnung der Grenze zwischen Polen und der DDR seit 1945 vereinbart.

Nachdem sich in Polen aber die Gewerkschaft Solidarność zu einer bedrohlichen politischen Kraft entwickelte, wurde die Visafreiheit zwischen den „sozialistischen Bruderstaaten" 1980 schon wieder geschlossen, weshalb es sie in den 40 Jahren ihrer Existenz nur acht Jahre gab.

Anfang der 1980er Jahre ging nämlich von der in den Danziger Werften entstandenen unabhängigen Gewerkschaft „Solidarność" (Solidarität) mit dem Vorsitzenden Lech Wałęsa einer der ersten Impulse für die Überwindung des Eisernen Vorhangs in Europa aus. In der Blütezeit hatte die Solidarność mit über zehn Millionen fast viermal so viele Mitglieder wie die kommunistische „Polnische Vereinigte Arbeiterpartei" (Polska Zjednoczona Partia Robotnicza).

Am 13. Dezember 1981 wurde in Polen unter General Wojciech Jaruzelski (1923-2014), von dem Lech Wałęsa sagt, er sei ein „großer Mann aus der Generation des Verrats" gewesen, das Kriegsrecht ausgerufen und die Gewerkschaft Solidarność verboten. Ihre Arbeit im Untergrund war aber so erfolgreich, dass sie Mitte Januar 1989 wieder zugelassen werden musste. Der am 6. Februar 1989 erstmals tagende „Runde Tisch", an dem Solidarność die Diktatur Schritt für Schritt wegverhandelte, wurde zum Symbol des weitgehend friedlichen Übergangs zur Demokratie. Am 4. Juni fanden halbfreie Wahlen statt – nur 35 % der Sejm-Sitze standen zur Wahl – welche die Solidarność alle gewann. Am 24. August 1989 wurde Tadeusz Mazowiecki der erste nicht-kommunistische polnische Ministerpräsident nach dem Zweiten Weltkrieg.

Weil diese Regierung eine Konvention über die Menschenrechte unterzeichnet hatte, wurden die Grenzsoldaten - entgegen dem bilateralen Abkommen mit der DDR - vom damaligen Fraktionsvorsitzenden der Solidarność und späteren Außenminister Bronisław Geremek angewiesen, die DDR-Flüchtlinge ins Land zu lassen. Ihnen wurde von Menschen aus der Politik, Diplomatie, Kirchen, Gewerkschaften, Beamtentum und der Zivilgesellschaft geholfen, wo es nur ging.

B6

Nachdem am 30. September 1989 die DDR-Flüchtlinge aus der Prager Botschaft durch die DDR in die Bundesrepublik gebracht wurden, fuhren auch zwei Züge mit jeweils 1.000 Geflüchteten aus der DDR, die sich in der Warschauer Botschaft der BRD befanden, durch die DDR nach Hannover. Insgesamt gelang 6.000 Menschen aus der DDR die Flucht über Polen nach West-Deutschland.

*Am 9. Dezember 1990 gewann Lech Wałęsa (*1943) die Präsidentschaftswahlen und war bis 1995 der erste demokratisch gewählte Präsident von Polen nach dem Zweiten Weltkrieg.*

Noch vor dem Ende der Sowjetunion erlangte Polen seine volle Souveränität zurück. Das wiedervereinigte Deutschland erkannte die Westgrenze Polens entlang der Oder-Neiße-Linie offiziell an. Damit war der Weg frei für ein neues Verhältnis nicht nur zum westlichen Nachbarn, sondern zu ganz Westeuropa und den Vereinigten Staaten von Amerika. Nachdem sich das Land 1997 per Volksabstimmung eine neue Verfassung gegeben hatte, trat es 1999 der NATO und 2004 der EU bei. Heute ist Polen schon so lange unabhängig, wie seit dem 18. Jahrhundert nicht mehr und erlebt einen anhaltenden Aufschwung, der es wieder zu einem wichtigen Staat in Europa machte.

Hinter der Grenze geht es vor dem Autobahnschild auf dem nicht asphaltierten Radweg auf der östlichen Seite bis zur nächsten Brücke, die man unterquert. Auf der kaum befahrenen Asphaltstraße auf der westlichen Seite geht es weiter nach Süden.

6 Wenn diese Straße parallel zur Autobahn nicht weitergeht, muss man links abbiegen. Weil die neue Brücke über den Fluss Banówka ohne Radweg gebaut wurde und die neue zweispurige Schnellstraße als Autobahn ausgewiesen ist, müssen Radelnde einen kilometerlangen Umweg machen.

Dem nicht asphaltierten Weg folgt man geradeaus bis zu einer Asphaltstraße, in die man rechts einbiegt. Auf ihr überquert man den Fluss Banówka und biegt an deren Ende links ab nach **Lipowina**. Dort stößt man auf die nach Braniewo ausgeschilderte **507**, in die man rechts einbiegt. Man radelt an der Bahntrasse entlang, überquert die Autobahn und passiert in Braniewo den Bahnhof. **7** Nach etwas mehr als einem Kilometer biegt man links ab in die **ulica Gdańska (54)**, überquert den Fluss Pasłęka und ist im Zentrum.

Braniewo (Braunsberg) PL

Der auffallend mächtige Backsteinturm der Katharinenkirche beherrscht die weite Umgebung – ein Grund für die deutsche Wehrmacht, diesen Zielpunkt der russischen Artillerie zu sprengen. Genutzt hat es nichts, weil die Stadt dennoch zu 80 Prozent zerstört wurde.

Die wieder aufgebaute Katharinenkirche kündet vom alten Reichtum und Selbstbewusstsein der ehemaligen Hansestadt.

Am Kreisverkehr biegt man rechts ab in die **ulica Elbląska (504)** und erreicht über **Stępień** nach etwa zehn Kilometern Frombork.

Frombork (Frauenburg) PL

Frombork ist ein Städtchen, das sich in Konkurrenz zu Elbląg (Elbing) und Braniewo (Braunsberg) nie so recht entwickeln konnte und nach den Zerstörungen des Zweiten Weltkriegs im Wesentlichen vom Ruhm der Vergangenheit zehrt. Der manifestiert sich besonders in der burgartigen Anlage des Domkomplexes aus dem 14. Jahrhundert. In der Kathedrale

finden an Sommersonntagen Konzerte auf der frühbarocken Orgel statt. Der dominante Glockenturm steht abseits und bietet einen weiten Ausblick auf das Frische Haff und die Nehrung. Außerdem enthält er ein Planetarium mit einem Foucault'schen Pendel in Erinnerung an den berühmtesten Einwohner der Stadt - Nikolaus Kopernikus aus Thorn, der mit dieser Einrichtung die Erdrotation nachwies und die heliozentrische Theorie weiterentwickelte. Im Kopernikusturm und im Museum im Alten Bischofspalast können sich Interessierte näher mit seinen Errungenschaften befassen.

TIPP Da die Küstenstraße insbesondere im Sommer sehr stark befahren ist, kann man dreimal am Tag von Frombork nach Krynica Morska die Fähre über das Frische Haff benutzen, die 90 Minuten benötigt. Mehr Infos unter www.zegluga.pl, +48 58 301 7420, +48 58 301 7231.

8 In Frombork radelt man zum Hafen und setzt über das Frische Haff auf die Nehrung nach Krynica Morska.

Frische Nehrung

Die Frische Nehrung ist eine schmale Landzunge von 70 Kilometer und einer Breite von 350 bis 1.800 Meter. Sie verläuft in nordöstlicher Richtung und trennt das Frische Haff von der Ostsee. Quer über die Frische Nehrung verläuft die Grenze zwischen Polen und Russland.

Krynica Morska (Kahlberg) (PL)

Die Frische Nehrung begrüßt die Reisenden mit ihren bis 49 Meter hohen Dünen, gekrönt von einem roten Leuchtturm. In dem kleinen Seebad leben nur 1.300 Menschen, es wird aber jährlich von dreißigmal so vielen Reisenden besucht. Das

Zatoka Gdańska
Naturschutzgebiet Mewia Lacha
Stegna Kampingi
B8
6,5
7,5
6,5
501
11
Świbno
Kanał Młynówka
B10
Mikoszewo
Jantar
Junoszyno
Stegna
Stegienka-Osada
Wisła (Weichsel)
502
Stegienka
Popowo
Wisła (Tote Weichsel)
Szkarpawa
2235G
2324G
Drewnica
Rybina

Leuchtturm in Krynica Morska

Ortsbild weist noch einige Villen und Pensionen im Bäderstil der 1920er und 1930er Jahre auf. Im Naturschutzgebiet „Buki Mierzei Wiślanej“ (Buchen der Weichselnehrung) sind Rot- und Schwarzwild anzutreffen.

Von Krynica Morska nach Gdańsk 63 km

9 In Krynica Morska fährt man von der Fähre geradeaus über die Küstenstraße in die **Portowa**, an deren Ende links in die **Teleexpressu** und dann rechts ab in die **Morska**, die bergab zum ausgeschilderten **R 10** führt, in den man links einbiegt. Bei der **Marynarzy** gibt es einen kleinen Umweg, man bleibt aber am Strand. Der Weg ist später nicht mehr asphaltiert aber gut befahrbar.

Auf der Höhe von Przebrno – das Schild weist auf die 501 hin, nicht aber auf den Ort – geht es mit etwas größerem Abstand zum Strand weiter. Man überquert den neuen Kanal und folgt der Ausschilderung.

TIPP In Katy Rybackie biegt die ausgeschilderte Route links ab ins Zentrum, wo man das Kormoranreservat besuchen kann. Sie führt später auf einem sandigen und hügeligen Weg entlang der 501 nach Sztutowo ohne Hinweis auf das Museum.

10 Die beschriebene Route geht weiter geradeaus und stößt hinter Sztutowo wieder auf den R 10. An der **Morska** oder später sollte aber ein Schild auf das Museum in Szutowo hinweisen.

Konzentrationslager Stutthof

Das KZ Stutthof wurde 1939 am ersten Tag des deutschen Angriffs auf Polen eingerichtet und war das erste KZ außerhalb der deutschen Grenzen. Die ersten Häftlinge waren polnische Intellektuelle aus Danzig, später wurde das Lager zu einem KZ der Stufe 1 ausgeweitet. Dabei wurde die Fläche verzehnfacht und die Häftlingszahl auf 57.000 verzwanzigfacht. Ein neues Lager für 25.000 Menschen wurde nicht ganz fertiggestellt. Insgesamt waren etwa 110.000 Menschen in Stutthof inhaftiert, 65.000 wurden dort umgebracht. Sie wurden erschossen, vergast, gehängt oder starben an Krankheiten, Schlägen, an Gift aus Todesspritzen. Die Überlebende Asia Shindelman sagte, dass „das KZ Stutthof die regelrechte Hölle war, selbst Tiere wurden dort besser behandelt“.

Neben zwei Gaskammern und einer Genickschussanlage ging es in dem sogenannten „Judenlager“ auch um eine „Vernichtung durch Arbeit“ in einem „militärisch-industriellen Komplex“. Vor der Befreiung durch die sowjetische Armee wurde die Hälfte der Insassen in einem zehntägigen Todesmarsch ohne Verpflegung Richtung Westen evakuiert. Nach dem Krieg wurden der Lagerkommandant Max Pauly, zahlreiche Offiziere und Unteroffiziere sowie fünf Aufseherinnen und Funktionshäftlinge 1946 zum Tode verurteilt und hingerichtet.

Sein Nachfolger als Lagerkommandant ab 1942 war Paul Werner Hoppe, der nach mehreren gelungenen Fluchten 1953 in der Bundesrepublik verhaftet und 1957 zu neun Jahren Zuchthaus verurteilt wurde. Er wurde aber schon 1960 aus der Haft entlassen und führte bis zu seinem Tod 1974 ein unauffälliges Leben.

Seit 1962 befindet sich auf dem Gelände die staatliche polnische Gedenkstätte „Muzeum Martyrologii Sztutowo“ mit einem Archiv von Dokumenten über 110.000 ehemalige Häftlinge. In den Ausstellungen werden Dokumentarfilme über das Martyrium der Opfer vorgeführt.

Man verlässt die Gedenkstätte zum ausgeschilderten **R 10**, in den man links einbiegt. Danach passiert man **Stegna** – leider auch ohne Hinweisschild – gelangt weiter durch den Wald an **Jantar** vorbei und **11** kurz vor der Weichsel nach einer Linkskurve auf die **Brzegowa** zur Fähre.

Gedenkstätte KZ Stutthof

Die Weichsel

Die Weichsel (Wisła) ist der längste Fluss in Polen. Sie entspringt in den Schlesischen Beskiden am 1.214 Meter hohen Barania Góra (Widderberg) und mündet nach 1047 Kilometern in die Ostsee. Um die Hochwassergefährdung des Weichseldeltas zu vermindern, wurde 1895 der Dünenrücken durchstochen, was eine direkte Einmündung in die Ostsee ermöglichte. Dadurch wurde die Bedeutung der Mündungsarme nach Osten (Frisches Haff) und Westen (Danzig) sehr herabgesetzt.

Die Weichsel ist jedem Schulkind in Polen als „der polnischste aller polnischen Flüsse" bekannt. Nach den polnischen Teilungen wurde die Weichsel zum Symbol vom nationalen Überlebenswillen und taucht auch in der polnischen Nationalhymne auf.

Sergej Prokofjew und die Weichsel

Was hat die Weichsel mit Prokofjew zu tun? Als der Komponist am 13. Januar 1945 in Moskau den Taktstock für die Uraufführung seiner 5. Sinfonie heben wollte, waren plötzlich Artilleriesalven zu hören, die abgefeuert wurden, weil die Rote Armee die Weichsel überschritten und die Schlussoffensive des Zweiten Weltkriegs eingeleitet hatte. Prokofjew wartete und begann nicht eher, als bis die Kanonen schwiegen. Kein Wunder, dass dieses Werk, das er für sein bestes hielt, häufig als „Siegessymphonie" gedeutet wurde.

Nach der Oktoberrevolution hatte Sergej Prokofjew (1891-1953) seine Heimat verlassen, lebte in den USA, Deutschland und vor allem in Frankreich und kehrte im Mai 1936 zurück. Die Kulturbürokraten der KPdSU hielten ihn aber neben Dmitri Schostakowitsch (1906-1975) für den „verdächtigsten" Komponisten und verboten 1948 etliche seiner Werke. Zudem wurde seine erste Ehefrau, die Sängerin Carolina Codina, wegen einer angeblichen Spionagetätigkeit zu 20 Jahren verschärftem Arbeitslager verurteilt.

Auf der westlichen Weichselseite radelt man auf einem breiten Radweg der **501** nach **Sobieszewo**. **12** Dort biegt man links ab und überquert auf einer Brücke den Weichselarm Martwa Wisła. Die ausgeschilderte Route geht weiter über die 501 nach Danzig.

Die beschriebene geht rechts ab in die **Wałowa**, die in die **Płońska** übergeht. Kurz vor dem Sackgassen-Schild biegt man links ab in die **Benzynowa**, passiert das Raffineriegelände und stößt auf die **501**, in die man rechts einbiegt.

Dieser Radweg geht mit immer größerem Abstand von der Straße zum Kanal A, der rechts ab in die **Rzęsna** überquert wird. Man biegt links ab in die **Michałki**, sofort rechts ab in die **Sitowie** und überquert nach einer Rechtskurve die Bahngleise. **13** Man folgt dem ausgeschilderten Radweg der **Miałki Szlak**, unterquert links ab die Autobahn sowie die Bahngleise und erreicht auf der linken Seite den Radweg der stark befahrenen **501**.

Der Radweg wechselt hinter der Fluss-Brücke auf die andere Straßenseite, geht dann weiter geradeaus in die **Długie Ogrody** und überquert den Kanal Nowa Motlawa.

Weichselfähre

VARIANTE **Geradeaus erreicht man durch das wunderbare Tor Most Zielony die Altstadt mit dem Langen Markt (Długi Targ) und dem Neptunbrunnen, die Keimzelle der Stadt.**

Die ausgeschilderte Route biegt von der **Stągiewna** links in die **Chmielna** und dann rechts ab in die **Ogarna**. Man quert den Kanal Stara Motława und fährt durch das Tor **Brama Krowia** weiter geradeaus. Ausgeschildert geht es rechts ab in die **Garbary**, wobei sich der Straßenname permanent ändert.

Am Kreisverkehr geht es geradeaus in die **Podmlyńska**, die in die **Wiekie Młyny** und **Rajska** übergeht. Vor der Brücke geht es links ab in die **Rajska** zum Hauptbahnhof Gdańsk Glowny.

Gdańsk (Danzig) (PL)

- i **Punkt Informacji Turystycznej**, ul. Podwale Grodzkie 8, am Bahnhof, ✆ 587213277, @ rpc132
- i **Punkt PTTK Oddział Gdańsk**, ul. Długa 45, ✆ 583016096, ✆ 583019151, @ rgi736

Gdańsk, Langer Markt

Żegluga Gdańska, Zielona Brama, ✆ 583017426, ✆ 662157340. Fahrten nach Sopot, Gdynia, Hel oder zur Westerplatte sowie Hafenrundfahrten. Weitere Informationen auch beim Fahrscheinverkauf direkt am Hafen; Tramwaj Wodny (Fähre), ul. Na Stoku 49, ✆ 585205700, Fahrten nach Brzeźno und Sobieszewo. @ tgc266

Centralne Muzeum Morskie (Meeresmuseum), ul. Ołowianka 9-13, ✆ 583018611 Im Haus mit dem nachgebauten Hafenkran aus dem 14. Jh., einem der Wahrzeichen Danzigs, befindet sich eine Ausstellung zum Leben in der Hafenstadt im 16.-18. Jh. Den Hauptteil der Sammlung findet man in den Speichern im Bleihof, mit der Fähre vom Museum aus zu erreichen. @ lvk516

Europejskie Centrum Solidarności (Europäisches Zentrum der Solidarität), pl. Solidarności 1, ✆ 587724000. Museum des Gewerkschaftsbundes und des polnischen Kulturministeriums in Danzig. @ trk554

Gdańska Galeria Fotografii, ul. Długi Targ 24, Zielona Brama, ✆ 583075912, @ iwk521

Muzeum Archeologiczne w Gdańsku (Archäologisches Museum), ul. Mariacka 25/26, ✆ 583222112. Aufgrund von Renovierungsarbeiten ist die Ausstellung bis auf Weiteres geschlossen. In der Ausstellung wird die Urgeschichte Danzigs dargestellt, ferner gibt es eine Sonderausstellung zum Bernstein. @ ruk442

Muzeum Bursztynu (Bernsteinmuseum), Wielkie Młyny 16, ✆ 585733128, Mi-Mo 10-18 Uhr. Das Museum befindet sich im ehemaligen Gefängnis. Auf mehreren Stockwerken können Sie über 5000 Exponate bewundern. @ phj485

Muzeum Narodowe w Gdańsku (Nationalmuseum), ul. Toruńska 1, ✆ 583017061 In den Gebäuden des ehemaligen Franziskanerklosters befindet sich eine umfangreiche Sammlung der Alten Kunst. Die Abteilungen Neue Kunst und Ethnografie findet man im Abtschloss im Ortsteil Oliva, ul. Cystersów 18. ÖZ: Di-So 10-17 Uhr. @ wfe233

Sala BHP Stoczni Gdańskiej-Drogi do wolności (Museum der Solidarnośc), ul. ks. Jerzego Popiełuszki 6, ✆ 583084210, ✆ 502273398 Der Raum, in dem die historische Unterschrift unter die Forderungen der polnischen Arbeiter gesetzt wurde, birgt eine Geschichtsausstellung zum Arbeiteraufstand. Außerdem die von der UNESCO zum Kulturgut der Welt eingestuften Bretter, auf denen 1980 die Forderungen der Arbeiter geschrieben wurden. @ amh135

Bazylika Mariacka (Marienkirche), ul. Podkramarska 5. Die von 1343 bis 1502 erbaute Kirche mit ihrem 105 m langen Hauptschiff ist eine der größten Backsteinkirchen nördlich der Alpen. Sehenswert ist u. a. die astronomische Uhr. Zu Gottesdiensten bietet es bis zu 25.000 Gläubigen Platz. Der 78 m hohe Turm kann bestiegen werden.

Bazylika św. Mikołaja, ul. Świętojańska 72. Die Kirche überstand als einzige unbeschadet den Zweiten Weltkrieg und ist reich im Stil des 17. Jhs. ausgestattet.

Twierdza Wisłoujście, Stara Twierdza 1. Älteste Festung der polnischen Küste.

Latarnia Morska Gdańsk Nowy Port. Der Leuchtturm zählt zu den schönsten an der polnischen Ostseeküste. Von oben haben Sie einen herrlichen Blick auf die Danziger Bucht.

Polska Filharmonia Bałtycka (Baltische Philharmonie), ul. Ołowianka 1, ✆ 583206250, @ jmd548

Ulica Długa. Auf der ul. Długa (Königsweg) spaziert man an allen repräsentativen Bauten der Stadt vorbei bis zur ebenfalls sehenswerten Mole.

Wartownia nr 1 na Westerplatte (Wache Nr. 1), ul. Mjr. H. Sucharskiego, Westerplatte, ✆ 789449681. Das einzige Überbleibsel der Festung Westerplatte, deren Beschuss den Zweiten Weltkrieg einläutete. @ awd123

Gdańsk (Danzig), die „Perle der Ostsee“, ist eine der schönsten Städte Polens und bildet heute zusammen mit Gdynia (Gdingen) und Sopot (Zoppot) den Ballungsraum Trójmiasto (Dreistadt), in der 1,1 Millionen Menschen leben.

Danzig selbst führt seine Gründung zurück auf den Bau einer Festung durch Mieszko I. im Jahr 979. Jedoch erst 1047 wurde Pommerellen mit Danzig dauerhaft Teil des Piasten-Staates. Anfang des 14. Jahrhunderts machte Brandenburg Erbrechte an Pomerellen geltend und geriet damit in Konflikt mit den Fürsten von Pommern und dem polnischen König. Dieser und Vertreter der Stadt riefen den Deutschen Orden zu Hilfe, der sich jedoch festsetzte. Die Stadt gedieh dadurch allerdings prächtig, wurde 1361 Mitglied der Hanse und zog immer mehr Leute aus Deutschland an. Als die Macht des Ordens sank, wechselte der Danziger Rat zum polnischen

B10
Zatoka Gdańska
Gdańsk
Brzeźno
Nowy Port
Twierdza Wisłoujście
Letnica
Wisłoujście
Ostrów
Kol. Praca
Sala BHP
Stare Miasto
Bazylika św. Mikołaja
Śródmieście
Muz. Narodowe
Biskupia Górka
Dolne Miasto
Stare Szkoty
Olszynka
Rudniki
Stogi
Pusty Staw
Wisła Śmiała
Jezioro Ptasi Raj
Martwa Wisła
Sobieszewo
Kanał Młynówka
Czarna Łacha
Wiślinka
Przejazdowo
Kanał Wirlki
Koszwały-Ostatni Grosz
Martwa Wisła (Tote Weichsel)
4,5
2,5
4,5
3,4
2,8
3,8
6,5
1,6
6,5
14
13
12
B11
B9
91
89
501
226
22366

Gdańsk, Neptunbrunnen

König als Schutzherrn. Mit der Zweiten Polnischen Teilung kam Danzig 1793 zum Königreich Preußen. Nach dem Sieg Napoleons machte dieser die Stadt und ihr Umland 1807 zur formal eigenständigen Republik, die vom Wiener Kongress 1815 wieder aufgelöst wurde.

Nach dem Ersten Weltkrieg wurde die Stadt mit mehreren Landkreisen zur Freien Stadt Danzig unter Aufsicht des Völkerbundes erklärt. Die außenpolitische Vertretung erfolgte durch Polen, das auch eine Teilhoheit über Eisenbahnen und den Hafen besaß, der besonders auch zum Auswanderungshafen für jüdische Menschen wurde. 1939 verleibte sich der Hitlerstaat das Gebiet ein und begann wenige Tage später, am 1. September 1939, mit den Schüssen von dem deutschen Kriegsschiff „Schleswig-Holstein" auf das polnische Munitionsdepot auf der Westerplatte den Zweiten Weltkrieg. Am selben Tag sagte Hitler im Deutschen Reichstag: „Seit 5:45 wird jetzt zurückgeschossen".

Als der Zweite Weltkrieg zu Ende ging, war die Stadt zertrümmert, ausgeraubt und in Brand gesteckt. Fast 90 Prozent der Innenstadt lag in Schutt und Asche. Die deutsche Bevölkerung wurde vertrieben und das Gebiet in die polnische Staatsverwaltung eingegliedert. Eine Glanztat ist die Wiederaufbauleistung, in der zahlreiche Baudenkmäler der Altstadt in Anlehnung an historische Vorbilder liebevoll rekonstruiert wurden.

Der älteste Teil Danzigs ist die so genannte Rechtstadt, in die von Westen her das 1574 erbaute Hohe Tor (Brama Wyżynna) mit den Wappen Polens, Danzigs und Preußens führt. Es folgt das Goldene Tor (Złota Brama) von 1612/1614 mit seinem reichen Figurenschmuck, bevor es in die alte Lebensader der Stadt geht, die Langgasse (Ulica Długa). Hier wohnten die wohlhabendsten Patrizier sowie die höchsten Beamten, und hier entstand im 14. Jahrhundert auch das Rathaus, das fortan immer wieder umgebaut und erweitert wurde. Sein 81 Meter hoher Turm bietet einen weiten Rundblick über die Stadt. Gleich dahinter beginnt der Lange Markt (Długi Targ) mit seinem Wahrzeichen, dem Neptunbrunnen.

Der Artushof hinter dem Brunnen war seit 1342 das Versammlungshaus der Kaufmannsgilde. Das zweite Gebäude vom Ende des 15. Jahrhunderts wurde 1616 im Renaissancestil umgebaut, enthält aber noch immer gotische Gewölbe und außerdem einen zwölf Meter hohen Renaissance-Kachelofen. Der Lange Markt wird vom Grünen Tor (Brama Zielona) abgeschlossen, das als repräsentatives Gästehaus geplant war und das ältere Koggentor ersetzte. Auf der Uferstraße an der Mottlau fällt in einiger Entfernung sofort das bekannteste Bauwerk Danzigs ins Auge, das Krantor aus der Mitte des 15. Jahrhunderts. Mit zwei Hebeeinrichtungen, die mittels Laufrädern bewegt wurden, konnten Schiffe mit Lasten von jeweils vier Tonnen be- oder entladen werden. Doch vor dem Krantor sind noch drei weitere Stadttore zu bewundern, die Zugang bieten zu den gleichnamigen Gassen. Brotbänkentor und -gasse (Chlebnicka) führen zum Großen Zeughaus mit seiner bunt-überladen wirkenden Fassade im Stil des Niederländischen Manierismus. Es beherbergt heute ganz zivil einen Supermarkt – was allerdings nicht jedermanns Geschmack ist.

Zu den schönsten Straßen Danzigs gehört die Frauengasse (Mariacka), zwischen dem gleichnamigen mittelalterlichen Tor und der Marienkirche. Hier sind die für die Stadt charakteristischen Beischläge vollständig erhalten, die die schmucken Bürgerhäuser vor Hochwasser schützen sollten. Die dritte in der Folge ist die Heiliggeist-Gasse, von der im Juli und August der Dominikanermarkt seinen Ausgang nimmt, durch den das touristische Treiben schier undurchdringlich wird. Sie führt vorbei an der Marienkirche, eine der weltweit größten Backsteinkirchen, die 25.000 Menschen Platz bietet. Sie hat zahlreiche Kunstschätze zu bieten, darunter eine astronomische Uhr von 1464 und die Orgel von ca. 1630.

Weiter in Richtung Norden schließt sich die Altstadt an, die trotz ihres Namens erst 150 Jahre nach der Rechtstadt (1370) die Stadtrechte erhielt. Sie war nicht so reich, bestand *aber lange Zeit eigenständig. Ein Grünzug (Podwale Staromiejskie) lässt noch heute erkennen, wo die trennende Mauer verlief. Hier sind nach dem Zweiten Weltkrieg nur die wertvollsten historischen Gebäude wieder aufgebaut worden. Dazu zählen die Katharinen-Kirche, das Rathaus und die Große Mühle aus dem 14. Jahrhundert, die heute zu einem Einkaufszentrum ausgebaut ist.*

Wer noch weiter nach Norden die Altstadt hinter sich lässt, gelangt vor das ausgedehnte Werften-Gelände. An der Einmündung der ul. Doki in die Jana z Kolna (Płac Solidarności Robotniczej) ist das 40 Meter hohe stählerne Denkmal für die getöteten Werftarbeiter nicht zu übersehen, das 1980 vor dem Tor 2 der damaligen Leninwerft eingeweiht wurde. Es gedenkt ausdrücklich der Ereignisse von 1970, was eine der Forderungen von Solidarność war. Es war von den Werftarbeitern selbst hergestellt worden und erinnert an die Opfer der Proteste im Dezember 1970, die, ausgelöst durch drastische Preiserhöhungen für Lebensmittel und Bedarfsartikel, mit mehr als 80 Toten und vielen Verletzten endeten. Die August-Streiks zehn Jahre später erbrachten außer dem Zugeständnis für das Denkmal die Zulassung der unabhängigen Gewerkschaft Solidarność.

Solidarnosc-Denkmal in Danzig

Bei der Enthüllung des Denkmals auf dem Platz vor der Danziger Leninwerft erklang am 16. Dezember 1980 vor 100.000 Menschen zum ersten Mal das Lacrimosa (später Teil des Polnischen Requiems) von Krzysztof Penderecki (1933-2020), das die Solidarność für dieses Ereignis in Auftrag gegeben hatte.

Freie Gewerkschaft Solidarność

Im Kalten Krieg spielte Danzig vor allem aufgrund der dort entstandenen Gewerkschaft eine besondere Rolle. 1980 entstand in der Danziger Leninwerft zunächst als Reaktion auf die Erhöhung von Fleischpreisen

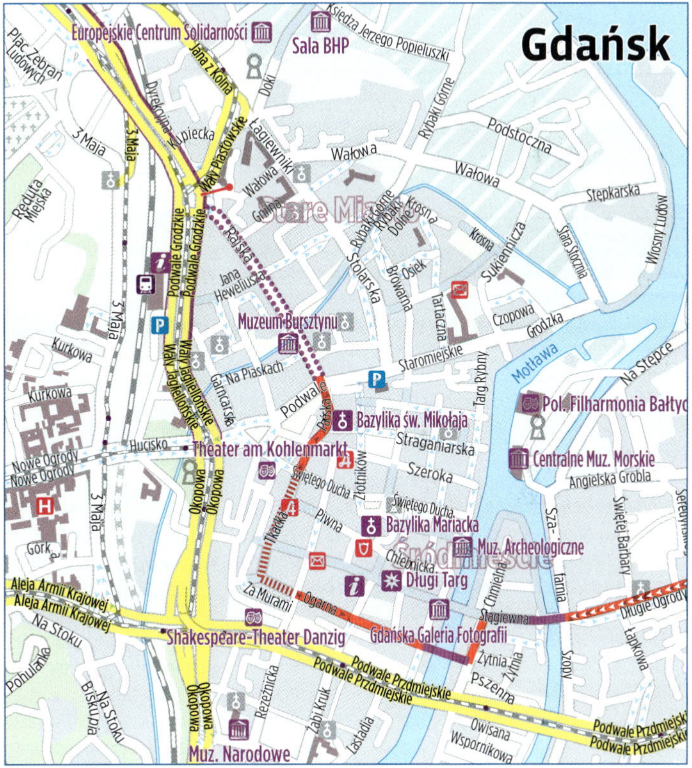

Sopot

eine Streikbewegung, die rasch erstarkte und sich zu einer generellen Widerstandsbewegung gegen das in Polen herrschende kommunistische Regime ausweitete. Schon bald zählte die Gewerkschaft unter Führung von Lech Wałęsa zehn Millionen Mitglieder, während die Polnische Vereinigte Arbeiterpartei Ende der 1970er Jahre nur auf etwa 2,5 Millionen Parteimitglieder kam.

Der Aufstieg der „Solidarność" beunruhigte die polnischen Machthaber zutiefst, so dass der Staats- und Parteichef, General Wojciech Jaruzelski, in der Nacht zum 13. Dezember 1981 das Kriegsrecht ausrief, führende Köpfe der Bewegung inhaftieren und die Solidarność 1982 schließlich ganz verbieten ließ. Es gelang der Gewerkschaft aber, ihre Tätigkeit im Untergrund fortzusetzen.

Als sich das Ende der Sowjetherrschaft über Osteuropa abzeichnete, war sie an den Gesprächen zwischen Regierung und Opposition beteiligt und wurde am 17. April 1989 wieder legalisiert. Als „Bürgerkomitee Solidarność" nahm sie am 4. Juni 1989 erfolgreich an den halbfreien Parlamentswahlen teil – nur 35 % der Sejm-Sitze standen zur Wahl – welche die Solidarność alle gewann.

*Mit Tadeusz Mazowiecki bekam Polen noch vor dem Fall des Eisernen Vorhangs am 24. August 1989 als erstes Land des Ostblocks einen nicht-kommunistischen Ministerpräsidenten. Am 9. Dezember 1990 gewann Lech Wałęsa (*1943) die Präsidentschaftswahlen und war bis 1995 der erste demokratisch gewählte Präsident von Polen nach dem Zweiten Weltkrieg.*

Von Gdańsk über Gdynia nach Hel — 24 km

Auf der östlichen Seite des Hauptbahnhofs (Gdańsk Główny) folgt man der Beschilderung, unterquert die Straße und gelangt auf den Radweg der rechten Seite der **Błędnik**, auf der man die Bahngleise überquert. Hinter der Brücke - die Ausschilderung mit EV 10 und 13 geht auf dem Radweg der stark befahrenen Błędnik weiter geradeaus - biegt man an der nächsten Ampel rechts ab in die **Kolejowa** und fährt möglichst nahe parallel zur Bahnlinie durch den Park. Wenn man fast wieder an der Hauptstraße ist und die Kräne sieht, biegt man vor einer schönen Allee scharf rechts ab. An der Bahntrasse hält man sich links und biegt an deren Ende rechts ab in die **Aleja Generała Józefa Hallera** **14**. Man unterquert die Bahntrasse entlang der Straßenbahnschienen immer geradeaus und erreicht das Ufer der Ostsee, wo sich auf der östlichen Seite die Westerplatte befindet.

Westerplatte-Denkmal in Danzig

Westerplatte

Mit dem Beschuss des polnischen Munitionsdepots auf der Danzig vorgelagerten Halbinsel begann am 1. September 1939 der Zweite Weltkrieg. Am selben Tag sagte Hitler im Deutschen Reichstag: „Seit 5:45 wird jetzt zurückgeschossen".

Die Schüsse kamen von dem sich auf Freundschaftsbesuch befindenden deutschen Schulschiff „Schleswig-Holstein". Die 200 Mann starke polnische Wachmannschaft verteidigte sich trotz der militärisch aussichtslosen Lage sieben Tage lang.

Das 1966 errichtete Denkmal steht auf einem 22 Meter hohen von Weitem gut sichtbaren künstlichen Hügel und erinnert an die „Helden der Westerplatte". Es ist 25 Meter hoch und besteht aus 236 Granitblöcken.

15 Am Ostseeufer biegt man links ab in den Radweg an der Küste entlang. Am Strand kann man bei heftigem Sturm Menschen begegnen, die nach Bernstein fischen.

Bernstein

Bernstein, das Gold der Ostsee, ist das Harz von Nadelbäumen aus dem Tertiär, das sich im Lauf von Jahrmillionen verhärtet hat. Der Name „bernen“ ist das niederdeutsche Wort für „brennen“. Das „Gold des Nordens“ liegt viele Meter tief im Meeresboden und kleine und große Brocken werden bei starkem Sturm ans Ufer getragen. Bernsteine mit eingeschlossenen Insekten oder Eidechsen sind ein Vermögen wert.

Auf einem ausgeschilderten wunderbaren Radweg durch den Wald am Strand entlang erreicht man die Seebrücke von Sopot, wo auf einem kurzen Abschnitt im Sommer das Radeln verboten ist.

Sopot (PL)

- **Informacja Turystyczna**, Plac Zdrojowy 2, ✆ 790280884, @ kkl463
- **Informacja Turystyczna**, ul. Dworcowa 4, ✆ 733535205, @ mbj851
- **Żegluga Gdańska**, ✆ 606686306. Fähre nach Gdynia, Jastarnia, Danzig, Westerplatte oder Hel. @ pyg166
- **Grodzisko (Archäologisches Freilichtmuseum)**, ul. Haffnera 63, ✆ 583406600 In der mittelalterlichen Burg finden im Sommer Feste zu verschiedenen historischen Themen statt. @ gki785
- **Muzeum Sopotu (Geschichtsmuseum)**, Księcia Józefa Poniatowskiego 8, ✆ 585515031. In den Räumen der Villa befindet sich eine Dauerausstellung zum Leben des frühen 19. Jhs. @ tyw214
- **Opera Leśna (Waldoper)**, ul. Stanisława Moniuszki 12, ✆ 585558400. In den Sommermonaten finden hier Konzerte und Musikfestivals statt. @ kft786
- **Polska Filharmonia Kameralna (Kammerphilharmonie)**, ul. Moniuszki 12. Tickets unter ✆ 5558421. @ wdj263
- **Krzywy Domek (Schiefes Haus)**, ul. Monte Casino 53. Das Gebäude mit den „welligen Wänden“ wurde nach den Zeichnungen zweier Maler 1993 erbaut. @ bum251

Molo. Die 511,5 m lange hölzerne Mole (Molo) stammt aus dem Jahre 1925. @ mfu416

Aquapark, ul. Zamkowa Góra 3-5, ✆ 585558554, @ igy814

Die an der Danziger Bucht gelegene polnische „Sommerhauptstadt" bildet zusammen mit Gdańsk und Gdynia den dreistädtischen Ballungsraum Trójmiasto. Während in den beiden Nachbarstädten vor allem Handel, Industrie und Häfen von Bedeutung sind, profitiert Sopot als Kurstadt vornehmlich vom Tourismus.

Als kleines Fischerdorf gehörte Zoppot von 1283 bis 1807 zur Hansestadt Danzig, die 1308 an den Deutschordensstaat Preußen gefallen war und 1466 unter Beibehaltung ihrer Souveränität an Preußen ging. Im Zuge der zweiten Teilung Polens fielen Danzig und Zoppot 1793 an das Königreich Preußen.

1823 gründete der elsässische Arzt Johann Georg Haffner den ersten Strandbadbetrieb mit Kursanatorium. Zoppot war als Kurort für Erholungssuchende gut geeignet, weil bewaldete Höhenzüge den Ort vor Nord- und Westwinden schützen, die Luft milde und mückenfrei ist und das Meerwasser in der Danziger Bucht etwas wärmer und weniger salzig ist als im westlichen Teil der Ostsee. Seit Aufnahme des Kurbetriebs entwickelte sich Zoppot stetig zu einem mondänen Seebad.

Gdynia, Dar Pomorza

Von 1871 bis 1920 gehörte die Stadt zum Deutschen Reich, das ihr ab 1902 die Annahme der Städteordnung gestattete. Es gab ein Gymnasium, eine kleine evangelische Kirche, eine Pferderennbahn, eine Radrennbahn und ein Spielkasino. Von 1924 bis 1927 wurde nördlich des Großen Seestegs das inzwischen in Grand Hotel umbenannte luxuriöse Kasinohotel erbaut, das heute noch das Strandbild prägt.

Vom 1. September 1939 bis 23. März 1945 war Zoppot als Bestandteil der Freien Stadt Danzig aufgrund (völkerrechtswidriger) Annexion vom nationalsozialistischen Deutschland besetzt. Nach der Eroberung durch die Rote Armee wurde es unter die Verwaltung des polnischen Staates gestellt und in Sopot umbenannt. Die deutsche Bevölkerung wurde größtenteils vertrieben bzw. später ausgesiedelt.

Weil Zoppot im Zweiten Weltkrieg nur zu 10 % zerstört wurde, ist das Stadtbild durch die Bebauung aus dem 19. und dem frühen 20. Jahrhundert sowie Kureinrichtungen geprägt.

Auf dem ausgeschilderten Radweg geht es nach Gdynia. Wenn ein Schild auf einen 1.100 Meter entfernten Fahrrad-Rastplatz hinweist, folgt man der Ausschilderung nach links. **16** Bei den Parkplätzen folgt man der **Powstańców Warsawy** nach links und biegt dann rechts ab in die **Jana Herzoge Haffnera**. In der Linkskurve geht es am Hotel Maryla geradeaus in die **Sępia**, der man bis zur **Aleja Niepodległości (468)** folgt, in die man rechts abbiegt. Etwa 300 Meter vor der links abbiegenden Bernadowska geht es rechts ab in den Radweg oberhalb der Steilküste am Strand entlang.

TIPP **Die ausgeschilderte Route geht weiter an der 468 entlang bis Gdynia, wo man rechts abbiegt in die 10 Lutego und die Fähre nach Hel erreicht.**

Wenn es geradeaus zu einem großen Hotelkomplex geht, biegt die beschriebene Route rechts ab entlang der Steilküste. Vor dem Fluss geht es ebenfalls rechts ab und man radelt über eine wunderschöne Brücke über den Potok Kolibkowski und hält sich rechts am Strand entlang. Man erreicht die Seebrücke von Orłowo, wo man links abbiegt bergauf in die **Orłowska**. Rechts ab geht es dann in die **Spacerowa** am Fluss entlang und an deren Ende rechts ab in die **Powstania Styczniowego**.

Am Krankenhaus geht es links ab in die **Powstań Chłopskich**, die auf die **Legionów** führt, in die man links einbiegt. Es geht immer geradeaus bis zur **aleja Piłsudskiego**, in die man rechts einbiegt und bis zum Strand radelt. **17** Dort geht es links ab und am Strand entlang erreicht man das Wahrzeichen von Gdynia, die große Mole.

Gdynia (PL)

Informacja Turystyczna, ul. 10 Lutego 24, ✆ 586223766, @ soa168

Żegluga Gdańska, al. Jana Pawła II, Skwer Kościuszki, ✆ 586202642. Fahrten nach Sopot, Jastarnia, Gdańsk oder Hel. @ ytn342

Błyskawica-Okręt Muzeum, al. Jana Pawła II, ✆ 586201381 Der ehemalige Zerstörer beherbergt seit 1976 ein Marinemuseum. @ bbg284

Muzeum Marynarki Wojennej (Marinemuseum), ul. Zawiszy Czarnego 1b, ✆ 586201381 Militaria vom 16. bis ins 20. Jh. werden im

Museum und auf dem Freigelände gezeigt. @ eon535

Muzeum Miasta Gdyni (Stadtmuseum), ul. Zawiszy Czarnego 1, ✆ 586620955, ✆ 58662091 Gezeigt wird eine Ausstellung zur Stadtgeschichte. @ jan717

Centrum Nauki Experyment, al. Zwycięstwa 96/98, ✆ 585004994, ✆ 509429017. Experimentierlabor für kleine und große Entdecker. Mit 200 interaktiven Ständen und Wechselausstellungen. @ dba541

Dar Pomorza, Skwer Kościuszki, ✆ 586202371. Die 1909 gebaute weiße Fregatte wurde bis 1982 als Segelschulschiff genutzt und kann heute besichtigt werden. @ iip228

Kolejka na Kamienną Górę. Die kostenlose Seilbahn bringt Sie auf die obere Terrasse von Kamiennej Góry. Hier befindet sich ein Park und ein Amphitheater.

Skwer Kościuszki. Der Kościuszki Platz geht über in die 600 m lange Mole, dekoriert unter anderem mit der Statue des in Polen geborenen Schriftstellers Joseph Conrad.

Akwarium Gdyńskie (Aquarium), al. Jana Pawła II 1, ✆ 587326620 Zu sehen sind sowohl tropische als auch heimische Fische. @ fku487

Bulwar Nadmorski. Die Strandpromenade führt auf einer Länge von 1,5 km entlang der Küste.

Der frühere Fischerort Gdynia bildet mit den Städten Sopot und Danzig die sogenannte Dreistadt (Trójmiasto) mit über 750.000 Einwohnern. Der Industriehafen sowie die großen Werftanlagen kennzeichnen diese aufstrebende Metropole, die erst in den 1930er Jahren des vorigen Jahrhunderts zu ihrer Größe von einer viertel Million Einwohnern anschwoll. 1920 lebten hier nur etwas über tausend Menschen! Begünstigt wurde die Entwicklung durch den massiven Ausbau des Hafens (1920-36), nach der Errichtung des Polnischen Korridors, der der Zweiten Republik Polen gemäß dem Versailler Vertrag einen zusätzlichen Zugang zum Meer sichern sollte..

Gedenktafel für deutsche Kriegsopfer

Am 30. Januar 2010 hat der katholische Pater Edward Pracz zusammen mit evangelischen und jüdischen Geistlichen in der Seemannskirche von Gdynia eine zweisprachige Gedenktafel eingeweiht. Vor 65 Jahren hatten in den letzten Kriegsmonaten sowjetische U-Boote die deutschen Flüchtlingsschiffe „Gustloff", „Steuben" und „Goya" mit Torpedos in der Ostsee versenkt. Dabei kamen mehr als 10.000 Menschen ums Leben.

Von hier aus kann man – ebenso wie von Gdańsk oder Sopot – mit der Fähre zur Halbin-

sel Hel übersetzen und dabei auch das Fahrrad mitnehmen. Man erspart sich damit die Route durch die Industrie- und Hafengebiete von Gdynia und Rumia.

Halbinsel Hel

Die 34 Kilometer lange Landzunge mit einer Breite von 200 bis 3.000 Metern entstand aus einer Kette kleiner Inseln, die sich hier im 18. Jahrhundert befanden. Nach und nach verfüllten sich die Lücken durch den Sandtransport der Ostsee gen Osten. Es bildete sich jedoch kein geschlossenes Haff, sondern eine Nehrung.

Beim deutschen Überfall auf Polen 1939 gehörte die Halbinsel zu den am längsten und heftigsten umkämpften Kriegsschauplätzen. Während ihrer Belagerung vom 9.9. bis 2.10.1939 verlor die angreifende Luftwaffe etwa 50 Flugzeuge.

Die Landzunge ist heute vom Tourismus geprägt, zumal sie zwei sehr unterschiedliche Strände aufweist: der breitere Strand liegt im Norden, der schmalere und meist wärmere im Süden, der zu einem Mekka für Kitesurfer geworden ist.

Hel (PL)

Informacja Turystyczna, ul. Kuracyjna 26, ✆ 666871622, @ lpe652

Fischereimuseum in Hel

Żegluga Gdańska, ✆ 604646969. Fähre nach Gdańsk, Sopot oder Gdynia. @ wms638

Muzeum Obrony Wybrzeźa (Militärmuseum). Die aus dem Zweiten Weltkrieg stammende Anlage hatte mit Kaliber 406 mm und einer Reichweite von 56 km die damals weltweit größte stationäre Geschützanlage. Bei einem Rundgang durch die Anlagen lernt man auch etwas über die historische Bedeutung der Halbinsel Hel. @ nqf852

Muzeum Rybołówstwa (Fischereimuseum), Bulwar Nadmorski 2, in der ehemaligen St.-Peter-und-Paul Kirche, ✆ 586750552 Ausstellung zur Geschichte des Fischfangs in der über die Jahrhunderte mehrmals wieder aufgebauten Kirche, die seit 1959 als weltliches Gebäude genutzt wird. Der 21 m hohe Aussichtsturm kann auch bestiegen werden. @ soy727

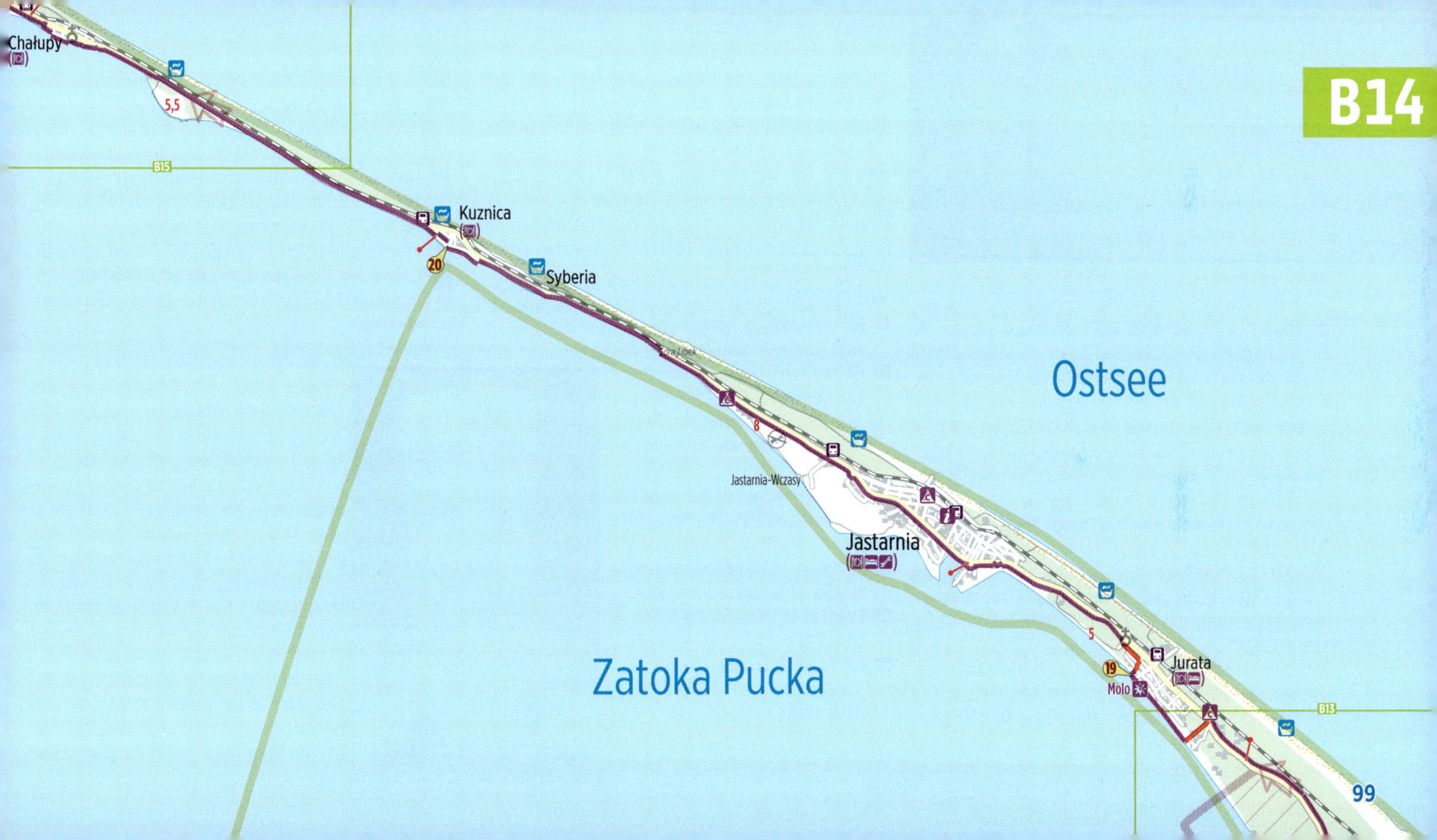

B14
Chałupy
5,5
B15
Kuznica
20
Syberia
Ostsee
8
Jastarnia-Wczasy
Jastarnia
5
19
Jurata
Molo
B13
Zatoka Pucka
99

Radweg westlich von Jastarnia

Latarnia Morska, ul. Bałtycka 4. Der in den 1940er Jahren errichtete achteckige und 41,5 m hohe Turm kann im Sommer bestiegen werden.

Fokarium w Helu (Robbenstation), ul. Morska 2, ✆ 586750836. Im meerwassergespeisten Robbenbecken züchtet die Universität Danzig die in diesem Teil der Ostsee ausgestorbene Kegelrobbe. @ jwm641

Der gleichnamige Ort an ihrer Südspitze war von Polen zwischen den Kriegen zu einem befestigten Gebiet ausgebaut worden. Hier wurde 1939 den deutschen Angriffen am längsten standgehalten. Seit der Aufhebung der Sperrzone 1990 können die Reste der Küsten- und Flak-Batterien besichtigt werden, die zu einem beliebten Abenteuerspielplatz geworden sind.

Von Hel nach Karwia 53 km

In der Ortschaft Hel gelangt man von der Fähre direkt auf die verkehrsberuhigte **Wiejska** mit vielen Souvenirläden und Cafés, in die man links einbiegt. Rechts geht es zum schönen Sandstrand und zu den verlassenen Militäranlagen.

Danach radelt man am Park mit den Musikskulpturen und am Bahnhof vorbei entlang der **Dworcowa**. **18** Man überquert das Bahngleis und radelt auf dem ausgeschilderten und sehr fahrradfreundlichen etwas hügeligen **R 10** weiter.

Kurz vor **Jurata** geht es ausgeschildert links ab. **19** Nachdem man die Seebrücke überquert hat, geht es dann auch wieder rechts ab zur Hauptstraße, in die man links einbiegt.

Man radelt durch **Jastarnia**, wo es eine Fahrradwerkstatt gibt, und erreicht **Kuźnica** **20**, wo man einkehren und übernachten kann. Hinter **Chałupy** ist der Radweg dicht an der Straße, weil der Küstenstreifen kilometerlang von Campingplätzen besetzt ist, und man erreicht Władysławowo.

Władysławowo (PL)

Biuro Informacji Turystycznej, ul. Towarowa 8. (in den Sommermonaten Juli, Aug. geöffnet) @ omb173

Muzeum Motyli (Schmetterlingsmuseum), Generała Hallera 19, ✆ 502329066 In einer Ausstellung werden Schmetterlinge und exotische Insekten aus aller Welt präsentiert. @ hmy638

Kośc. pw. Wniebowzięcia NMP (Maria-Himmelfahrt-Kirche). Mit schönen Fenstermosaiken.

Dom Rybaka. Vom Rathausturm aus kann man den Blick auf die Halbinsel Hel genießen.

Ocean Park, ul. Zwirowa 23, ✆ 606695125, @ kwb863

Port Rybacki. Im Hochseefischereihafen kann man diverse Kutter für Angelfahrten auf der Ostsee mieten.

Der Ort, 1938 benannt nach dem König Władysław IV. Wasa, ist nicht nur ein sehr beliebter Ferienort, sondern beherbergt auch den größten Fischereihafen des Landes.

Gedenkstein bei Dębki

21 In Władysławowo biegt man rechts ab in die **Portowa** und dann links ab in die **Szkutników**. An deren Ende links in die **Polskiego** und dann rechts ab in den Radweg vom Park. Man überquert das Bahngleis und radelt weiter auf dem Radweg parallel zur **215** über **Chłapowo** nach **Rozewie**

TIPP: Hinter Chłapowo sind bei „Wejście 16" (Strandzugang Nr. 16) die bewachsene Steilküste und das Fundament eines Geschützes (BAS 34) der Bauart wie auf Hel und in Gdynia zu besichtigen.

Kap Rozewie (Rixthöff)

Direkt hinter dem Eingangsschild von Jastrzębia Góra geht es rechts ab zum Kap Rozewie, dem zweitnördlichsten Punkt von Polen. Es schmückt sich mit einem Leuchtturm, der auch ein Leuchtturm-Museum beherbergt. Die dortige Steilküste hat eine Höhe von 33 Metern.

Die dünn besiedelte Gegend hat noch einige Traditionen der Kaschuben bewahrt, eines westslawischen Volkes mit eigener Sprache, die sich gegenüber dem Polnischen allerdings nur mühevoll behauptet. Berühmt sind die bunten Trachten, die an Festtagen noch zu sehen sind.

Auf dem Radweg der 215 radelt man weiter, biegt links in die **Uzdrowiskowa** und dann ausgeschildert rechts ab in die **Wiejska**. Diese Umfahrung ist nötig, weil in Tupadła die alte

B15
Ostsee
Jastrzębia Góra
Jastrzębski
Kap Rozewie
Tupadły
Łebski Źleb
3,4
2
B16
Żarnowczyska
Klif Chłapowski "Rudnik"
Klif Chłapowski
215
Mieroszyno Wybudowanie
Czarny Młyn
Chłapowo
Cetniewo
4,5
Władysławowo
Port Rybacki
Muz. Motyli
Mieroszyno
Łyśniewo
OceanPark
21
22
Strzelno
Podzernino
Sosnowo
7
Łebcz Pustki
Łebcz Dana
216
Podgóry
Łebcz
Orla Góra
30
Swarzewo
Chałupy
B14
5,5
Starzyński Dwór
Klif Swarzewski

B16

Ostsee
Kamień Wersalski
Ujście Piaśnicy
23
Dębki
Dębkowskie Łąki
3,6
Nadmorski Park Krajobrazowy
4,5
5,5
Karwieńskie Błota II
2,4
Ujście Czarnej Wody
Karwia
3
Wybudowania Karwi
1,4
Karwienskie Błota I
Ostrowo
5
Ostrowo Pustki
Jastrzębia Góra
Klif Jastrzebski
Tupadły
22
B15
Żarnowczyska
Czarny Młyn
B17
Piaśnica
Goszczyno
Szary Dwór
Dmuchowo
Odargowo
Lętowice
Parszczyce
Sławoszynko
Sławoszyno
Ameryka
Parszkowo
Czarna Woda
Opactwo Benedyktynek
Żarnowiec
Goszczyno
213
215
102

Ostsee
B17
Rezerwat Babnica
Rezerwat Białogóra
Ujście Piaśnicy
Kanał Białogórski
Białogóra
B16
Osieczki
9
9
7,5
3
24
Szklany Las
L. Szklana Huta
Lubiatowo
Długi Wał
30
Gajówka
Kopalino
Wierzchucino
213
Słuchowo
Brzyno
Prusewo
Biebrowo
B18
Osieki Lęborskie
stillgelegt
Słajszewo
Jackowo
Kierzkowo
Lublewo Lęborskie
Kierzkowo Małe
Lublewko
213
Ciekocino

Reste erinnern an den Kalten Krieg

Straße mit Kopfsteinpflaster ohne Radweg unter Denkmalschutz steht. **22** An deren Ende biegt man rechts ab in die **Pucka**. Danach geht es ausgeschildert links ab in die **Zarnowcowa**, man überquert den Kanal Czarna Woda und fährt rechts ab am Kanal entlang auf dem asphaltierten Radweg bis Ostrowo

TIPP **Die ausgeschilderte Route geht links ab in die Plażowa, dann rechts ab in die Karwieńska, geradeaus auf die 215 und biegt dann rechts ab in die Plażowa. Dann geht es in Karwia links ab in die Wczasowa und an deren Ende rechts ab zum Radweg am Strand entlang.**

Die beschriebene Route geht weiter geradeaus gut befahrbar bis zur 215, biegt dann links ab in den Waldweg und erreicht die 215 wieder in **Karwia**.

Von Karwia nach Łeba *46 km*

Auf der **Wojska Polskiego (215)** geht es weiter geradeaus, man quert am Ende von Karwia den Kanal und radelt auf einem Waldweg an der Küste entlang.

An der Promenade in **Dębki**, wo es Läden und einen Kiosk gibt, folgt man der Ausschilderung für den Radweg. **23** Hinter dem Ort fährt man an der Schranke vorbei, dann links weiter und überquert nach 200 Metern auf einer Holzbrücke die Piaśnica. Hinter der Brücke erinnert ein Gedenkstein (Kamień Wersalski) an "Versailles 28.6.1919", in dem an dieser Stelle die deutsch-polnische Grenze neu festgelegt wurde.

Nach einem halben Kilometer geht es halb links den gut befahrbaren Waldweg hoch, auf dem man mit einigen sandigen Stellen **Białogóra** erreicht. Dort biegt man links in die **Szkolna** und dann rechts ab in die **Kościelna**.

Es geht links in die **Zawiszewsskiego** und dann rechts ab in die **Lubiatowska**. Man passiert einen Campingplatz, radelt auf einem gut befahrbaren nicht asphaltierten Weg durch den Wald und erreicht nach einer Rechtskurve **Osieczki**. Dort biegt man links ab. Vor dem Campingplatz Szklana Huta biegt man rechts ab und stößt auf die **Spacerowa**, in die man links einbiegt und **Lubiatowo** erreicht, wo das erste Atomkraftwerk von Polen gebaut werden soll.

24 Dort biegt man rechts in die **Bałtycka**, an deren Ende ausgeschildert links ab in den nicht asphaltierten Waldweg und erreicht **Osetnik**.

AUSFLUG Wer zum etwa 700 Meter entfernten Leuchtturm kommen möchte, nimmt am besten den Fußweg vom Parkplatz. Die Auffahrt mit dem Fahrrad ist aufgrund des sandigen Weges sehr mühsam. Nach einigen Schiffshavarien wurde 1905 auf einer aufgeforsteten Düne der Leuchtturm Stilo gebaut. Er steht 80 Meter über dem Meeresspiegel und bietet einen imposanten Weitblick.

VARIANTE Wer auf der nördlichen Seite vom Sarbsko-See durch den Słowiński Park radeln möchte, zwischen Mai und September ist der Eintritt kostenpflichtig, biegt rechts ab

Wanderdüne bei Łeba

in die Latarników und fährt weiter geradeaus. Später biegt man links ab und passiert einen großen Sandberg. Es geht weiter geradeaus parallel zum Chełst-Fluss und man folgt dem manchmal sandigen R 10 am Ufer vom Sarbsko-See entlang. An einem ehemaligen Militärgelände stößt man auf die asphaltierte Nadmorska, die links ab in die Polskiego und nach einer Rechtskurve in die Morska übergeht. An deren Ende biegt man links ab in die Tadeusza Kościuszki, überquert den Chełst-Fluss und biegt rechts ab in die 11 Listopada. An deren Ende geht es links ab zum Bahnhof von Łeba.

25 Die ausgeschilderte Route geht links ab in die **Cisowa** und nach der Linkskurve rechts ab in die **Leśna**. Wer Sasino besuchen möchte, fährt weiter geradeaus.

Sasino (PL)

Das Gut Sasino kam 1823 an die Familie Ramsow, die das morastige Gebiet südlich des Dorfes entwässern und einen Hof mit Herrenhaus bauen ließ. Nach einigen Besitzwechseln fiel es 30 Jahre vor Ende des Ersten Weltkriegs an die Familie Jungow, die den Schlossbau mit gutem Geschmack modernisierte. Dieser ging 1945 in den Besitz der sowjetischen Armee über und wurde nach drei Jahren völlig verwüstet wieder verlassen. Danziger Firmen, die das Anwesen als Feriendomizil nutzten, sorgten für die Rekonstruktion, bevor es nach dem Fall des Eisernen Vorhangs in Privateigentum überging.

Auf der Leśna geht es geradeaus in die **Gajowa**, auf der man **Ulinia** erreicht. Dort radelt man geradeaus weiter nach **Sarbsk**, wo man rechts abbiegt in die **Jeziorna** **26**. Nach der Linkskurve geht es geradeaus weiter in die **Lipowa** und man erreicht **Nowęcin**. Dort geht es rechts ab in die **Łebska**, folgt ihr nach der Linkskurve, radelt auf der **Nowęcińska** über den Kreisverkehr, biegt links ab in die **plac Dworcowy** und erreicht den Bahnhof von Łeba.

Łeba (PL)

- **Informacja Turystyczna**, ul. 11 go Listopada 5a, ✆ 790883354, @ arg653
- **Illuzeum**, ul. Kościuszki 67, ✆ 502329066 (7d) Museum mit interaktiver Ausstellung zum Thema Optik und Physik. @ dcm575
- **Kośc. sw. Jakuba Apostola**. Moderner Kirchenbau mit Gewölbedecken und Turm.
- **Kościół Wniebowzięcia Najświętszej Maryi Panny**, ul. Powstanców Warszawy 28. Die Kirche wurde im Jahr 1683 erbaut. Ein Teil des Baumaterials stammt aus der St.-Nikolaus-Kirche. Im Inneren befindet sich ein Gemälde des deutschen Malers Max Pechstein.
- **Ruiny kośc. św. Mikolaja (St. Nikolaus)**. Die Kirchenruine ist das letzte Überbleibsel des alten Stadtstandortes.
- **Łeba Labyrinth**, Wspólna, Mai-Sept., tägl. 10-20 Uhr. Das Hauptlabyrinth aus Koniferen umfasst eine Fläche von ca. 5000 m². Sie ist die Hauptattraktion des Parks. Daneben gibt es noch verschiedene kleine Labyrinthe und Spielangebote für Kinder. @ cwo215
- **Łeba Park**, ul. Kolonijna 24, ✆ 600145300. Auf der etwa 40 ha großen Fläche des Dinosaurierparks befinden sich neben lebensgroßen Modellen auch ein Minizoo, eine Minigolfanlage und Kinderspielplätze sowie weitere zahlreiche Attraktionen. @ son212
- **Wydma Łącka (Riesendünen)**. Die Wanderdünen (Góry Białe) befinden sich ca. 9 km westlich von Łeba. Die Lontzekedüne (Łącka Góra) erreicht eine Höhe von etwa 42 m. Die höchsten Dünen Hinterpommerns sind die „Kleinen Wollsäcke", mit einer Höhe von fast 56 m.

Das Städtchen Łeba ist durch seine exponierte geografische Lage immer wieder in existenzielle Schwierigkeiten gekommen. Schwere Sturmfluten richteten Zerstörungen an und verlagerten die Mündung des gleichnamigen Flusses nach Osten. In dieselbe Richtung drängten die riesigen Wanderdünen, die heute eine touristische Attraktion darstellen. 1570 musste das alte Siedlungsgebiet aufgegeben werden, um zwei Kilometer weiter östlich einen Neuaufbau zu wagen. Ein Mauerrest der ehemaligen Nikolaikirche direkt am Meeresufer zeugt noch davon. 200 Jahre später wurde ein großer Hafen angelegt, der die Stadt zu einem wichtigen Umschlagplatz machte.

Seit dem 19. Jahrhundert entwickelte sie sich aber auch zu einem beliebten Ostseebad. Die zum Słowiński Nationalpark gehörenden Wanderdünen (Góry Białe) auf der Nehrung besucht man am besten mit einem elektrisch betriebenen Bähnchen, weil die Strecke häufig verweht ist.

In den Dünen kann man auch ein Raketenversuchsgelände besichtigen, das im Zweiten Weltkrieg für die Deutsche

Wehrmacht eingerichtet (Fernrakete „Rheinbote“) und später von der polnischen Armee weiterbetrieben wurde (Höhenforschungsrakete „Meteor“).

Bekannt ist Łeba auch durch die expressionistischen Bilder des Malers Max Pechstein (1881-1955), die er während seiner Sommeraufenthalte hier malte.

Von Łeba nach Ustka 64 km

In Łeba radelt man vom Bahnhof auf der **plac Dworcowy** nach Norden und biegt links ab in die **Henryka Sienkiewicza**.

Ausflug zu den Riesendünen 5 km

Zu den Riesendünen fährt man weiter geradeaus über den Łeba-Fluss, biegt dann links ab in die **Rąbka** zu dem gleichnamigen Ort und gelangt dann zu den Riesendünen im Nationalpark. Die Weiterfahrt nach Smołdziński Las auf der nördlichen Seite vom Łebsko See kann man nicht empfehlen, weil man dann etwa 15 Kilometer am sandigen Ostseeufer entlang meistens das Fahrrad schieben muss. Es wäre eine wunderbare Route, wenn dieser Abschnitt fahrradfreundlich saniert würde, wobei eine Asphaltierung nicht nötig ist.

Słowiński Park Narodowy

Der größte Park des Landes entstand 1967 und wurde 1977 zum UNESCO Biosphärenreservat erklärt. Zu seinem Schutzgebiet gehören der Łebsko See, der drittgrößte See Polens, sowie der Gardno See. Beide sind durch Nehrungen - der

B21

Abtrennung einer Bucht vom Meer durch angespülten Sand - entstanden und je nach Wetterlage mit salzigem Wasser gefüllt. Die Kombination zwischen den durch die teils bizarre Baumwelt blitzenden Wasserflächen und den imposanten Dünen macht den Nationalpark, in dem alle touristischen Wege für Radelnde zugänglich sind, zu einem ungeahnten Naturerlebnis.

Im Słowiński Nationalpark befindet sich auch die Łącka Góra (Lantzkedüne), eine der letzten wandernden Küstendünen Europas. Sie ist mit 42 Metern zwar die höchste, größer ist allerdings eine weitere Düne im Gebiet, die eine Fläche von 300 Hektar umfasst. Die Dünen bewegen sich jährlich im vorherrschenden Westwind bis zu zehn Meter und begraben alles unter ihren Sandmassen. Dafür entsteht hier eine selten zu findende wüstenartige Vegetation, die vielen geschützten Küstentieren eine Heimat gibt.

27 Die EV 13 biegt von der Henryka Sienkiewicza links in die **Aleja świętego Mikolaja** und dann rechts ab in die **Wspólna**. Man überquert den Kanal, radelt weiter geradeaus bis zum Łeba-Fluss und dann am Seeufer entlang nach **Żarnowska**.

Dort biegt man vor dem Kanał Żarnowski links ab, überquert ihn später und erreicht auf dem tief sandigen Weg **Gac**. Dort biegt man links ab, **28** überquert den Łeba-Fluss und erreicht **Izbica**, wo man die sich imposant erhebenden Riesendünen des Słowiński Nationalparks sehen kann.

TIPP **Die ausgeschilderte EV 13 ist vom Belag her fahrradfreundlich, hat aber einen weiten Umweg und geht nicht durch Kluki mit dem Freiluftmuseum. Sie biegt in Izbica links ab nach Główczyce und danach auf der stark befahrenen 213 nach Chócmirówko. Dort geht es rechts ab über Wierzchocino, Smoldzino, Gradna Wielka und Lódki nach Rowy.**

Der kürzere und beschriebene Weg hat einige fahrradunfreundliche Abschnitte. Er geht von Izbica geradeaus (gelber PTTK-Touristenweg) über **Lisia Góra** nach **Kluki** mit einigen stark sandigen Stellen, wo man schieben muss. Auch auf dem matschigen Weg in einem Birkenwald kommt man nur schlecht voran, wenn es auch vereinzelt notdürftige Holzstege gibt.

Auf dem ausgeschilderten Plattenweg biegt man rechts ab und erreicht Kluki.

Kluki (Smołdzino) PL

Muzeum Wsi Slowinskiej w Kllukach (Slowinzisches Freiluftmuseum), Kluki 27, ✆ 598463020 Traditionelles Brotbacken an den Wochenenden im Sommer. @ rrp583

Dünen bei Rowy

Das Slowinzische Freiluftmuseum Kluki zeigt das Leben der Slowinzen im 18. und 19. Jahrhundert. Das mittlerweile als ausgestorben geltende westslawische Volk mit seiner eigenen Sprache war - im Gegensatz zu den angrenzenden Kaschuben - protestantisch sowie teilweise deutschsprachig und betrieb überwiegend Ackerbau, Fischerei und Torfgewinnung. Nach ihnen wurde auch der Slowinzische Nationalpark benannt. Das Museum wird seit seiner Eröffnung 1963 kontinuierlich ausgebaut und das aus ursprünglich drei Bauernhöfen bestehende Gelände ist auf über 20 Objekte - darunter sieben komplette Bauernhöfe - angewachsen. Auch heute noch werden aufgegebene traditionelle Fachwerkhäuser mit den typischen Schilfdächern aus der Umgebung dort wieder aufgebaut.

29 In Kluki biegt man links ab, passiert das Freiluftmuseum und radelt über **Łokciowe** nach **Smołdziński Las**, wo man den Leuchtturm von Czolpino sehen kann.

AUSFLUG Wer den Leuchtturm besuchen möchte, biegt am Ortsausgang rechts ab. Er ist in der Saison täglich geöffnet und bietet einen wunderschönen Blick über die Dünen des Slowinzischen Nationalparks.

Die beschriebene Route geht hinter Smołdziński Las weiter geradeaus. Wer Smołdzino besuchen möchte, biegt links ab.

Smołdzino (PL)

Biuro Informacji Turystycznej, ul. Kościuszki 3, ✆ 588117215, @ auq218

Słowiński Park Narodowy (Nationalparkverwaltung), ul. Bohaterów Warszawy 1A, ✆ 598117204, @ nru784

Das Straßendorf Schmolsin wurde 1281 zum ersten Male urkundlich erwähnt, kam 1852 in den Besitz der Hofkammer und wurde 1910 von Kaiser Wilhelm II. besucht.

Die 1632 errichtete evangelische Dorfkirche wurde im 19. Jahrhundert mit einer reichhaltigen Innenausstattung vergrößert und erhielt auch einen Turm. Nach 1945 wurde sie zugunsten der katholischen Kirche enteignet und Trójcy Świętej (Hl. Dreifaltigkeit) genannt. Nach Ende des Zweiten Weltkriegs erhielt das Dorf den Namen Smołdzino.

30 Vor dem Ausgangsschild von **Smołdziński Las** geht es kurz nach der Linkskurve rechts ab in einen nicht asphaltierten, aber gut befahrbaren Weg, ausgeschildert nach Rowy. Man radelt geradeaus in den Wald, wo es nur am Anfang ein bisschen sandig ist. Wenn es rechts ab zur Ostsee geht, fährt man weiter geradeaus, folgt dem Weg mit dem Fahrradsymbol an den Bäumen und passiert das Ufer vom Jezioro Dołgie Duże und vom Jezioro Dołgie Małe.

31 An der nächsten Kreuzung gehen die Schilder links ab nach Smoldzino, die ausgeschilderte Route führt südlich des Jezioro Gardno entlang. Die hier beschriebene Route aber biegt rechts ab und verläuft am nördlichen Ufer vom Jezioro Gardno. Man stößt auf die **Parkowa**, überquert den Łupawa-Fluss, biegt dann rechts ab in die **Nadmorska** und ist im Zentrum von Rowy.

Rowy (PL)

Słowiński Park Narodowy (Slowinzischer Nationalpark). Infos bei der Nationalparkverwaltung in Smołdzino. Während der Saison muss man ein geringes Eintrittsgeld zahlen. @ qwv357

Der Badeort liegt in Hinterpommern am Ufer der Lupow (Łupawa) auf einer schmalen Landzunge zwischen dem Jezioro Gardno (Garder See) und der Ostsee. Das einstige Fischerdorf in idyllischer Lage, ist heute ein touristischer Ausflugsort. Der Maler Max Pechstein verbrachte von 1927 bis 1944 jeden Sommer in Rowe und traf sich hier auch mit vielen Künstlern.

Weil der Ort, der am 9. März 1945 von den sowjetischen Truppen kampflos besetzt wurde, aber im Sperrbezirk an der Ostsee lag, mussten die dort lebenden Menschen ihn am 29. März verlassen. Im Herbst 1945 begann deren Vertreibung.

In Rowy biegt man von der Nadmorska links ab in die **Bursztynowa**, dann rechts in die **Kościelna** und wieder links in die **Bałtycka**. Man folgt ihr auch nach der Rechtskurve und erreicht **Dębina**. **32** Dort folgt man dem Schild rechts ab in die **Willowa** nach **Poddabie**.

Die ausgeschilderte Route geht von Poddabie nach **Wytowno**, wo man rechts abbiegt und **Zapadłe** erreicht. **33** Man stößt auf die **Armii Krajowej**, biegt an deren Ende rechts ab in die **Grunwaldzka** und an deren Ende geradeaus in die **Dworcowa**, auf der man den Bahnhof von Ustka erreicht.

Ustka (Stolpmünde) (PL)

- **Centrum Informacji Turystycznej**, ul. Marynarki Polskiej 71, ✆ 598147170, @ efu526
- **Bunkry Blüchera**, ul. Boh. Westerplatte 40, Park Atrakcji i Rozrywki (7d) Bunkeranlage aus dem Zweiten Weltkrieg. @ vnd753
- **Muzeum Chleba (Brot-Museum)**, Marynarki Polskiej 49, ✆ 598144840 Mit angeschlossener Bäckerei. @ rsv833
- **Muzeum Minerałów (Mineralien-Museum)**, ul. Limanowskiego 9, ✆ 59603081763, ✆ 603081763 (7d) Im Museum befindet sich der Abdruck eines Dinosaurierskeletts und der größte Bergkristall Polens.
- **Muzeum Ziemi Usteckiej (Heimatmuseum)**, Marynarki Polskiej 62a, ✆ 598143302, ✆ 509209850 Themen sind die hiesige Werft und die Geschichte der Stadt. @ bwa416
- **Kośc. Najświętszego Zbawiciela**. Von der ursprünglichen Kirche (1355) existiert noch die begrünte Grundfläche, der barocke Altaraufbau wurde in die Nachfolgekirche aufgenommen.
- **Latarnia Morska**, ul. Bolesława Limanowskiego 1, ✆ 691526176, Fr, Sa, So 11-14 Uhr, Juli, Aug., tägl. 10 Uhr bis Abenddämmerung. Zu besichtigen ist auch die kleine Sternwarte neben dem Turm, der früher zur Kirche des Ortes gehörte. @ dhb423
- **Dolina Charlotty**, Strzelinko 14, ca. 12 km vom Zentrum entfernt, Strzelinko (Ustka), ✆ 598474300. Die Welt im Charlotta-Tal ist geschaffen, um Großen und Kleinen Träume zu erfüllen. Hier gibt es neben Hotel und Restaurant einen Hochseilgarten mit Passagen im Wald und über dem See, ein Märchenland und ein Robbengehege, Sie können aber auch reiten oder Bowling spielen. Mit Verleih von Kanus und Wasserfahrrädern. @ elt841
- **Fußgängerbrücke**. Eine elegante, schwenkbare Fußgängerbrücke verbindet am Hafen den westlichen mit dem östlichen Teil des Ortes.

Der Ort Stolpmünde wurde im 14. Jahrhundert als Hafen der 18 Kilometer landeinwärts liegenden Hansestadt Stolp (Słupsk) gegründet. Der Aufstieg Danzigs bedeutete jedoch den Niedergang des zunächst florierenden Hafenbetriebs, und die Versandung der Stolpe-Mündung (Słupia) tat ein Übriges dazu. Eine nachhaltige Besserung trat erst ein, als die preußische Regierung nach 1831 den Hafen erweiterte und vertiefte. Zu dieser Zeit wurde auch der Badebetrieb aufgenommen, der sich bis heute zum größten zwischen Kołobrzeg und Sopot entwickelte – sicher auch, weil dem Ort der 1938 geplante Ausbau zum Großhafen wegen des kurz danach beginnenden Zweiten Weltkriegs erspart blieb. Bei dessen Ende wurden fast 33.000 Flüchtlinge nach Westen verschifft. Für den Tourismus sind die breiten Strände mit ihrem feinen Sand heute sehr beliebt, ebenso wie die 500 Meter weit in die Ostsee hinausgebauten Molen, die den Hafen vor der Versandung schützen.

Leuchtturm von Ustka

Von Ustka nach Darłowo — 47 km

Man radelt in Ustka vom Bahnhof auf der **Dworcowa** über den Słupia-Fluss und biegt dann links ab in die **Darłowska**. Auf dem Radweg fährt man über **Duninowo** nach **Zaleskie**. Dort folgt man westlich der **203** dem Radweg, **34** biegt nach dem Bach rechts ab und gelangt über **Marszewo** und **Królewo** nach **Korlino**. **35** Kurz vor dem Ort biegt man ausgeschildert rechts ab, radelt durch den Ort und biegt dann rechts ab auf den Radweg nach **Łącko**. An der Bushaltestelle geht es rechts ab und dann am Seeufer entlang. Man stößt in **Jezierzany** auf die **Jeziorna**, biegt an deren Ende rechts ab auf den Radweg der **Nadmorska**, die in die **Bałtycka** übergeht und erreicht Jarosławiec.

Jarosławiec (PL)

- **Punkt Informacji Turystycznej**, Nadmorska 30, ✆ 598109440. Saisonal geöffnet.
- **Muzeum Bursztynów (Bernsteinmuseum)**, ul. Nadmorska 1 b, ✆ 533533123 (7d) Die Sammlung des Museums umfasst 1.500 Exponate. In der Ausstellung erfahren Sie alles zur Geschichte der Bernsteinbildung in der Ostsee und der Gewinnung. @ qjh454
- **Latarnia Morska**, ul. Szkolna 1, Mai, Juni, 15-17 Uhr, Juli, Aug., 10 Uhr bis Sonnenuntergang, Sept., 15-17 Uhr. Der Leuchtturm wurde im Jahr 1838 eröffnet und ist 33 m hoch. @ luw674

B25
Ostsee
Wicko Morskie
Jezioro Wicko
Latarnia Morska
Jarosławiec
Jezierzany
Królewickie Wzgórze
20
Wicko
Łącko
Klasztorna
Obla Góra
25
G. Krecich
20
Naćmierz
Nowe Łącko
Korlino
Królewo
Rusinówo
Wicie
Przybudówka
Królewko
Lezek
Bylica
Wszedzien
Barzowice
Jezioro Kopań
Dzierżęcin
Maslowice
Ronino
Palczewice
Karsino
Kanin

Aquapark Panorama Morska, ul. Uzdrowiskowa 15, 943482999, @ aae353

In Jarosławiec biegt man hinter dem Leuchtturm rechts ab in die **Nadmorska**, folgt ihr nach der Linkskurve am Strand entlang, **36** biegt an deren Ende links in die **Leśna**, dann rechts ab in die **Bałtycka** und weiter geradeaus durch den Wald nach **Wicie**.

Wenn links die Morska abgeht, radelt man geradeaus in den Waldweg, der danach ein guter Plattenweg wird. Später geht es am Kopań-See entlang auf dem neu gebauten Damm mit Lochplatten - die neue Brücke über den Kopań gibt es leider noch immer nicht - stößt auf die **Słowiańska** und erreicht das Zentrum von **Darłówko**.

37 Da der Küstenstreifen zwischen Darłowko und Dąbki eine militärische Zone ist, muss man die Ostseeküste verlassen und biegt am Ende der Słowiańska links ab in die **Józefa-Conrada** – man kann etwas später auch am Hafen entlang radeln – die dann in die **Morska** übergeht. Auf deren Radweg entlang der Wieprza erreicht man den alten Ortskern von Darłowo.

Darłowo (PL)

Centrum Obsługi Turystycznej, ul. Pocztowa 6, 519303032, @ ehh352

Kośc. pw. Matki Bożej Częstochowskiej. Die Kirche (14. Jh.) wurde im Stil der Backsteingotik errichtet. Der Westturm der dreischiffigen Basilika ist 60 m hoch.

Káplica św. Gertrudy (Kapelle St. Gertrud). Die zwölfseitige weiße Kapelle (17. Jh.) mit ihrem spitzen Dach ist der Schutzheiligen der Schuster geweiht: zahlreiche an die Kirchenwand genagelte Schuhpaare bezeugen dies.

Zamek Ksiazat Pomorskich, ul. Zamkowa 4 Das auf einer Flussinsel erbaute Schloss (16. Jh.) der pommerschen Herzöge beherbergt heute das Regionalmuseum. @ ycd816

Darłowo, Schloss Erich I.

Latarnia Morska, ul. Wschodnia 14, Darłówko (Darłowo) Der zweimalig aufgestockte 22 m hohe Turm (1927) hat eine 57 cm starke Außenmauer, da er stark der Brandung ausgesetzt ist. Er kann besichtigt werden. @ ogi673

Rynek - pl. Tadeusza Kościuszki. Der Markt ist umgeben von Renaissance- und Barockhäusern.

Rügenwalde wurde einer alten Urkunde zufolge gegen 1270 von dem Fürsten von Rügen gegründet, dem das umliegende Land Schlawe zugefallen war. Nach Zerstörung und Neugründung erwarb die Stadt die Burg an der Flussmündung und hatte eine erfolgreiche Entwicklung als Mitglied der Hanse. Eine Reihe von Großbränden warf sie jedoch immer wieder zurück. Der Hafen Rügenwaldermünde, im Dreißigjährigen Krieg zerstört und erst 1772 wieder aufgebaut, wurde besonders im 19. Jahrhundert zu einem bedeutenden Wirtschaftsfaktor. Das spätgotische ehemals herzogliche Schloss mit seinem markanten Turm ist das Wahrzeichen der Stadt und beherbergt heute das Regionalmuseum. Sehenswert sind auch die Marienkirche mit ihrer Fürstengruft und die Gertrudkirche, ein seltener Zentralbau aus dem 15. Jahrhundert, aus deren Zeltdachspitze der mittig angesetzte Dachreiter herauswächst. Ihre prächtige Barockkanzel stammt aus der ehemaligen Schlosskirche.

Aus der Stadt kam bis 1945 die in ganz Deutschland bekannte Teewurst. Die Wurstfabrikanten zogen jedoch nach dem Krieg gen Westen, produzieren bislang aber weiterhin unter diesem Namen. Die Stadt wurde im Krieg weitestgehend verschont und präsentiert ihren architektonischen Reichtum rund um das Gebiet des Marktplatzes. Von den

Leuchtturm von Gąski

Stadttoren ist das Steintor am Rande der Fußwegzone noch weitgehend erhalten.

Von Darłowo nach Kołobrzeg *77 km*

In Darłowo biegt man von der Morska rechts ab in die Fußwegzone, überquert den Wieprza-Fluss und biegt vor dem Bahnhof links und dann rechts ab in die **Generała Jósefa Sowińskiego**, auf der man die Bahngleise quert. An deren Ende geht es rechts ab in die **Adama Mickiewicza**, die hinter dem Kreisverkehr als **203** ausgeschildert ist. Nach

B29
Ostsee
B28
B30
Jezioro Jamno
Unieście
Mielno
Osiedle Lechitów
Podamirowo
Sarbinowo
Chłopy
Mielenko
Gąski
Gołogora
20
Kolonia Sarbinowo
Kolonia Mielenko
Dobiesławiec
Kiszkowo
7,5
6,5
7
41

acht Kilometern über **Żukowo Morskie** und **Bobolin** erreicht man **Dąbki**.

VARIANTE Kurz vor Ende des Dorfes führt eine Variante am Hafen vorbei rechts in die **Piaskowa** und dann links ab in die **Dąbkowicka**, einer ruhigen Nehrungsstraße zwischen Ostsee und Bukowo-See. In **Dąbkowice**, hinter der Brücke über den Nehrungsdurchstich endet der Weg. Hier geht es die nächsten drei Kilometer nur beschwerlich am Strand weiter nach Łazy.

38 Die ausgeschilderte Route folgt in Dąbki der **203** über **Bukowo Morskie** und **Gleżnówko** nach **Biełkowo**. **39** Am Kreisverkehr geht es rechts ab nach **Iwięcino**. Dort überquert man den Iwinka-Fluss, biegt danach rechts ab und gelangt über **Rzepkowo** nach **Osieki**. Dort folgt man der EV 13, passiert die Kirche und radelt am Jamno-See entlang nach Łazy.

Łazy (Lasse) PL

Der wirtschaftliche Aufschwung in Łazy setzte Ende des 19. Jahrhunderts mit dem Anschluss an die Bahnstrecken in Richtung Westen ein. Viele der kleineren Fischerdörfer entlang der Küste entwickelten sich zu beliebten und belebten Badeorten.

40 In Łazy biegt man links ab in die **Leśna** und radelt auf dem straßenbegleitenden Radweg an verlassenen Militäranlagen vorbei. Man quert den Jamieński-Kanal, biegt dann links ab ausgeschildert am See-Ufer entlang und stößt hinter **Unieście** in Mielno auf die Küstenstraße, in die man links einbiegt.

Mielno PL

Informacja Turystyczna, ul. Chrobrego 3B, ✆ 943166048, ✆ 793897305, @ rmx362

Diese Stadt ist auch dadurch bekannt geworden, als sich 2012 bei einem Referendum 95% gegen den Bau eines Atomkraftwerks ausgesprochen haben.

41 Man biegt von der **Bolesława Chrobrego** rechts in die **1 Maja** und sofort links ab in den

Leuchtturm Kołobrzeg

B31
Ostsee
Ustronie Morskie
43
2,6
B30
W
Sianożęty
6,5
Gwizd
Podczele
Bagicz
11
Ekopark Wschodni
5,7
Latarnia Morska
44
1,4
Ogrody
Kądzielno
Kołobrzeski Las
Krzywa Góra
34
Malechowo
Leśniewo
Oręża Polskiego Rejestrowane
Marina Solna
6
B32
Kołobrzeg
Janiska
163
Kukinia
Radzikowo
Witkowice
Budzistowo
Korzyścienko
Stramniczka
Stojkowo
Więcemino
Parsęta
Niekanin
Stramnica
kowo

Waldweg. Über **Mielenko**, **Chłopy** und **Sarbinowo** erreicht man den Leuchtturm von **Gąski**. **42** Wenn die Kołobrzeska links abgeht, radelt man weiter geradeaus und biegt an der **Spacerowa** rechts ab in den Waldweg durch **Pleśna**. Man radelt dann auf einer Straße am eingezäunten Sperrgebiet entlang und überquert den Czerwona-Fluss. **43** Am Ortseingang von Ustronie Morskie biegt man am ersten Haus von der **Wojska Polskiego** rechts in die **Graniczna** und dann links ab am Ostsee-Ufer entlang zum Zentrum.

Ustronie Morskie (PL)

- **Centrum Informacji**, ul. Osiedlowa 2B, ✆ 943514175, @ bkl177
- **Aquapark Helios**, ul. Polna 3, ✆ 943515095. Hier findet man neben großzügigen Schwimm- und Saunaanlagen auch Möglichkeiten zu Tennis, Bowling u. a. @ yaq783

Das kleine Dorf mit Fischerkaten verwandelte sich nach und nach in einen Badeort. In der ersten Hälfte des 19. Jahrhunderts galt es für die vor allem aus Berlin zugereisten Menschen als schicker, in Henkenhagen zu residieren als im benachbarten Kolberg. Nachdem die Bahnlinie 1899 von Kolberg bis nach Henkenhagen weitergeführt wurde, stieg die Popularität des Ortes noch weiter. Der nach 1945 in Ustronie Morskie umbenannte Ort ist heute das größte Ostseebad des Kreises.

Man kann am Strand entlang radeln, aber oft sind dort sehr viele Zufußgehende unterwegs. Ist das der Fall, sollte man die ausgeschilderte Hauptstraße benutzen. Hinter **Sianożęty** passiert man das ehemalige Militärgelände mit dem Flugplatz. Auf einem Radweg, der zu 85 % von der EU kofinanziert wurde, erreicht man mit dem Logo der EV 10

Rathaus von Kołobrzeg

und 13 über **Podczele** am Strand entlang den Leuchtturm von Kołobrzeg.

Kołobrzeg (Kolberg) (PL)

- **Miejska Informacja Turystyczna**, ul. Armii Krajowej 12, ✆ 943551320, @ jjb316
- **Miejskie Informacje Turystyczne**, ul. Dworcowa 1, ✆ 943527939, @ vfx443
- **Muzeum 6D Maszoperia**, Rodziewiczówny 15, ✆ 947162244 (7d) Ausstellung von dreidimensionalen handgefertigten Bildern zur Geschichte der baltischen Maszops (Fischerbund). @ yyy717
- **Muzeum Oręża Polskiego Rejestrowane (Heimatmuseum)**, ul. Armii Krajowej 13, ✆ 943525253 (7d) Zu sehen sind die Messgeräteausstellung und die Ausstellung „Das frühe Kolberg". @ cpf333
- **Bazylika Konkatedralna**. Die Basilika stammt ursprünglich aus dem 13. Jh. und wurde nach der kompletten Zerstörung Ende der 1950er Jahre im gotischen Stil wieder aufgebaut.
- **Latarnia Morska** Der Leuchtturm mit Aussichtsplattform wurde nach seiner Zerstörung 1945 auf der Hauptanlage des Fort Ujście wieder aufgebaut.
- **Akademia Rycerska**, Wąska 1. Im Gebäude aus dem 17. Jh. wurde vom Kurfürsten Friedrich Wilhelm die erste Militärschule gegründet. Heute befindet sich in den Innenräumen eine Sporthalle.
- **Baszta Iontowa**. Der Turm wurde im 14. Jh. erbaut und war Teil der mittelalterlichen Verteidigungsmauer.
- **Marina Solna/Port Jachtowy**, Warzelnicza 1. Anlaufpunkt von zahlreichen Yachten aus aller Welt. Gastronomie und Grünflächen laden zum entspannen und pausieren ein.
- **Oceanarium**, Aleja I Armii Wojska Polskiego 6C, ✆ 509190298. Zu bewundern gibt es eine große Auswahl an tropischen Süß- und Salzwasserfischarten. @ tue866
- **Ratusz**. Das neugotische Rathaus wurde nach einem Entwurf von Karl Friedrich Schinkel errichtet.
- **Reduta Bagienna (Fort Morast)**. Die Anlage wurde in den Jahren 1770-1774 im Zuge des Ausbaus der Stadtbefestigung errichtet.
- **Wyspa Solna**. Auf der Salzinsel sprudelten die Solequellen, aus denen Kolberg seinen Salzreichtum bezog.
- **Aquapark Milenium (Hala)**, ul. E. Łopuskiego 38, ✆ 943551331, @ bch123

Die 1.000 Jahre alte Stadt an der Mündung der Persante war einst die „Perle der Ostsee". Hanse, Bischofssitz und später Garnison und Festung prägten die Stadt bis ins 19. Jahrhundert, als Solequellen, Heilbäder und der Eisenbahnanschluss 1859 zunehmend den Tourismus an die Pommersche Küste lockten. Kolberg gehörte neben Berchtesgaden und Garmisch-Patenkirchen zu den nobelsten Sommerfrische-Adressen des deutschen Kaiserreichs.

Während der Kämpfe vom 4. bis zum 18. März 1945 wurde die Stadt zu 90 Prozent zerstört, wobei 17.000 Menschen

Ostsee
B31
6
Radzikowo
5
Korzyścienko
Dźwirzyno
Grzybowo
Gedenkstein 1945
8
Rogowo
Kolonie Rogowo
Mrzeżyno
Jezioro Resko Przymorskie
-Wälder
46
45
Kolonie Mrzezyno
Korzystno
Błotnica
Głowaczewo
Kolonie Zieleniewo
Stara Rega
Sieradowo
Stary Borek
Novy Borek
Karcino
B33
Nowogardek
Prmecmino
Roby
Zgniła Rega
Błotnica
102
Bieczyno
Błotnica

ums Leben kamen. Nach dem Krieg wurde kaum etwas rekonstruiert, man übernahm lediglich das mittelalterliche Straßennetz.

Wie durch ein Wunder ist Kołobrzeg aus den Trümmern des Weltkriegs wieder auferstanden und ist heute, wie schon im Mittelalter, ein Wirtschafts-, Handels- und religiöses Zentrum der Region. Der Tourismus, der Kurbetrieb und der Handelshafen sind wieder die wichtigsten wirtschaftlichen Säulen der 50.000 Menschen zählenden Stadt. Über 200.000 besuchen sie pro Jahr, davon etwa 40 Prozent aus dem Ausland, vor allem aus Deutschland.

Kołobrzeg gilt auch als ursprüngliches Siedlungszentrum der Kaschuben, eines westslawischen Volkes, das aus den Pomoranen (von slawisch: Pomor'e = Gebiet am Meer) hervorging und in der Woiwodschaft Pommern (Województwo pomorskie) 100 Kilometer östlich von Kołobrzeg siedelte.

Herzstück der einst völlig zerstörten Altstadt ist der im 14. Jahrhundert erbaute Dom mit den schiefen Säulen. Die Ruine wurde nicht abgerissen, sondern seit 1957 wieder aufgebaut. Die fünfschiffige Marienbasilika bietet 9.000 Menschen Platz und fasziniert durch ihre sakrale Schlichtheit im Stil der Backsteingotik.

Sehenswert sind auch der Pulverturm, das klassizistische Braunschweiger Haus und das neugotisch errichtete Rathaus. Der backsteinerne Leuchtturm wurde nach 1945 auf dem Fundament der 1666 gebauten Festung aus den übrig gebliebenen Steinen am Hafen gebaut.

Wachturm bei Grzybowo

Nazi-Propaganda-Film „Kolberg"

Nach den verlorenen Schlachten bei Stalingrad und Tunis verordnete Reichspropagandaminister Joseph Goebbels dem UFA-Filmstudio in Potsdam-Babelsberg Drehbücher für Durchhalte-Filme. Der bekannteste dieser Machart ist „Kolberg", den Goebbels 1943 in Auftrag gab. Am Beispiel der Verteidigung von Kolberg gegen die Franzosen 1807 sollte gezeigt werden, „dass ein in Heimat und Front geeintes Volk jeden Gegner überwindet".

Den Auftrag von Goebbels bekam Veit Harlan (1899-1964), der Star-Regisseur des Dritten Reiches, ein ausgewiesener NS-Propagandafilmer und antisemitischer Hetzer. Mit dem Film „Jud Süß", den 20 Millionen Menschen bis 1943 gesehen hatten, wurde ein Land auf seine Morde eingestimmt. Harlan inszenierte auch den monumentalen Farbfilm Kolberg, die Oberregie aber führte Goebbels. Mehrfach wurde das Drehbuch auf Goebbels' Intervention umgeschrieben.

Der Film wurde in den Potsdamer UFA-Studios gedreht. Die Außenaufnahmen fanden aber am Originalschauplatz Kolberg sowie in Königsberg und Berlin statt. Mit dem in Kolberg geborenen Heinrich George als Nettelbeck, Horst Kaspar als Gneisenau, Kristina Söderbaum als Anna und Irene von Meyendorff als Königin Luise wurde ein Star-Ensemble engagiert.

Die Uraufführung fand am 30. Januar 1945, dem 12. Jahrestag der Machtergreifung, statt - gleichzeitig in der belagerten Atlantikfestung La Rochelle und in Berlin. Am 30. Januar stand die Rote Armee bereits 60 Kilometer vor Berlin, bis zum Kriegsende im Mai kam der Film nur noch in wenige Kinos.

Veit Harlan, der seinem 15-jährigen Sohn noch 1945 riet, sich freiwillig an die Front zu melden, wurde im selben Jahr bei der Entnazifizierung als „unbelastet" eingestuft. Als er 1949 wegen Verbrechen gegen die Menschlichkeit angeklagt wurde, sprach ihn ein ehemaliger Nazi-Richter frei. Als dieser Freispruch von einer höheren Instanz kassiert wurde, war es derselbe Nazi-Richter, Walter Tyrolf, der Goebbels' Lieblingsregisseur abermals freisprach. Auch Tyrolf blieb unbehelligt.

Von Kołobrzeg nach Dziwnów 64 km

44 Vor dem Leuchtturm biegt man links ab in die **Adama Mickiewicza**, die in die **Warzelnicza** übergeht. Nach der Linkskurve überquert man den Parsęta-Fluss und biegt dann rechts ab in die **Solna**. Man überquert den Kanal Drzewny, biegt rechts in die **Bałtycka** und an deren Ende links ab in die **Wiosenna**. An deren Ende geht es links versetzt in die **Krzysztofa Arciszewskiego**, die in den ausgeschilderten Waldweg übergeht. Man passiert einen alten Wachturm und fährt auf wunderbarem Radweg an der Ostsee entlang.

B33
Zatoka Pomorska
Kolonie Mrzezyno
46
3,4
3,6
B32
Rega
Zgniła Rega
8,5
Kanał Włodarka
Pogorzelica
Park Miniatur Latarni Morskich
Latarnia morska
Muzeum Rybołówstwa Morskiego
Niechorze
2,8
4,2
Pogorzelcia Gryf.
Jezioro Liwia Luza
47
Śliwin Bałtycki
Ciuchcia Retro
B34
Rewal
Park Wieloryba
Śliwin
Skalno
Konarzewo
Rogozina
Zapolice
Trzebusz
Włodarka
Nowielice
Trzebiatów
123
Białoboki
Lędzin
102
109

45 Kurz vor **Dźwirzyno** biegt der Radweg rechts ab zur Düne, kommt dann über die **Spacerowa** wieder auf die **Wyzwolenia** zurück, in die man rechts einbiegt. Danach quert man auf straßenbegleitendem Radweg den Kanal Regoujśie. Kurz vor **Rogowo** erinnert ein Gedenkstein an den Flugzeugabsturz 1945 mit 80 deutschen Kindern. In Mrzeżyno biegt man ausgeschildert rechts in die **Nadmorska**, an deren Ende links ab in die **Bałtycka** und ist im Zentrum.

Mrzeżyno (PL)

Küsten-Wälder. Die eindrucksvollen Waldflächen ziehen sich entlang des Küstenstreifens. Hier finden sich u. a. die seltene Sumpfschildkröte und der Weißkopfseeadler.

Mrzeżynos ist indirekt bekannt durch den Maler Lyonel Feininger, der Anfang des letzten Jahrhunderts regelmäßig die Sommermonate hier verbrachte und sich von der Ostseekulisse inspirieren ließ. Auf seinen international bekannten Bildern ist zum Beispiel auch die Brücke in Trzebiatów zu sehen.

Kirchenruine Trzęsacz

46 Am Ende der Bałtycka biegt man rechts in die **Trzebiatowska**, am Kreisverkehr rechts ab in die **Wojska Polskiego** und überquert den Rega-Fluss. Kurz nach der rechts abbiegenden Świerkowa mit den Häusern biegt man links ab und stößt am Ende des Weges auf die **dojazd pożarowy**, in die man links einbiegt. Danach geht es rechts ab zwischen den beiden Militärgeländen, wo der Vorder- und Hinterlandzaun mit dem Kolonnenweg noch zu sehen ist. Man radelt zum Strand, wo man baden und einen herrlichen Ausblick genießen kann.

An der Straße biegt man links und dann ausgeschildert wieder links ab. Später radelt man am Kanal Włodarka entlang, dann am Konarzewo-See, passiert den Bahnhof von **Pogorzelica** und radelt auf einem ausgeschilderten wunderbaren Radweg entlang der Gleise zum Bahnhof von Niechorze.-

Niechorze (PL)

Informacji Turystycznej, al. Bursztynowa 28, Muzeum Rybołówstwa Morskiego, ✆ 913863250

Muzeum Rybołówstwa Morskiego (Meeres- und Fischereimuseum), al. Bursztynowa 28, ✆ 913863250 Im Museum kann man sich einen Einblick in die Geschichte der Fischerei der Gemeinde verschaffen. @ ibx163

Ciuchcia Retro (Greifenberger Kleinbahn), Trzęsacz, ✆ 913862629. Die Bahn verkehrt zwischen Gryfice, Trzęsacz, Rewal, Śliwin, Niechorze und Pogorzelica. Fahrräder können im Gepäckwaggon transportiert werden. @ oam725

Latarnia Morska Der 45 m hohe Leuchtturm (1866) schickt sein Licht 37 km auf See.

Am Strand bei Niechorze

Park Miniatur Latarni Morskich, Ludna 16, ✆ 691977977 Miniaturpark der Leuchttürme in Polen. @ nqj781

Vom Bahnhof geht es weiter geradeaus und man biegt kurz vor der scharfen Linkskurve rechts ab in die **Klifowa**, sieht die Windmühle und kommt zum Leuchtturm mit Cafés und Restaurants direkt am Strand. Man folgt der Klifowa am Strand entlang und später rechts ab in die **Warszawska** **47**, die in die **Generala Władysława Sikorskiego** übergeht. Am großen Platz, dem **Plac Wielorybów**, sind Dinosaurier als Stahlgerippe aufgestellt.

Rewal (PL)

Centrum Informacji, ul. Szkolna 1, Hala Sportowa CIPR, ✆ 913862629, @ run261

Kośc. Najświętszego Zbawiciela (Erlöserkirche). Der Bau der heutigen Kirche begann 1976 und wurde zwei Jahre später abgeschlossen.

Ciuchcia Retro (Greifenberger Kleinbahn), Trzęsacz, ✆ 913862629. Die Bahn verkehrt zwischen Gryfice, Trzęsacz, Rewal, Śliwin, Niechorze und Pogorzelica. Fahrräder können im Gepäckwaggon transportiert werden. @ oam725

B34
Zatoka Pomorska
Rewal
Śliwin Bałtycki
Ciuchcia
Kościół na Klifie
Na Klifie
Park Wieloryba
Śliwin
Trzęsacz
Ciuchcia Retro
Bałtycki Krzyż Nadziei
Pustkowo
Pobierowo
Ninikowo
Małe Pobierowo
Dreżewo
Łukęcin
Niwy
Janowo
Dziwnówek
Radawka
Gostyń
Rybice
Trzebieradz
Strzeżewko
Wrzosowo
Sulikowo
Niczonów
sowskie Jezioro
47
48
49
4,2
1,2
6,5
4,5
5,2
102
110
B33
B35

Eingang zum Wolińsky Nationalpark

Park Wieloryba, ul. Kamieńska, ✆ 500791752. Freizeitpark mit Modellen von Säugetieren und Meeresfischen. @ jkc465

Steilküste. Entlang der Steilküste befindet sich ein breiter Sandstrand.

Vom Plac Wielorybów folgt man der **Westerplatte**, die in die **Saperska** übergeht und biegt nach der Linkskurve rechts in die **Szczecińska**, an deren Ende rechts ab in die **Kamieńska** und erreicht **Trzęsacz**. Rechts ab geht es in die Klifowa zur Kirchenruine von Trzęsacz.

Kirchenruine von Trzęsacz (Hoff)

Die Geschichte der Kirche zeigt beeindruckend die Entwicklung der Ostsee. Als sie im 15. Jahrhundert errichtet wurde, stand sie noch zwei Kilometer vom steilen Ufer entfernt. Nachdem das Steilufer bis unmittelbar an das Gebäude herangerückt war, begann ab 1900 der lange befürchtete Absturz der Nordseite. Die Ruine, von der heute nur noch ein Rest der Südwand steht, wurde zu einer Attraktion. Hier hat neben vielen anderen Malern auch Lyonel Feininger zu Zeichenstift und Pinsel gegriffen.

Auf der Kamieńska radelt man weiter auf dem Radweg, den man aber bald nach rechts verlässt. Auf der **Słoneczna** radelt man durch **Pustkowo** und danach ein Stück durch den Wald zur **Grunwaldzka** in **Pobierowo**.

48 Kurz vor deren Ende biegt man links ab ausgeschildert in die **Karola Borka** und an deren Ende nach rechts. Der anfangs gute Zustand verschlechtert sich und man erreicht die asphaltierte Straße in **Łukecin**. Am Haus Spacerowa 21 geht es rechts ab nicht ausgeschildert durch den Wald zum Seeufer, wo man links abbiegt. Es geht später ein wenig nach Süden, dann in den Waldweg parallel zur **102** und man erreicht auf der **Wolności** den Ort **Dziwnówek**. **49** Dort geht es weiter geradeaus auf einem Radweg nach **Dziwnów**. Am Ortseingang biegt man halbrechts in die **Kaprala Koniecznego** ein und ist im Zentrum.

Dziwnów (PL)

Centrum Informacji Turystycznej, ul. Reymonta 10, ✆ 913218957, @ ybh345

Park Miniatur i Kolejek, ul. Marynarki Wojennej 15, ✆ 502284588. Miniatur- und Eisenbahnpark. @ tbd845

Der beliebte Badeort liegt am vom Fluss Dziwna gebildeten Jezioro Wrzosowskie (Fritzower See). Der Fluss bildet – mit Peene und Swine – den letzten Mündungsarm der Oder in die Ostsee und ist der erste Ort auf dem Festland Polens.

Von Dziwnów nach Świnoujście 47 km

Leuchtturm von Wollin

Vom Zentrum aus fährt man auf der Kaprala Koniecznego weiter geradeaus, biegt nach der Linkskurve rechts ab in die **Kościelna** und fährt parallel zur Hauptstraße. Man biegt dann links ab in die **Parkowa** und rechts in die **102**, der man auf der Klappbrücke über den Oder-Mündungsarm Dziwna folgt **50**.

Die Oder

Die 900 Kilometer lange Oder (Odra) ist ein mitteleuropäischer Fluss, der bei Kozlava im Mährischen Odergebirge entspringt und 159 Kilometer durch Tschechien sowie 580 Kilometer durch Polen fließt. Sie markiert auf 162 Kilometern die deutsch-polnische Grenze, mündet als polnischer Fluss in das Stettiner Haff und von dort als Peenestrom, Swine und Dziwna in die Ostsee.

Die Oder entwickelte sich nach und nach zur Wasserstraße für den Güterverkehr. Ihr Lauf wurde 1774 vom Preußenkönig

Friedrich II. zwischen Güstebiese und Hohensaaten durch den Oderkanal um 25 Kilometer verkürzt, wobei zwischen Kanal und „Alter" Oder die fruchtbare Ebene „Oderbruch" entstand, die 2022 mit dem Kulturerbe-Siegel der EU ausgezeichnet wurde. Seit dem 19. Jahrhundert wurde sie ausgebaut und war eine der wichtigsten Wasserstraßen im Deutschen Reich. 1877 fuhren dort mehr Binnenschiffe als auf dem Rhein. Heute spielt die Binnenschifffahrt nur noch eine untergeordnete Rolle. Wichtiger ist der Tourismus, weil die Oder zwischen Hohensaaten und Breslau einer der letzten freifließenden Flüsse in Europa ist.

Die Oder bildete schon vor 1.000 Jahren die Grenze zwischen Deutschen und Polen. Als Ergebnis des Zweiten Weltkriegs wurde die Oder-Neiße-Linie festgelegt. Da Stettin aber westlich des Flusses lag, verursachte diese Grenze bis in die 1970er Jahre Spannungen zwischen den „sozialistischen Bruderstaaten" Polen und der DDR. Weil die Vereinbarungen der Alliierten die Grenze „unmittelbar westlich von Swinemünde und von dort die Oder entlang bis zur Einmündung der westlichen Neiße" vorsah, hatte auch die Bundesrepublik diese Grenze nicht akzeptiert. Sie wurde erst 1990 im „Zwei-plus-Vier-Vertrag" und im „Deutsch-Polnischen Grenzvertrag" als deutsche Ostgrenze bestätigt. Dabei verzichtete das wiedervereinigte Deutschland auf jegliche Gebietsansprüche.

Immer wieder sind die Anrainer von Hochwasserkatastrophen betroffen. Als 1947 das Treibeis bei Küstrin das Wasser gestaut und die Deichkrone überspült hatte, wurden 20.000 Menschen obdachlos. Sowjetische Flugzeuge hatten vergeblich versucht, das Eis durch Bombenabwürfe aufzubrechen. Auch 50 Jahre

später, bei der „Jahrhundertkatastrophe" im Mai 1997, rächte es sich, dass die Überschwemmungsflächen in den letzten 100 Jahren um 80 Prozent reduziert worden waren.

Der 1995 gegründete „Nationalpark Unteres Odertal" mit einer Fläche von 10.000 Hektar liegt am Unterlauf der Oder. Im Brandenburger Teil ist der dort einzige Nationalpark von einem knapp 18.000 Hektar großen Landschaftsschutzgebiet umgeben. Er bildet mit dem angrenzenden polnischen (6.000), dem Zehdener (31.000) Landschaftsschutzpark und dessen Schutzzone, eine räumliche Einheit.

Im Buch von Uwe Rada „Die Oder" wird der „Lebenslauf eines europäischen Flusses" eindrucksvoll beschrieben.

Auf dem ausgeschilderten Radweg radelt man nach **Międzywodzie** und folgt dem Radweg der **102** bis **Kołczewo**. Dort biegt man ausgeschildert rechts ab in die **Młyńska** und an deren Ende wieder nach rechts in die **Bałtycka** bis nach **Wisełka**.

51 Dort geht es links ab in die **Warnowska** und man radelt am Wisełka- und Czajcze-See entlang nach **Warnowo**, wo man am Dreieck – weiter geradeaus geht es zum Bahnhof – rechts abbiegt in den Waldweg mit einigen sandigen Stellen. Es geht immer geradeaus am beliebten Wisentgehege vorbei und bergab durch das Tor vom Woliński Park nach Międzyzdroje.

Turm Dzwon bei Świnoujście

Woliński Park Narodowy

Der Wolliner Nationalpark umfasst ein 11.000 Hektar großes Gebiet und schließt nicht nur die durch Gletscher entstandenen Küstenhügel und das Haffkliff ein, sondern auch Teile der Pommerschen Bucht und des Stettiner Haffs. Der 1960 eingerichtete Park betreibt seit 1976 ein Wisentreservat. Da das letzte frei lebende Tier um 1920 erlegt wurde, lebt die kleine Population der mit den amerikanischen Bisons verwandten Tiere hier nur noch als Nachzüchtung in Wildtiergehegen.

Die erfolgreiche Zucht der mit zwei Meter Schulterhöhe größten europäischen Säugetiere ermöglichte die Auswilderung in den polnischen Białowieża Nationalpark, wo heute eine Herde mit 450 Tieren lebt. Aber nicht nur Wisente, auch der Seeadler, das Symbol des Parks, und zahlreiche seltene Pflanzen wie Graslilien und Anemonen finden im Wolliner Nationalpark eine geschützte Heimat.

Międzyzdroje (PL)

- **Informacja Turystyczna**, ul. Promenada Gwiazd 2, im Międzynarodowy Dom Kultury, ✆ 913280441, ✆ 913282600, @ hkv156
- **Muzeum Przyrodnicze Wolińskiego Parku Narodowego (Naturkundemuseum des Nationalparks Wolin)**, ul. Niepodległości 3, ✆ 913864973 ⓔ, @ ifh677
- **Kości. pw. św. Piotra Apostoła (St.-Petrus-Kirche).** Die Kirche wurde im Jahr 1862 nach einem Entwurf von Karl Friedrich Schinkel erbaut.
- **Bałtycki Park Miniatur**, ul. Nowomyśliwska 98, ✆ 609038580. Ausstellung von Denkmälern im Maßstab 1:25 aus verschiedenen Ländern. @ jsl475
- **Molo (Seebrücke).** Von der 395 m langen Brücke fahren Ausflugsschiffe nach Świnoujście und auch weiter zu den deutschen Seebädern.
- **Planetarium**, Bohaterów Warszawy 19, ✆ 913282570 ⓔ Im Gebäude befinden sich auch ein Wachsfigurensaal und ein Kino. @ fts614
- **Rezerwat Pokazowy Żubrów (Wisentgehege)** ⓔ, @ iob668
- **Steilküste.** Die Steilküste ist bis zu 95 m hoch, gut zu sehen von der Seebrücke oder bei einem sehr empfehlenswerten Strandspaziergang.

Nachdem um 1830 die ersten Badehäuser – damals getrennt für Frauen und Männer – errichtet wurden, entwickelte sich die Stadt schnell zum Erholungsort für Menschen aus Berlin und Stettin. Der kleine, vormals unbedeutende Fischerort erhielt einen Kurpark, Villen und eine Seebrücke, in deren Umgebung sich auch Kaiser Friedrich III. erholte. Der Kurbetrieb wird im seit 1945 polnischen Seebad bis heute weitergeführt. Im Juli kommt beim Festiwal Gwiazd wieder ein Hauch der hochherrschaftlichen Atmosphäre auf, wenn sich hier Stars und Sternchen zu einem Film- und Musikfestival treffen.

In Międzyzdroje folgt man der **Leśna** geradeaus, biegt an dem großen Kreuzungsbogen rechts ab in die **Cypriana Kamila Norwida** und quert links versetzt die 102. Auf der **Gryfa Pomorskiego**, die in die **Dąbrówki** übergeht, geht es weiter geradeaus. Nach dem Linksbogen biegt man noch

Zatoka Pomorska
B36
B35
B37
Kołczewo
Wartowo
Wisełka
Grodno
Góra Marii
109
Góra Gosari
94
Żółwino
Biała Góra
Pasmo Wolińskie
Jezioro Czajcze
Nowe Kołczewo
Steilküste
Domysłów
Molo
Rezerwat Pokazowy Żubrów
Planetarium
Międzyzdroje
Warnowo
Muzeum Przyrodnicze Wolińskiego
Rabiąż
Lubiewo
Kodrąb
Ładzin
Kodrąbek
Zalesie
Muzeum Bunkier V-3
51
52
8,5
7
3
5
102
1003Z

Fort Zachodni in Swinemünde

vor dem Kreisverkehr rechts ab. Am Strandzugang K zweigt man rechts ab und biegt dann wenig später links ab in den neuen Radweg an der Küste **52**.

An dessen Ende geht es links ab auf sandigem Weg auf und ab und dann nach rechts in den kurz asphaltierten Waldweg, der als **R 10** in grün gut ausgeschildert ist, aber einige sandige Stellen hat. Dann geht es zweimal auf dem hügeligen Weg rechts ab und man passiert die unterirdischen Bunkeranlagen.

VARIANTE Zu dem Turm Dzwon geht es links ab 200 Meter auf Betonplatten hinauf.

Turm Dzwon

Der 30 Meter hohe Turm, die ehemalige Feuerleitstelle der Küstenbatterie Göben, wird wegen seines Aussehens auch „die Glocke" genannt. Der 1938-39 erbaute Turm ist in seiner Größe und Form einzigartig an der gesamten Ostseeküste und wurde trotz seiner Größe und seiner hohen und schmalen Form im Zweiten Weltkrieg nicht durch Bomben zerstört. Der moderne Aufbau oberhalb des Betons entstand erst 2001 und wird als Feuerschutzbeobachtungsturm genutzt.

Danach erreicht man die **Ku Morzu** mit dem LNG-Containerhafen.

LNG-Terminal

Mit dem Bau einer Anlegestelle für Flüssiggastanker nebst Speichern und Aufbereitungsanlagen wurde 2011 begonnen, und der erste LNG-Tanker legte dort 2015 an. Die Anlage deckt ein Drittel des polnischen Inlandsbedarfs an Erdgas ab. Mit Katar wurde ein jährlicher Liefervertrag über 1,5 Milliarden Kubikmeter vereinbart, womit die Anlage zu 65 % ausgelastet ist. All das macht Polen vom russischen Staatskonzern Gazprom unabhängiger, von dem es früher fast zwei Drittel seines Gases bezog.

AUSFLUG Auf der Ku Morzu geht es rechts ab zum 1857 fertiggestellten Leuchtturm Latarnia Morska auf der Wolliner Seite, mit 65 Metern der höchste an der Ostseeküste. Daneben ist auch das Leuchtturm-Museum..

53 Die EV 13 geht links ab in den wunderbaren Radweg am LNG-Containerhafen entlang. Man fährt über die Bahngleise, macht dann eine Linkskurve, radelt auf einem Radweg weiter parallel zu den Gleisen und gelangt zur kostenlosen Fähre über die Świna, dem mittleren der drei Mündungsarme von der in das Stettiner Haff der Ostsee fließenden Oder in Świnoujście.

Am anderen Ufer der Świna fährt man nach rechts am Wasser entlang, links durch die **Stefana Rogozińskiego** und wieder rechts in die **Jachtowoa**. Zwischen Lennés Kurpark und der Świna gelangt man zu zwei alten preußischen Fortanlagen, dem Fort Aniola und dem Fort Zachodni. Vor letzterem geht es rechts ab (**R 10**) in den Waldweg, der in die **Uzdrowiskowa** mündet, in die man links einbiegt. An deren Ende geht es auf breitem Radweg geradeaus in die **Stefana Żeromskiego**. Am Ende dieser Straße – links ab geht die Bałtycka - geht es geradeaus in den vorbildlich ausgebauten Strandweg zur deutsch-polnischen Grenze.

ZUM BAHNHOF Wer zum Bahnhof möchte, biegt vorher links ab in die Bolesława Prusa, die in die Stanisława Moniuszki übergeht, und erreicht den Bahnhof Świnoujście Centrum der Usedomer Bäderbahn.

Świnoujście (Swinemünde) (PL)

- **Informacja Turystyczna**, pl. Słowiański 6/1, ✆ 913224999, @ wrg351
- **Fähre**. Kostenlose Fähre über die Świna, Fährzeiten: tägl. alle 20 Min.
- **Kasiborer Fähre**, ✆ 3224288. Nach Międzyzdroje, Fährzeiten: Di-So.
- **Hafenrundfahrten**, ✆ 609600992. 2-stündige Hafenrundfahrten mit der MS Chateaubriand. @ dys888
- **Muzeum Rybołówstwa Morskiego (Museum für Hochseefischerei)**, pl. Rybaka 1, ✆ 913212426 (7d) Im ehemaligen Rathaus befinden sich nicht nur Exponate zum Thema Fischerei, sondern auch eine umfangreiche Sammlung an hist. Fotos und Dokumenten, die die Bädergeschichte der Stadt illustrieren. @ imk837
- **Podziemne Miasto na Wyspie Wolin**, ul. Wolinska, Przytór (Świnoujście), ✆ 789072244. Die Geschichte der unterirdischen Bunkeranlage reicht

bis in die 1930er Jahre zurück. Sie wurde von der deutschen Kriegsmarine als „Batterie Vineta" errichtet. @ ser257

Kosc Chrystusa Króla (König-Christus-Kirche), Plac Kościelny 1. In der Kirche finden von Mitte Mai bis Mitte Sept. regelmäßig Orgelmusikabende statt.

Kosc NMP Gwiazdy Morza (Ave Maris Stella). Die Kirche aus dem Jahr 1896 gilt als älteste katholische Pfarrei von Swinemünde.

Stawa Młyny. Die weiße Mühlenbake vom Anfang des 19. Jhs. am Hafeneingang ist eines der Wahrzeichen Świnoujścies.

Dzwon. Glockenförmiger Turm aus dem Jahr 1939, der einst zur Küstenbatterie Göben gehörte.

Amfiteatr, Chopina 30, ✆ 918885042, ✆ 502492725. In der Sommersaison finden hier Konzerte, Festivals und kulturelle Veranstaltungen statt.

Fort Aniola (Engelsburg), ul. Jachtowa dz. 158, ✆ 601767171, ✆ 913213571. Die Festungsanlage wurde 1855-58 errichtet und ist, wie alle Festigungsanlagen der Stadt, ein Zeugnis der Anwesenheit von preußischen, deutschen und schließlich russischen Truppen. Da es an das Mausoleum des röm. Kaisers Hadrian erinnert, bekam es den gleichen Namen: En-

Gedenkstätte Golm

An der Grenze

gelsburg. Kaminsaal mit aktueller Kunstausstellung, Wikingersaal mit Exponaten und einer frühmittelalterlichen Siedlung. @ oka476

- **Fort Zachodni (Westfort)**, Jachtowa, ✆ 508738118. Das Fort Zachodni aus den Jahren 1856-61 war Teil der preußischen Küstenverteidigungslinie. Nach der Vergrößerung in der zweiten Hälfte des 19. Jhs. wurde die Anlage Garnison für eine Küstenbatterie. Nach dem Ersten Weltkrieg wurde das Fort abgerüstet, im Zweiten Weltkrieg dann aber wieder in Betrieb genommen. Nachdem die Kämpfe um die Stadt verloren waren, zerstörten die Besatzungen die Waffen und flohen über die Ostsee. Teile der Anlage können heute besichtigt werden. Außerdem gibt es beim Eingang ein kleines Museum. @ tqc834
- **Park Zdrojowy (Kurpark)**. Der Kurpark wurde von P. J. Lenné 1827 angelegt, wegen eines Streites aber nie fertig gestellt.

Die Geschichte Swinemündes begann mit einer kleinen Ansiedlung im 12. Jahrhundert. Der Landstrich war im Laufe der Jahrhunderte Eigentum der Schweden, Preußen, Deutschen und dann der Polen. Die Funktion als Seehafen wurde in der Zeit der Preußischen Herrschaft ab 1720 immer weiter ausgebaut. Als dann aber mit dem Kanał Piastowski (Piastenkanal) 1880 eine direkte Schiffsverbindung ins Stettiner Haff und somit nach Stettin hergestellt worden war, ging die Bedeutung des Seehafens zurück. Die Verteidigungsfunktion der Stadt für die Mündung führte aber zum Bau mehrerer Forts, die bis zur Mitte des 20. Jahrhunderts genutzt wurden.

Nach der Westverschiebung der deutsch-polnischen Grenze nach dem Zweiten Weltkrieg fand sich der westliche, alte Teil der Stadt zwischen der Grenze und der Świna (dt. Swine) abgeschnitten vom Festland und seiner Bahnverbindung wieder. Der Wiederaufbau nach den weitreichenden Zerstörungen gegen Ende des Krieges und die polnische Neubesiedlung der Stadt nach Flucht und Vertreibung der deutschen Bevölkerung gestaltete sich daher zunächst kompliziert. Ab Ende der 1950er Jahre stellte sich die Abgeschiedenheit des Ortes aber als Vorteil für den Tourismus heraus. Nachdem die sowjetischen Streitkräfte 1958 das Kurviertel verlassen hatten, konnte auch der Sol- und Kurbadbetrieb wieder aufgenommen werden, den es seit 1897 in der Stadt gegeben hatte. In den 1970er Jahren wurde die Bevölkerungszahl der Vorkriegszeit von 30.000 wieder erreicht. Dank der regelmäßigen Fährverbindung über die Świna, die Anbindung an die Usedomer Bäderbahn und dem Wegfall der Passkontrollen seit Polens Beitritt zum Schengener Abkommen im Jahr 2007 ist die Stadt sowohl vom polnischen als auch vom deutschen Festland her gut erreichbar.

Gedenkstätte Golm

Etwa vier Kilometer südwestlich des Bahnhofs Świnoujście Centrum befindet sich auf der deutschen Seite am Nordende des Dorfes Kamminke auf der bewaldeten Höhe die Kriegsgräber- und Gedenkstätte Golm. Hier wurden viele der bis zu 5.000 Opfer des Luftangriffs vom 12. März 1945 auf die mit Flüchtlingen überfüllte Stadt Swinemünde in Massengräbern beigesetzt. Nur 432 Opfer sind namentlich bekannt. In der DDR wurde das Gedenken an die Opfer über Jahrzehnte hinweg behindert oder instrumentalisiert.

Von der Anhöhe bietet sich ein weiter Blick über die Stadt und es lässt sich der Verlauf der früher undurchdringlichen Grenze zwischen den „sozialistischen Bruderstaaten" DDR und Volksrepublik Polen erkennen.

Auf dem Weg vom Bahnhof über die 11 Listopada zum Golm kann man südwestlich der Ecke zur Grunwaldzka noch ein wenig das aus Backstein erbaute Bahnhofsgebäude der bis 1945 bestehenden Bahnlinie erkennen, die über die Karniner Brücke von Berlin über Ducherow nach Swinemünde führte.

Von Świnoujście nach Lübeck

432 km

Man radelt auf der Insel Usedom, der sonnenreichsten Insel Deutschlands. Die „Badewanne von Berlin“ ist bekannt für ihre Bäderarchitektur, mondäne nostalgische Seebäder und ihre vielfältigen Natur- und Landschaftsformen. Die kulturellen Höhepunkte sind danach die Hafenstadt Wolgast und die Hansestadt Greifswald. Es gibt einige Steigungen, man radelt aber auf verkehrsarmen Nebenstraßen.

Danach geht es meist auf küstennahen Radwegen durch die landschaftlich reizvolle Vorpommersche Boddenlandschaft in das weitläufige Gebiet der Rostocker Heide, das wegen der überaus großen Anzahl von Pflanzen und Tieren zum Naturpark erklärt wurde.

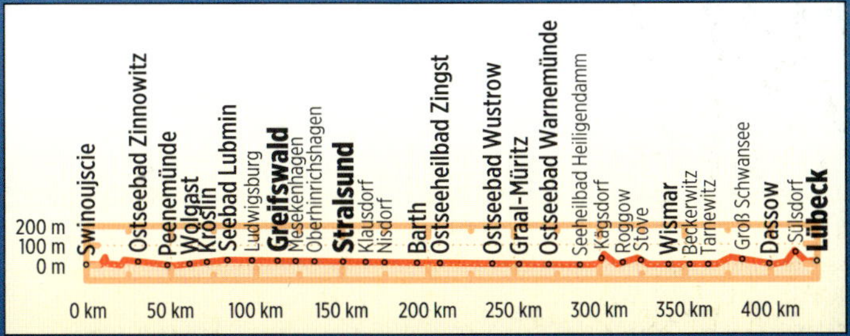

An traditionsreichen Seebädern und geschichtsträchtigen Hansestädten vorbei radelt man an urwüchsigen Naturstränden und imposanten Steilküsten entlang nach Lübeck, wo man in Schlutup die Grenzdokumentations-Stätte besichtigen kann.

Die Geschichte der DDR

Schon während des Zweiten Weltkriegs legten die Alliierten fest, dass Deutschland nach der Niederlage in Besatzungszonen aufgeteilt und von den drei Siegermächten USA, Großbritannien und UdSSR verwaltet werden sollte. Die vierte Besatzungsmacht Frankreich kam erst nach dem Ende des Zweiten Weltkriegs hinzu. Auf der Konferenz von Potsdam vom 17. Juli bis zum 2. August 1945 hatten sich die drei Siegermächte darauf verständigt, die wirtschaftliche Einheit Deutschlands zu wahren und das Land zonen- und sektorenübergreifend zu regieren.

Deutschland - und auch die alte Reichshauptstadt Berlin - wurde in eine amerikanische, eine britische, eine französische und eine sowjetische Zone eingeteilt. Die Grenzen wurden als Verwaltungsgrenzen betrachtet und Demarkationslinien genannt. Mit der zunehmenden Auseinanderentwicklung der ehemaligen Alliierten veränderte sich aber der Charakter der Demarkationslinie zwischen den drei westlichen Zonen einerseits und der Sowjetischen Besatzungszone (SBZ) andererseits.

Ab 1947 verstärkten die Sowjets den Ausbau der Zonengrenze durch die Errichtung von Straßensperren und Stacheldrahthindernissen an unübersichtlichen Stellen. Gleichzeitig verschärfte sich das Wirtschaftsgefälle.

In der SBZ wurden Bodenreform, Verstaatlichungen, Reparationsmaßnahmen und die Zwangsvereinigung von KPD und SPD zur „Sozialistischen Einheitspartei Deutschland" (SED) durchgesetzt, während die westlichen Zonen seit 1947 vom Marshall-Plan profitierten und die Demarkationslinien zwischen den West-Zonen an Bedeutung verloren.

Zum offenen Bruch kam es durch die Währungsreform am 21. Juni 1948, die für die Sowjetunion der Anlass war, eine Blockade über West-Berlin zu verhängen. Sie dauerte vom 24. Juni 1948 bis zum 11. Mai 1949, wobei die drei westlichen Sektoren Berlins nur über die „Luftbrücke" durch Flugzeuge versorgt wurden.

Mit der Verabschiedung des Grundgesetzes am 23. Mai 1949 wurde die „Bundesrepublik Deutschland" (BRD) mit der „provisorischen" Hauptstadt Bonn gegründet. Die „Deutsche Demokratische Republik" (DDR) mit dem Regierungssitz im sowjetischen Sektor von Berlin entstand am 7. Oktober 1949. Aus der Demarkationslinie wurde nicht nur eine Staatsgrenze, sondern auch eine Systemgrenze zwischen den Machtblöcken des „Kalten Kriegs". Doch obwohl die Grenze zunehmend von sowjetischer Seite reglementiert und überwacht wurde, war sie zunächst noch passierbar.

Die DDR war seit 1950 Mitglied im „Rat für gegenseitige Wirtschaftshilfe" (RGW), dem 1949 gegründeten östlichen Wirtschaftsbündnis, und wurde von der Sowjetunion viele Jahre mit milliardenschweren Subventionspaketen unterstützt.

In der Aufarbeitung der Vergangenheit war die DDR justiziell strenger, in der Staatsbürgerkunde entschiedener und mit der Errichtung von Gedenkstätten früher. Weil sie die BRD aber zum einzigen Nachfolgestaat des NS-Regimes erklärte, entzog sie sich damit der kollektiven Verantwortung, erhob den Antifaschismus zur Staatsdoktrin und wollte vor allem die Bonner Republik in Verlegenheit bringen. Offiziell wurde vor allem kommunistischer Widerstandskämpfer, sowjetischer Soldaten und Zwangsarbeiter gedacht, nicht aber der Millionen ermordeten und vertriebenen jüdischen Menschen, die zudem kaum entschädigt wurden. Auch Sinti und Roma, Homosexuelle, „Asoziale" und Opfer anderer Minderheiten wurden kaum in den Blick genommen.

Auch in der Kunst war das zu bemerken. Die „Todesfuge" ist das bekannteste Gedicht des jüdischen Dichters Paul Celan (1920-1970), der den Holocaust überlebt hatte. Darin wird der Mord an der jüdischen Bevölkerung durch die Nationalsozialisten thematisiert. Der DDR-Komponist Tilo Müller-Medekas hatte dieses Gedicht vertont, wofür er 1967 mit dem Kompositionspreis der niederländischen Stiftung „Gaudeamus" ausgezeichnet wurde. Da er sich aber geweigert hatte, den Text von Celan „der Mord ist ein Meister aus Deutschland" in „der Mord ist ein Meister aus West-Deutschland" zu verändern, wurde ihm für die Übergabe des Preises die Ausreise aus der DDR verweigert.

Als die Unterzeichnung des Vertrages über die „Europäische Verteidigungsgemeinschaft" (EVG), die letzten Endes auch eine Wiederbewaffnung der Bundesrepublik zur Folge gehabt hätte, unmittelbar bevorstand, übergab der stellvertretende sowjetische Außenminister Andrej Gromyko am 10. März 1952 den Vertretern der drei anderen Besatzungsmächte die erste sogenannte Stalin-Note mit Vorschlägen für die Lösung des „deutschen Problems". Auf einer Viermächtekonferenz sollte u. a. ein Friedensvertrag für ganz Deutschland abgeschlossen, die Oder-Neiße-Grenze anerkannt, der Abzug der Streitkräfte der Besatzungsmächte und die Neutralität des dann vereinigten Deutschlands vereinbart werden. Eines der Ziele Stalins war es, die Mitgliedschaft der Bundesrepublik Deutschland in der EVG zu verhindern.

Bundeskanzler Konrad Adenauer bewertete die Märznote als bloßes Störfeuer gegen die Westintegration der Bundesrepublik und setzte deshalb alle Verhandlungen mit den Westmächten so fort, „als ob es die Note nicht gäbe".

Die EVG kam letztlich nicht zustande, weil die französische Nationalversammlung am 30. August 1954 - nach der Niederlage im Indochina-Krieg - eine Europäische Verteidigungsgemeinschaft mit großer Mehrheit ablehnte.

Um den Flüchtlingsstrom zu stoppen, hatte die DDR-Regierung mit der sogenannten „Aktion Ungeziefer" - der von den SED-Ideologen gewählte Begriff suggerierte, dass es um innergesellschaftliche Schädlingsbekämpfung ging - von Ende Mai bis Juni 1952 über 10.000 sogenannte „unzuverlässige Elemente" aus der fünf Kilometer breiten Sperrzone zur BRD zwangsumgesiedelt. Der Begriff aus dem Wörterbuch des Unmenschen zeigte aber auch, wie gleichgültig ihnen die Barbarei des Nationalsozialismus war, weil die Zeit, in der Menschen als „Ungeziefer" nicht nur diffamiert, sondern auch ermordet wurden, erst wenige Jahre zurück lag.

Im thüringischen Streufdorf gab es dagegen Widerstand - den einzigen vor dem 17. Juni 1953 - der militärisch niedergeschlagen wurde. Danach wurden die deutsch-deutschen Grenzanlagen immer weiter perfektioniert, bis es faktisch unmöglich war, von Ost- nach West-Deutschland zu fliehen.

Die Unzufriedenheit in der DDR nahm insbesondere nach der 2. SED-Parteikonferenz vom Juli 1952 zu, auf der der „Aufbau des Sozialismus" beschlossen wurde. Das bedeutete zum einen die Konzentration der finanziellen und ökonomischen Ressourcen auf die Schwerindustrie zu Lasten der alltäglichen Versorgung der Bevölkerung und zum anderen die aus ideologischen Gründen forcierte Übertragung des sowjetischen Systems auf die DDR. Die Kollektivierung der Landwirtschaft, der Kirchenkampf und die Aktionen gegen selbstständige Unternehmen, Handwerker und Gewerbetreibende führten nicht nur zu einer starken Versorgungskrise, sondern auch zu einer wachsenden Zahl politischer Häftlinge (70.000) und einer vehement ansteigenden Fluchtbewegung (300.000 Flüchtlinge im ersten Halbjahr 1953).

Nach der Ankündigung der DDR-Führung, von der Arbeiterklasse mehr Leistung ohne höheren Lohn zu fordern („Normerhöhung"), kam es am 17. Juni 1953 zum ersten Volksaufstand im sowjetischen Machtbereich nach dem Zweiten Weltkrieg. Nach heutigen Erkenntnissen beteiligten sich an „5 Tage im Juni" (Stefan Heym, dessen Buch erst 1989 in der DDR erscheinen durfte) über eine Million Menschen aus allen sozialen Schichten in etwa 700 Städten und Gemeinden der DDR. Dabei kam es zu Streiks, Demonstrationen und Kundgebungen, sowie zur Erstürmung staatlicher und öffentlicher Gebäude. Die zentralen Forderungen der Demonstrierenden waren hochpolitisch und für die Verhältnisse in der DDR revolutionär. Sie forderten freie und geheime Wahlen, Freiheit für alle politischen Gefangenen, Aufhebung der Zonengrenze und einen Friedensvertrag für ganz Deutschland.

Am 17. Juni 1953 wurde der Volksaufstand von sowjetischen Panzern niedergeschlagen, weil die SED-Führung, die schon Evakuierungspläne ausgearbeitet hatte, „falls die Konterrevolution siegt" (Erich Honecker), sich alleine nicht hätte halten können. Auf die 3.000 Festnahmen durch sowjetische Truppen folgten 10.000 Verhaftungen durch DDR-Dienststellen, von denen mindestens 2.300 verurteilt wurden. Sowjetische Standgerichte erschossen 18 Menschen. Vier wurden von DDR-Gerichten zum Tode verurteilt, die gegen Erna Dorn und Ernst Jennerich auch vollstreckt. Zwischen sechzig und achtzig Menschen kamen auf den Straßen und Plätzen bei Demonstrationen oder der Erstürmung öffentlicher Gebäude ums Leben. Zehn bis 15 SED-Funktionäre und Beschäftigte bei Polizei und Sicherheitsorganen der DDR fanden ebenfalls den Tod. Bis zum Jahresende flüchteten 150.000 Menschen in den Westen.

Der 17. Juni 1953 war ein spontanes Ereignis, das die Geheimdienste nicht nur im Osten, sondern auch im Westen überraschte. In der DDR galt er offiziell als „faschistischer Putsch“, der von westlichen Geheimdiensten langfristig organisiert und durchgeführt worden sei. Bis zum Ende der DDR war er für die Machthaber der Inbegriff für die Bedrohung durch das eigene Volk und damit Grund und Anlass, ein ausgedehntes Spitzelsystem zu etablieren, die Bevölkerung einzuschüchtern und einzumauern. Dieser Tag, das „Trauma“ der DDR, wurde von der SED ignoriert

Viele auch nach dem 17. Juni 1953 mit den politischen und wirtschaftlichen Verhältnissen unzufriedene Menschen in der DDR nutzten den Weg über West-Berlin zur Flucht. Zwar mussten sie auch zum Besuch von Ost-Berlin eine besondere Genehmigung haben, eine perfekte Kontrolle im Alltag war aber kaum durchführbar. Vor dem Mauerbau war es noch möglich, sich in der Vier-Sektoren-Stadt relativ frei zu bewegen. Mit einem S- oder U-Bahn-Ticket konnte man leicht von Ost- nach West-Berlin gelangen und von dort mit dem Flugzeug in die Bundesrepublik.

Briefmarke zum 25. Geburtstag des „antifaschistischen Schutzwalls“

Um die Fluchtmöglichkeiten zu unterbinden, versuchte die Sowjetunion 1958 mit dem „Chruschtschow-Ultimatum“ erneut, den Status von Berlin zu ihren Gunsten zu verändern. Sie forderte die West-Alliierten ultimativ auf, aus Berlin abzuziehen. Der Vorstoß scheiterte und die Fluchtbewegung, d.h. die „Abstimmung mit den Füßen“, ging weiter. Bis zum Mauerbau flüchteten etwa vier Millionen Menschen aus der DDR.

Nicht gewillt, politische Freiheitsrechte zu gewähren und unfähig, die wirtschaftlichen Probleme zu lösen, kamen die Führungen der DDR und der UdSSR auf eine groteske Idee: Am 13. August 1961 begannen sie, um die West-Sektoren von Berlin eine Mauer zu errichten, damit niemand mehr nach West-Berlin fliehen konnte. Gleichzeitig forcierten sie durch die „Aktion Festigung“, die auch „Aktion Kornblume“ genannt wurde, den Ausbau der Grenze zwischen der Bundesrepublik und der DDR.

Durch das Verlegen von 900.000 Erdminen, den Bau von Kfz-Sperrgräben (ab 1966), 39.000 Selbstschussanlagen (ab 1970) und einen zweiten 1.281 Kilometer langen Hinterlandzaun mit optischen und akustischen Signalanlagen (ab 1973) war die deutsch-deutsche Grenze nahezu unüberwindbar. Zudem wurden über 12.000 Personen zwangsumgesiedelt und etwa 30 Ortschaften, die im Schutzstreifen lagen, geschleift. Der grenzüberschreitende Verkehr wurde bis auf sechs Eisenbahn- und fünf Straßenübergänge unterbunden.

Nach dem Rücktritt von Walter Ulbricht (1893-1973) am 3. Mai 1971 begann auf dem VIII. Parteitag der SED vom 15. bis 19. Juni mit seinem Nachfolger die „Ära Honecker“. Erich Honecker (1912-1994) propagierte die Einheit von Wirtschafts- und Sozialpolitik mit dem Ziel, die Lebensbedingungen der Menschen zu verbessern, was jedoch kaum gelang. Gleichzeitig verabschiedete sich die DDR auf diesem Parteitag auch von der Forderung nach einer Wiedervereinigung Deutschlands und propagierte die Zweistaatlichkeit. In der von Johannes R. Becher verfassten und von Hanns Eisler vertonten Nationalhymne der DDR vom 5. November 1949 klang es noch anders:

„Auferstanden aus Ruinen
Und der Zukunft zugewandt,
Lass uns dir zum Guten dienen,
Deutschland, einig Vaterland.“

Die Hymne wurde nicht verändert, der Text hingegen wurde bis zum Ende der DDR offiziell nicht mehr gesungen. Lediglich die Melodie von Eisler kam noch zur Aufführung.

Die Verabschiedung des Transitabkommens 1971 und des Grundlagenvertrags 1972 ermöglichten die Mitgliedschaft beider deutscher Staaten in der UNO. Trotz Unterzeichnung der KSZE-Schlussakte wurden weiterhin Ausreisewillige und festgenommene Flüchtlinge kriminalisiert und verhaftet. Einen

Teil von ihnen hatte die Bundesrepublik dann freigekauft. Die SED sah sich wegen ihrer prekären Wirtschaftslage, die Bonner Regierung durch den innenpolitischen Druck zur „Menschlichkeit gegen Kasse" gezwungen.

Zwischen Mauerbau und Mauerfall wurden insgesamt 33.000 Häftlinge freigekauft und 215.000 Familienangehörige und Ausreisewillige erhielten die Genehmigung zur Ausreise. Zudem wurden 150 Agenten gegnerischer Geheimdienste ausgetauscht. 1963 kamen die ersten 20 Gefangenen frei, dazu ebenso viele Kinder - in einem Austausch gegen drei Eisenbahnwaggons Kalidünger. Auch danach wurden zunächst für den Freikauf nur Waren geliefert. Erst später wurde gezahlt, wobei die „Preise" von 40.000 auf fast 100.000 DM für eine gefangen Person rasant anstiegen. Insgesamt wurden dafür 3,4 Milliarden DM an die DDR bezahlt.

Wegen des Streits um die Hafenstadt Stettin - sie lag auf der westlichen Seite der zwischen den Siegermächten vereinbarten Oder-Neiße-Linie und hätte demnach zur Sowjetischen Besatzungszone gehören müssen - wurde erst 1972 der visafreie Grenzverkehr zwischen der DDR und der Volksrepublik Polen ermöglicht. Nachdem sich in Polen aber die Gewerkschaft Solidaność mit über zehn Millionen Mitgliedern - die kommunistische Staatspartei hatte lediglich 2,5 Millionen - zu einer bedrohlichen politischen Kraft entwickelte, wurde die Visafreiheit zwischen den „sozialistischen Bruderstaaten" 1980 wieder aufgehoben. In den 40 Jahren ihrer Existenz hatten sie nur acht Jahre einen visafreien Verkehr.

Um die DDR vor der Zahlungsunfähigkeit zu bewahren, gewährte die Bundesregierung unter Helmut Kohl 1983 die von Franz Josef Strauß (1915-1988) eingefädelten Milliardenkredite unter der Bedingung, dass die 70.000 Selbstschussanlagen, die 60.000 Splitterminen (SM-70) und die über eine Million Bodenminen beseitigt werden. Dadurch wurde die Überwindung der Grenze allerdings nicht leichter, weil die Sicherungsmaßnahmen weiter zurück ins Hinterland verlegt wurden, um Fluchtversuche nicht mehr nur unter den Augen der westdeutschen Grenzbeamten verhindern zu können. Bis 1986 waren 40 Prozent des DDR-Territoriums militärisches Sperrgebiet, später etwa 25 Prozent.

Die „Glasnost" (Offenheit) und „Perestroika" (Umbau) genannten Reformen von Michail Gorbatschow, der im März 1985 mit nur einer Stimme Mehrheit - völlig ungewöhnlich für sowjetische Verhältnisse - zum Generalsekretär der KPdSU gewählt wurde, hatte die DDR-Führung abgelehnt. Die oft von der Kirche unterstützte erstarkte ökologische Friedensbewegung wurde massiv unterdrückt.

Am 7. September 1987 wurde SED-Generalsekretär Erich Honecker von Bundeskanzler Helmut Kohl in Bonn zu einem „Arbeitsbesuch" eingeladen. Dabei erklangen beide Nationalhymnen ohne Text. Während die Berliner „tageszeitung" titelte: „Ausreiseerlaubnis für Honecker", fragte die FAZ wegen des Verschweigens der Zeilen „Einigkeit und Recht und Freiheit für das deutsche Vaterland" und „Deutschland, einig Vaterland": „Ist das Protokoll nicht gnädig, dass es die Deutschen, die hier versammelt sind, der Verpflichtung enthebt, bei dieser Demonstration ihrer Teilung auch noch ein Lippenbekenntnis zur Einheit abzulegen und die Bitternis der Selbstverhöhnung zu ertragen?"

Der entscheidende Satz der DDR-Hymne wurde erst am 1. Februar 1990 in der Volkskammer vom amtierenden Ministerpräsidenten Hans Modrow wieder aufgegriffen, als er sein Konzept „Für Deutschland, einig Vaterland" vorlegte, mit dem sich auch die letzte SED-Regierung für die Einheit Deutschlands aussprach.

Die Aktivitäten der Gewerkschaft Solidarność in Polen, die erfolgreiche Orientierung der Ungarn nach Westen, der „Singende Revolution" genannte Kampf der Unabhängigkeitsbewegungen in den baltischen Staaten, die „Samtene Revolution" in der Tschechoslowakei, die gefälschten DDR-Kommunalwahlen im Mai 1989, der Abbau des Stacheldrahts an der ungarisch-österreichischen Grenze durch die beiden Außenminister Guyla Horn und Alois Mock am 27. Juni 1989, die Wahl von Tadeusz Masowiecki zum ersten nicht-kommunistischen Ministerpräsidenten am 24. August 1989 in Polen, die daraus resultierende erneute Massenflucht sowie die regelmäßigen Montagsdemonstrationen und die immer stärker werdende Oppositionsbewegung in der DDR bereiteten das Ende des Eisernen Vorhangs in Europa vor.

Der 9. Oktober 1989 in Leipzig war entscheidend, als es den „Sechs von Leipzig" mit dem langjährigen Kapellmeister vom Leipziger Gewandhausorchester Kurt Masur gelang, dass diese Demonstration von 70.000 Menschen gewaltfrei verlief, obwohl für eine gewaltsame Beendigung 8.000 Polizisten, Kampfgruppenmitglieder und NVA-Soldaten sowie Hundertschaften der Polizei bereit waren und von den Dächern Maschinengewehre auf die Demonstrierenden gerichtet waren, die Wasserwerfer bereitstanden und die Krankenhäuser

Seebrücke in Heringsdorf

Blutkonserven schon vorbereitet hatten.

Für den friedlichen Verlauf der Revolution in der DDR war das eine wichtige Voraussetzung und führte zum Rücktritt von Erich Honecker am 17. Oktober sowie zur Maueröffnung am 9. November 1989 in Berlin. Am 18. März 1990 fanden die ersten und einzigen demokratischen Wahlen in der DDR statt. Mit 93,4 Prozent der 12,4 Millionen Wahlberechtigten gab es die höchste Beteiligung, die bei demokratischen Wahlen in Deutschland jemals gemessen wurde. Die durch diese Volkskammerwahl legitimierte neue Regierung unter Ministerpräsident Lothar de Maizière (CDU) bereitete den Beitritt der DDR zur Bundesrepublik Deutschland über Artikel 23 des Grundgesetzes vor.

Mit dem am 12. September 1990 in Moskau abgeschlossenen „Zwei-plus-Vier-Vertrag" zwischen den Außenministern der beiden deutschen Staaten und der vier alliierten Siegermächte wurde mit dem Abzug der alliierten Truppen aus Deutschland im Sommer 1994 die Nachkriegszeit endgültig beendet. Dabei wurde auch geklärt, dass dem geschlagenen Deutschland nicht, wie im Versailler Vertrag nach dem Ersten Weltkrieg, erdrückende Zahlungen an die Siegermächte auferlegt wurden. Die möglichen Reparationen waren nämlich 1953 im Londoner Schuldenabkommen auf den damals sehr fern erscheinenden Zeitpunkt eines Friedensvertrags vertagt worden. Als 1990 die Situation plötzlich da war, akzeptierten die Alliierten den von Deutschland vorgeschlagenen „Zwei-plus-Vier-Vertrag" ohne jegliche Reparationen. Weil die DDR bis 1953 hohe Reparationsleistungen an die Sowjetunion erbringen musste, trug sie fast die gesamte Reparationslast.

Nach Einführung der Wirtschafts-, Währungs- und Sozialunion am 1. Juli 1990 und abgesichert durch den Einigungs- und Zwei-plus-Vier Vertrag wurde am 3. Oktober 1990 mit der Deutschen Einheit das Ende der DDR vollzogen.

Von Świnoujście nach Peenemünde 48 km

1 Die Hauptroute geht am Strand entlang. Wer vom Bahnhof Świnoujście Centrum kommt, radelt auf der **Stanisława Moniuszki**, die in die **Bolesława Prusa** übergeht, nach Norden und biegt links ab in den Radweg am Ostseeufer entlang.

Man passiert die Grenze, sieht die Solaranlagen auf der deutschen Seite und radelt an der Küste entlang nach Ahlbeck.

ZUM BAHNHOF: Wer in Ahlbeck zum Bahnhof radeln möchte, biegt vor der Seebrücke links ab in die Schulzenstraße und erreicht ihn über die Bahnhofstraße.

Ahlbeck, Heringsdorf, Bansin

Sie bezeichnen sich als die drei Kaiserbäder und verweisen damit auf die Zeit, als Kaiser Wilhelm II., der Adel und das wohlhabende Bürgertum ihre Sommerfrische in den mondänen Bädern verbrachten. Spielcasinos, Pferderennbahnen und Strandpromenaden boten neben der Sonne, dem Wind und dem Meer andere Formen des Zeitvertreibs.

Das älteste Seebad ist Heringsdorf, in dem 1824 der Badebetrieb begann. Bereits ein Jahr später wurden die ersten Logierhäuser und ein Gesellschaftshaus gebaut. Mit der Eröffnung der Dampfschiffverbindung Swinemünde-Heringsdorf entwickelte sich der Ort zu einem der beliebtesten Ostseebäder in den 1840er Jahren.

Etwa zehn Jahre später begann der Badebetrieb in Ahlbeck, das dem angestammten Heringsdorf beachtliche Konkurrenz machte. In beiden Badeorten setzte in den 1870er Jahren eine rege Bautätigkeit ein, die von eigens dafür gegründeten Gesellschaften finanziert wurde.

Bansin ist das jüngste Seebad in dem Dreiergespann und wurde im Gegensatz zu den beiden anderen als reiner Bade-, Kur- und Erholungsort 1896/97 erbaut. Dort liegt der Schriftsteller Hans Werner Richter (1908-1993) begraben, dessen Name mit der „Gruppe 47" verbunden ist. Das alte Feuerwehrhaus wurde zu einer Gedenkstätte umgebaut.

Der Name Bansin wurde einem wenige Kilometer landeinwärts am Gothensee gelegenen Bauerndorf entliehen. Es erhielt 1923 als erstes deutsches Seebad die sogenannte Freibade-Erlaubnis. Man konnte seitdem in Badekleidung über die Promenade zum Strand schlendern.

Die Seebäder dürfen sich seit 1997 „Seeheilbäder" nennen und bilden gemeinsam das Urlaubszentrum der Insel Usedom. Von Ahlbeck über Heringsdorf bis nach Bansin kann man entlang der zwölf Kilometer langen Strandpromenade flanieren.

Ahlbeck (Heringsdorf)

Vorwahl: 038378

- **Tourist-Information**, Dünenstr. 45, ✆ 499350, @ eci367
- **Adler-Schiffe**, Seebrücke-Promenade 1, ✆ 47790, ✆ 04651/9870888. Fahrten nach Świnoujście und Międzyzdroje. @ vct133
- **Seebrücke**. Die wunderschöne Seebrücke war Schauplatz in einem Loriot-Film und feierte 2018 ihr 120-jähriges Jubiläum. Davor befindet sich eine Jugendstiluhr, die ein Kurgast stiftete.
- **Strand**. Ahlbeck besitzt einen 70 m breiten Strand.
- **Ostseetherme Usedom**, Lindenstr. 60, ✆ 2730. Badeparadies mit Saunawelt. @ eyr372

Die Geschichte des alten Fischerdorfes Ahlbeck geht bis ins 12. Jahrhundert zurück. Bis hinein ins 17. Jahrhundert war die Ortschaft kaum bevölkert. Erst 1745 siedelten sich nach einem Edikt des Preußenkönigs Friedrich II. einige Kolonisten um den Ahlbecker See an. Weil man weitere gewinnen wollte, ließ man das Wasser des Ahlbecker Sees ab. Doch auch dadurch ließ sich kein Erfolg erzielen, weil das Land an dieser Stelle nicht zum Besiedeln geeignet war. Heute nennt man die Stelle, wo der See einst war, das Fenn, es ist ein ganz besonderes Gebiet unberührter Natur. Zwischen dem Bahnhof von Heringsdorf und dem Ort selbst liegt der Kur- und Heilwald, der liebevoll auch „Grüne Apotheke" genannt wird.

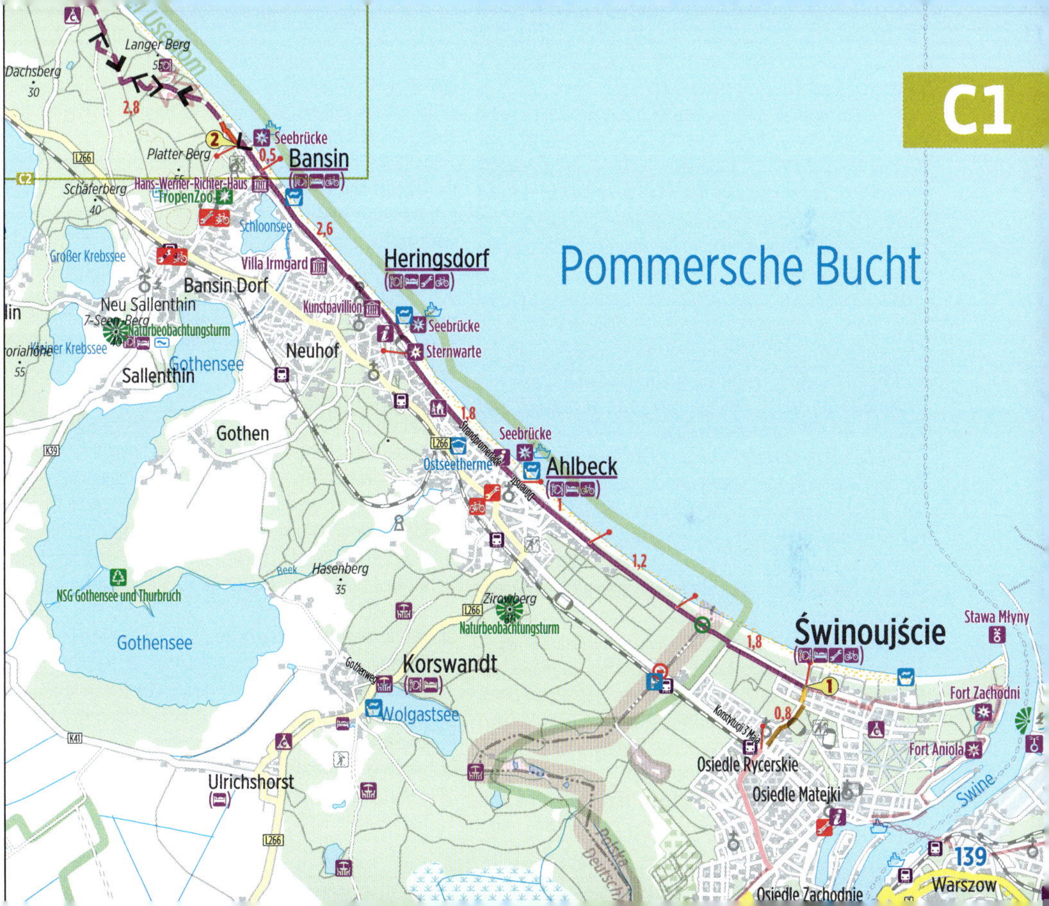

Usedomer Bäderbahn (UBB)

*Die UBB wurde 1911 gegründet und ihre Abkürzung könnte auch für „Usedomer Boße-Bahn“ stehen. Denn es war der heutige Geschäftsführer Jörgen Boße (*1963), der als junger Student die Bahn vor dem Untergang bewahrte. In den letzten DDR-Jahren war sie völlig heruntergekommen und die Reichsbahn hatte nach dem Fall der Mauer bereits die Stilllegung beantragt.*

Dann überzeugte Jörgen Boße den damaligen Bahnchef Heinz Dürr von seinem Konzept für die Bahn auf der Insel: Gleise erneuern, Bahnhöfe sanieren, moderne Züge einsetzen, im Takt fahren. Dürr setzte ihn als Geschäftsführer ein und Boße hatte Erfolg. Die Zahl der Fahrgäste ist seit 1992 von 260.000 auf 3,5 Millionen gestiegen.

Die UBB wurde 1994 als 100-prozentige Tochtergesellschaft der Deutschen Bahn gegründet und übernahm am 1. Juni 1995 die beiden Strecken Peenemünde-Zinnowitz und Wolgaster Fähre-Seebad Ahlbeck. Mit der Fertigstellung der Hubbrücke in Wolgast im Jahre 2000 wurde die ehemalige Stichstrecke von Züssow nach Wolgast Hafen ebenfalls vollständig übernommen.

Die Gleisanlagen wurden grundlegend saniert und mit neuer Sicherungstechnik ausgestattet. 2002 kamen der Betrieb der Regionalzüge von Barth und Züssow nach Stralsund dazu. Die Verlängerung über die polnische Grenze hinweg nach Świnoujście Centrum, wo ein neues Wohnviertel entstand, wurde 2008 in Betrieb genommen.

Man passiert auf dem Strandweg die Seebrücke von Ahlbeck. Da aber das Radeln auf dem Strandweg nicht gestattet ist, empfiehlt es sich, die parallelen Nebenstraßen zu benutzen. Hinter der Seebrücke folgt man wieder der ausgeschilderten Route.

Zur DDR-Zeit schwappte unter dem Brückenhaus noch die Ostsee, heute liegt darunter der Strand, weil der Sand hier wieder angelandet ist, den zuvor Wind und Wetter im Nordwesten von Usedom abgetragen hatten.

Auf der Promenade radelt man dann weiter nach Heringsdorf. Dort fährt man bis zum Fußballplatz, hält sich dann rechts und fährt um diesen herum zur Seebrücke.

Heringsdorf

Vorwahl: 038378

- **Tourist-Information**, Delbrückstr. 69, ✆ 2450, ✆ 01805/583783, @ mca627
- **Adler-Schiffe**, Strandpromenade 1, Seebrücke, ✆ 04651/9870888. Die Schiffe verkehren zwischen den verschiedenen Seebädern auf Usedom, steuern aber ab Peenemünde auch die Insel Rügen an. @ wva133
- **Kunstpavillon**, Strandpromenade am Rosengarten, ✆ 22877 Der Usedomer Kunstverein präsentiert in dem markanten Rundgebäude des Rügener Bauingenieurs Ulrich Müther wechselnde Kunstausstellungen. @ vun455
- **Villa Irmgard**, Maxim-Gorki Str. 13, ✆ 22361 Die Villa beherbergt das Heimatmuseum und die Gedenkstätte für Maxim Gorki mit wechselnden Ausstellungen sowie Veranstaltungen, @ tds783
- **Chapeau Rouge**, Strandpromenade, ✆ 2688800. Theaterzelt, Vorstellungen nur in den Sommermonaten, @ bqe585
- **Seebrücke**. Die Seebrücke in Heringsdorf ist mit 508 m die längste in Deutschland. Sie wurde 1995 gebaut, nachdem die ursprüngliche Kaiser-Wilhelm-Brücke in den 1950er Jahren abgebrannt war.
- **Sternwarte**, Strandpromenade, ✆ 471650, ✆ 0171/2756948, @ vsd832
- **NSG Gothensee**. Zu dem Naturschutzgebiet gehört auch das Thurbruch, ein großes Torfmoor. @ tgg826

Die 1893 eingeweihte 400 Meter lange Seebrücke wurde 1903 auf 508 Meter verlängert. Die Eisenbahn erreichte 1894 den Ort und mit dem 41 Meter hohen Bismarckturm auf dem Präsidentenberg erhielt der Ort 1905 ein weiteres Wahrzeichen. In der „Villa Irmgard“ lebte einige Monate auch Maxim Gorki (1868-1936).

Der Ortskern wurde seit 1991 umfassend saniert, 2005 wurden die drei „Kaiserbäder“ gegründet und hat seit 2007 den Namen Ostseebad Heringsdorf.

Man fährt unter der Seebrücke und durch ein Drängelgitter hindurch. Dort hält man sich rechts und radelt geradeaus weiter auf der Strandpromenade. Es geht dann kurz seitwärts über Kopfsteinpflaster und danach weiter geradeaus nach Bansin.

Bansin (Heringsdorf)

Vorwahl: 038378

- **Tourist-Information**, An der Seebrücke, ✆ 47050, @ wpj457
- **Hans-Werner-Richter-Haus**, Waldstr. 1, ✆ 47801 Das ehemalige Feuerwehrhaus wurde zu einem Literaturhaus umgebaut, das dem Schriftsteller und Initiator der Gruppe 47 Hans Werner Richter gewidmet ist. Neben den Werken und dem Nachlass Richters ist auch ein Günter-Grass-Zimmer eingerichtet, wo es Originalzeichnungen und Grafiken des Literaturnobelpreisträgers zu sehen gibt. @ dwb471
- **TropenZoo Bansin**, Goethestr. 10, ✆ 472080 In dem Haus können neben exotischen Pflanzen auch Tiere in Aquarien und Terrarien besichtigt werden. @ ona661

Der Name Bansin wurde erstmalig 1111 erwähnt, 1897 das Seebad gegründet und 1911 an das Eisenbahnnetz angeschlossen, was zu einer Verfünffachung der Tourismuszahlen führte. Zu DDR-Zeiten gab es mehrere Betriebs-Ferienlager, die nach 1990 verfielen. Danach wurde der Ort umfänglich saniert und 1997 wurde der Gemeinde das Prädikat Ostseeheilbad verliehen.

In Bansin radelt man an der Seebrücke vorbei, biegt dann von der Strandpromenade links ab und fährt stark bergauf. **2** Dann geht es rechts in die **Bergstraße** und man folgt dem hügeligen Verlauf bis zu der Straße, die rechts zum Forsthaus Langenberg führt. Dort geht es erneut bergauf und weiter auf dem hügeligen Waldweg, zunächst durch das Drängelgitter und dann nach rechts auf die asphaltierte Straße. Dann fährt man rechts in den Campingplatz ein und überquert diesen auf dem Sträßchen. Nach etwa zwei Kilometern radelt man weiter auf der Straße und dann auf der Promenade (**Strandstraße**) geradeaus.

Nach der Kurmuschel fährt man links, es geht leicht bergab und dann weiter nach rechts durch das Drängelgitter in den Radweg. **3** Man folgt dem Verlauf der Straße, kommt am Reha-Zentrum vorbei und nimmt den sehr hügeligen Waldweg mit seinen teilweise starken Neigungen. Es geht vorbei am Campingplatz und stark bergauf. Man radelt geradeaus auf den Waldweg, dann kurz auf die Straße und gleich wieder auf den Waldweg. Weiter geht es zwischen Kölpinsee und Deich.

Um in **Kölpinsee** eine Treppe zu vermeiden, biegt man links in die **Strandstraße**, danach rechts in die **Kurze Straße**, radelt bergauf und biegt rechts ab in die **Jägerstraße**, an deren Ende

man links abbiegt in den hügeligen, breiten Waldweg. Man hält sich parallel zum Strand und folgt dem Waldweg bis Koserow.

Koserow

Vorwahl: 038375

- **Kurverwaltung**, Hauptstr. 31, ☎ 20415, @ txp474
- **„Uns Fischers Arbeitshütt"**, Am Strande 2, ☎ 20415. Fisch-Restaurant & Räucherei mit kleinem Museum. Außerdem: Usedoms kleinstes Trauzimmer, @ bgo758
- **Kirche**, Schulstr. Die einzige mittelalterliche Kirche an der Usedomer Ostseeküste wurde Ende des 13. Jhs. als kleine Feldsteinkirche erbaut. @ lkq144
- **Atelier Otto Niemeyer-Holstein**, Lüttenort, ☎ 20213, @ uys777
- **Salzhütten**, Oberförsterweg. Die mit Schilfrohr gedeckten Hütten wurden Anfang des 19. Jhs. zur Lagerung von Salz erbaut. Heute stehen sie unter Denkmalschutz.
- **Streckelsberg.** Von der Aussichtsplattform (60 m) hat man einen herrlichen Blick zum Peenemünder Haken, den Inseln Ruden und Greifswalder Oie, aufs Rügener Mönchsgut und die polnische Insel Wolin.
- **Usedom Tourismus GmbH**, Hauptstr. 42, ☎ 244144, @ jho413

Der Künstler Otto Niemeyer-Holstein und seine Frau Anneliese ließen sich 1932 auf der Insel Usedom nieder. Sie erstanden für 60 Reichsmark einen ausrangierten Gepäckwagen der Berliner S-Bahn, den sie an der schmalsten Stelle der Insel nahe Koserow auf einer sumpfigen Wiese aufstellten. Den neuen Wohnort, in den sich das Paar vor den Nazis zurückzog, benannte der Künstler nach seinem alten Segelboot „Lütten" Lüttenort. In den folgenden Jahren bauten sie den „Wohnwagen" aus und erweiterten ihn um neue Anbauten. Es wurden verschiedene Gärten um das Domizil angelegt, die vom Namen bis zur Gestaltung durchkomponiert sind. Überall finden sich Skulpturen und andere kleine Kunstwerke. Der angesehene Künstler der DDR verfügte, nach seinem Tod sein „Atelier-Wohnanwesen" unter der Bedingung dem Staat zu überlassen, dass das Anwesen unverändert zu erhalten und der Öffentlichkeit zugänglich zu machen sei. Sein Wunsch wurde erfüllt. Seither ist ein Gärtner für die Pflege der Gärten zuständig, ein weiterer Mitarbeiter führt kleine Besuchergruppen durch Atelier und Gartenanlagen.

Direkt am Strand geht es am Restaurant vorbei und an der Weggabelung hält man sich rechts. Auf dem gepflasterten Deich in Lüttenort fährt man am Otto-Niemeyer-Gedenkatelier vorbei und weiter parallel zum Strand. **4** Am Ende vom **Möwenweg**

Zinnowitzer Seebrücke mit Tauchglocke

radelt man um die Pension herum in den Radweg **Oberförsterweg**, dem man bis Zinnowitz folgt. Dort, wo es rechts hinunter zum Strand geht, radelt man links auf die Strandpromenade.

Zinnowitz

Vorwahl: 038377

- **Kurverwaltung**, Neue Strandstr. 30, ✆ 4920, @ kji371
- **Die Blechbüchse**, Seestr. 8, ✆ 03971/2688800, @ wwo422
- **Strandpromenade**. Die Flaniermeile ist eine der schönsten Strandpromenaden der Insel Usedom. Zwischen gepflegten Grünanlagen und Bäderarchitektur gibt es viel Gastronomie, Einkaufsmöglichkeiten und Plätze zum Verweilen. Zentral gelegen ist der Seebrückenvorplatz mit dem Ostsee-Lift-Café und der Promenadenhalle, von hier gelangen Sie auf die Seebrücke.
- **Tauchgondel**, An der Strandpromenade, ✆ 37861. Mit der Tauchgondel lässt sich die Unterwasserwelt der Ostsee erleben. @ dxd361
- **Bernsteintherme**, Dünenstr. 2, ✆ 7000. Thermalbad, Hamam, Strandsauna, Meerwasserbad etc. @ lff545

1751 gründete Friedrich II. die Domäne Zinnowitz, die 100 Jahre später unter Einhaltung einiger Auflagen vom zuständigen Landrat in

Swinemünde die Genehmigung erhielt, ein Seebad zu eröffnen. Auch wegen der niedrigen Preise entwickelte sich Zinnowitz zu einem beliebten Badeort, in dem sich nicht nur der Adel erholen sollte. Hier notierte 1927 der Romanist und Politiker Victor Klemperer (1881-1960) in seinem Tagebuch kritisch, dass am Zinnowitzer Landungssteg eine Hakenkreuzfahne hing und man sich brüstete, vollkommen „judenfrei" zu sein.

Man fährt die **Strandpromenade** entlang, passiert die Seebrücke und radelt geradeaus weiter auf dem Waldweg bis zum Strand von Trassenheide. **5** Dort geht es links bergab in die **Strandstraße**, dann rechts ab in die **Dünenstraße**, die in die **Zeltplatzstraße** übergeht, und erreicht das Ostseebad **Karlshagen**, in dem man hinter dem Hotel Dünenschloss links abbiegt in die **Strandstraße**.

Am Bahnhof geht es hinter den Gleisen rechts ab in die **Alte Peenemünder Straße**, wo auf verschiedenen Tafeln die Geschichte dargestellt wird. Man quert die Gleise, fährt weiter geradeaus in den Flughafenring und erreicht nach einer Linkskurve den Flugplatz, an dem sich neben dem Flughafenmuseum auch ein Bettenmuseum befindet. Man folgt dem Flughafenring um den Kölpinsee herum und erreicht Peenemünde.

Peenemünde

Vorwahl: 038371

- **Peenemünde Information**, Peenepl. 6, ✆ 21656, @ yyo355
- **Adler-Schiffe**, Strandpromenade 1, Seebrücke, Heringsdorf, ✆ 04651/9870888. Die Schiffe verkehren zwischen den verschiedenen Seebädern auf Usedom, steuern aber ab Peenemünde auch die Insel Rügen an. @ wva133
- **Apollo GmbH Fahrgastreederei**, Hafenpromenade 8, ✆ 28429. Es werden sowohl eine Fährverbindung nach Freest auf dem Festland angeboten, als auch Ausflugsfahrten zu den Inseln Ruden und Greifswalder Oie sowie spezielle Abendfahrten. @ uob161
- **Boddenreederei Rügen**, ✆ 038308/8389, ✆ 0171/1887426. Schiffsfahrten und Robbentouren auf dem Greifswalder Bodden mit der MS Hanseat. Außerdem Fahrradfähre zwischen Usedom und Rügen. @ hcv651
- **Historisch-Technisches Museum**, Im Kraftwerk, ✆ 5050 7d Während des Nationalsozialismus wurden hier die sogenannten V2-Raketen entwickelt und auch getestet. Das Museum zeigt die Entwicklung von damals bis heute. Außerdem gibt es eine Begegnungsstätte und eine Denkmallandschaft. @ skl132
- **Phänomenta „Physik zum Anfassen"**, Museumstr. 12, ✆ 26066 7d In dem interaktiven Museum werden naturwissenschaftliche und physikalische Phänomene dargestellt. @ pqr746
- **U-Boot**, Haupthafen, ✆ 89054 7d Das rund 100 m lange und etwa 4.000 t schwere U-Boot U-461 war Teil der ehemaligen Baltischen Rotbannerflotte. Heute ist es das größte U-Boot-Museum der Welt. @ ogc476

Mit einer Bevölkerungszahl von 350 Menschen ist Peenemünde die nördlichste Gemeinde der Insel Usedom und wurde 1282 erstmals erwähnt. Während des Dreißigjährigen Kriegs landete hier 1630 der schwedische König Gustav II. Adolf mit einer 15.000 Mann starken Streitmacht und besetzte nach der Eroberung Usedoms das gesamte Odermündungsgebiet. Nach dem Westfälischen Frieden wurde Peenemünde wie ganz Pommern 1648 schwedisch, nach dem Frieden von Stockholm 1720 preußisch.

Bekannt wurde der Ort in der Zeit des Nationalsozialismus als „Heeresversuchsanstalt der Wehrmacht". Auf 25 Quadratkilometern entstand eine Forschungsstadt, in der 12.000 Menschen arbeiteten, der bekannteste war Wernher von Braun. Viele wurden zur Arbeit gezwungen und KZ-Häftlinge zu Tode gequält. Die auf dem teuersten Raketenzentrum der Welt entwickelten Raketen hießen in Goebbels´ Propaganda „Vergeltungswaffen". Die Abschussrampen der V1, die noch wie Flugzeuge starteten, sind zu besichtigen.

Berühmter wurde die V2, deren Start am 3. Oktober 1942 als Beginn der Weltraumforschung gilt. Als die Alliierten Peenemünde bombardierten, wurde die V2-Produktion in ein Stollensystem bei Nordhausen in Thüringen verlegt.

Auch nach dem Krieg blieb Peenemünde militärisches Sperrgebiet. Bis 1952 wurde es von der sowjetischen Marine und der Luftwaffe genutzt. Danach erfolgte die Übergabe und ein Teil der DDR-Marine hatte hier ihren Stützpunkt ebenso wie ein Jagdfliegergeschwader. Bis 1990 war der gesamte nördliche Bereich der Insel Usedom militärisches Sperrgebiet.

Nach dem Ende der DDR und dem Abzug der sowjetischen Truppen erfolgte 1993 die Auflösung des Truppenstandortes und die Umwandlung in eine 20 Kilometer lange „Denkmal-Landschaft". Aus der früheren Bunkerwarte wurde das Eingangsgebäude für das „Maritim Museum Peenemünde", in dem auf 5.000 Quadratmetern eine Ausstellung gezeigt wird, die den vielen Facetten des Ortes gerecht wird. Im Hafen liegt heute ein ausgedientes, dieselgetriebenes sowjetisches U-Boot (U-461) mit Doppelstartcontainer für taktische Raketen. Man findet noch Reste der Startrampe für die erste

Weltraumrakete und kann ein Meeresmuseum besichtigen. Darüber hinaus gibt es noch ein Spielzeug- und ein Bettenmuseum.

Wernher von Braun

Wernher von Braun (1912-1977) war ein Technik-Genie mit zweifelhafter Moral. Er war beteiligt am Bau von Hitlers Wunderwaffe V2. Wie einst Goethes Faust hatte er einen Pakt mit dem Teufel geschlossen.

Schon als Kind experimentierte er mit Raketendüsen und Flüssigtreibstoffen. Zur Konfirmation bekam er ein Teleskop, wenig später las er Hermann Oberths 1923 geschriebenes Buch: "Die Rakete zu den Planetenräumen". Seine Doktorarbeit über Flüssigkeitsraketen wurde 1934 als "außergewöhnlich" beurteilt, aber als "geheime Kommandosache" unter Verschluss gehalten.

1937 wurde er Technischer Direktor der neu gegründeten Heeresversuchsanstalt in Peenemünde. Er trat der NSDAP bei und stieg zum Sturmbannführer in der Waffen-SS auf. Schon 1942 war das 14 Meter hohe „Aggregat 4" einsatzbereit, das als erste Rakete mit einer Höhe von 85 Kilometern die Grenze zum Weltall durchbrach. Die Nazis nannten sie "Vergeltungswaffe 2" (V2) und feuerten in den letzten Kriegsmonaten etwa 3.200 hauptsächlich auf London und Antwerpen ab. Dabei starben 8.000 Menschen. Fast dreimal so viele kamen im Konzentrationslager Mittelbau-Dora um, in dem die V2 unter unmenschlichen Bedingungen in tiefen Bergstollen zusammengeschraubt wurde. All das war Wernher von Braun bekannt.

Wenige Tage nach Hitlers Tod floh er mit seinen Getreuen ins Allgäu und übermittelte dem US-Militär die Kapitulation der deutschen Raketenbauer. Als er kurz danach überlief, sagte er: "Mein Land hat zwei Weltkriege verloren, dieses Mal möchte ich auf der Seite der Sieger stehen." Er spielte die Rolle des unschuldigen Wissenschaftlers und landete bereits drei Monate später an Bord einer Militärmaschine in den USA. 126 Kollegen aus Peenemünde folgten ihm.

Im Auftrag des US-Militärs konstruierte er mit seinen früheren Kollegen mit der „Redstone" die erste atomar bestückte Mittelstreckenrakete der Welt. Das ehemalige Mitglied von NSDAP und SS bekam 1955 - entgegen geltender Gesetze - die Staatsbürgerschaft der USA. Und als John F. Kennedy, gedemütigt von der fehlgeschlagenen Invasion in der kubanischen Schweinebucht 1961, nach einem Trumpf im Kalten Krieg suchte, war Wernher von Braun zur Stelle. Der Mann, der mindestens zweimal

persönlich bei Hitler für sein Raketenprogramm geworben hatte, fand nun das Gehör des demokratischen Präsidenten der USA. Angetrieben von der unter seiner Leitung gebauten 110 Meter hohen „Saturn V", landete am 20. Juli 1969 Neil Armstrong als erster Mensch auf dem Mond. In der amerikanischen Öffentlichkeit gilt der einflussreichste Raumflugpropagandist und Raketenkonstrukteur des 20. Jahrhunderts noch immer als Held - allen Nazi-Enthüllungen zum Trotz.

Für seine Verstrickungen im Nazi-Regime musste er sich nie verantworten und hat sich auch niemals dafür entschuldigt. Wer mehr über seinen „amoralischen Opportunismus" wissen möchte, dem sei das Buch von Michael Neufeld empfohlen: "Wernher von Braun: Visionär des Weltraums - Ingenieur des Krieges".

Von Peenemünde nach Greifswald 64 km

In Peenemünde geht der Flughafenring am Historisch-Technischen Museum über in die **Bahnhofstraße** und man passiert den Bahnhof und die Gedächtniskapelle. **6** Man biegt rechts ab in die **Hauptstraße**, quert die Gleise und passiert das „Museum Historisches Wasserwerk". Wer zum Hafen möchte, radelt weiter geradeaus.

Die Hauptroute geht am **Peeneplatz** links ab in die **Feldstraße**, die man an der nächsten Linkskurve geradeaus verlässt, und man erreicht den Damm vom Cämmerer See.

Am Peenestrom entlang, an dem es Tafeln über die Flora und Fauna gibt, und an Bunkerresten vorbei, stößt man auf die **Peenestraße**, in die man rechts einbiegt **7**. Auf dem Damm steht ein Funkturm. Man radelt an einem kleinen Hafen vorbei und weiter am Peenestrom entlang. Wenn die Straße einen Linksknick macht, geht es geradeaus weiter nach **Zecherin**. Dort fährt man geradeaus in den **Wolgaster Weg** nach **Mahlzow**, wo dieser in die **Dorfstraße** übergeht.

Wenn sie einen Linksknick macht, geht es am Restaurant geradeaus am Peenestrom entlang und später parallel zur Bahn weiter. Man stößt auf die **B 111**, benutzt den breiten Radweg auf dem Gehweg und fährt auf der Brücke über den Peenestrom, der mit einer gewaltigen Ausbuchtung von 85 Quadratkilometern hier die Insel vom Festland trennt. Er ist nach Dziwna und Świna der westlichste Mündungsarm in die Ostsee von der in das Stettiner Haff mündenden Oder.

8 Vor der nächsten Brücke biegt man rechts in die **Hafenstraße** und radelt kurz danach links ab über die nur dem Fuß- und Radverkehr vorbehaltene Brücke. In das Zentrum von Wolgast geht es dann geradeaus.

Wolgast

Vorwahl: 03836

- **Wolgast-Information**, Rathauspl. 10, ✆ 600118, @ fyi887
- **Kaffeemühle**, Am Rathauspl. 6, ✆ 203041, ⌚ Di-Sa 10-16 Uhr. Das stadtgeschichtliche Museum ist in einem Fachwerkhaus aus dem Jahr 1676 untergebracht, das die Wolgaster „Kaffeemühle" nennen, wohl der Form des Daches wegen. Neben der Ausstellung zur Stadtgeschichte gibt es hier wechselnde Sonderausstellungen.
- **St. Petri**, Am Kirchpl., ✆ 600011 Die dreischiffige Backsteinbasilika war die Hof- und Begräbniskirche der Herzöge von Pommern. Erbaut wurde sie auf dem Hügel, auf dem einst ein slawischer Tempel stand. @ jxt115
- **Gertrudenkapelle**, Feldstr. Entworfen wurde die zwölfeckige Kapelle nach dem Vorbild der Jerusalemer Erlöserkirche.
- **Dampffährschiff Stralsund**, Hafenstr., ✆ 0176/41620570 Das alte Eisenbahndampffährschiff „Stralsund" konnte bis zu drei Eisenbahnwagen und 300 Passagiere transportieren und kann besichtigt werden. Gruppenführungen nach tel. Anm. @ nrp283
- **Rathaus**, Rathauspl. Vor dem Barockbau aus dem Jahr 1724 steht von Mai bis Oktober ein Brunnen mit zehn Bildtafeln, die die Geschichte der Stadt erzählen.
- **Rungehaus**, Kronwiekstr. 45, ✆ 203041, ⌚ Di-Sa 11-16 Uhr. Hier wurde 1777 der Begründer der romantischen Kunst in Deutschland Philipp Otto Runge geboren. Das Haus dient heute als Museum und widmet sich Leben und Werk des Malers. @ kab755
- **Tierpark**, Am Tierpark 1-2, ✆ 203713 Auf einer Fläche von 10 ha sind ca. 40 Tierarten untergebracht, es gibt einen begehbaren Affenwald. Tägl. Schaufütterungen. @ mgy325

Wolgast geht auf eine slawische Siedlung aus dem 8. Jahrhundert zurück. Nach der Verleihung des Stadtrechtes 1257 siedelten sich hier die Herzöge zu Pommern-Wolgast an, vom ehemaligen Schloss zeugt leider nur noch der Name eines Stadtteils. Zwischen 1648 und 1815 befand sich Wolgast wie ganz Vorpommern unter schwedischer Herrschaft. Trotz der Mitgliedschaft in der Hanse erlangte die Stadt keine herausragende wirtschaftliche Bedeutung in der Region.

Die nach dem Zweiten Weltkrieg auf Geheiß der sowjetischen Militäradministration entstandene Peene-Werft diente zunächst vor allem dazu, als Reparationszahlung Schiffe für die Sowjetunion zu bauen. Zudem sollten die Werften die DDR vom Westen unabhängig machen. Die Entstehung der

Werft bescherte der Stadt nach dem Zweiten Weltkrieg, den sie ohne nennenswerte Zerstörung überstand, bis zum Ende der DDR einen erfolgreichen Wirtschaftszweig. Sie wurde aber 2014 - wie auch andere Werften - an einen russischen Investor verkauft.

Heute ist die Stadt am Peenestrom das „Tor zur Insel Usedom“ und ist mit den 12.000 dort lebenden Menschen eine lebhafte Kleinstadt, wobei der historische Stadtkern und die Schlossinsel ab 1991 gründlich saniert wurden.

Die 1934 fertiggestellte Peenebrücke wurde am Ende des Zweiten Weltkriegs gesprengt und 1950 neu aufgebaut. Seit 2001 ist die neue Hubbrücke für Schiene und Straße in Betrieb, die als „Blaues Wunder“ bezeichnet wird.

Die Hauptroute geht hinter der Brücke rechts ab in die Straße **Am Fischmarkt** entlang der Spitzenhörner Bucht und biegt rechts ab in die Straße **Dreilindengrund** am Peenestrom entlang. Am Ende des Hafens fährt man auf den asphaltierten Radweg und hält sich an der Weggabelung links, sodass man auf dem Radweg bergauf durch die Siedlung radelt. Nach dem Drängelgitter biegt man rechts ab und fährt weiter auf dem Radweg an der Straße **Tannenkampweg**. Man biegt nicht links ab, sondern radelt geradeaus am Tierpark vorbei nach **Weidehof**, wo es links versetzt geradeaus geht. In **Mittelhof** biegt man rechts ab und erreicht **Karrin**. Dort hält man sich rechts, radelt nach **Hollendorf**, wo man links abbiegt und später auf die **Bahnhofstraße** stößt, in die man rechts abbiegt **9**. Es geht durch **Kröslin** und man kommt auf der **Freester Straße** nach **Freest**. Entlang der **L 262** geht es weiter nach **Spandowerhagen**, wo man sich links hält

und auf dem straßenbegleitenden Radweg am ehemaligen Kernkraftwerksgelände vorbei nach **Lubmin** radelt.

Atomkraftwerk Greifswald

Mitte der 1960er Jahre entschied die Führung der DDR, dass das bereits bestehende Atomkraftwerk Rheinsberg nicht mehr ausreicht und plante den Bau eines neuen Kernkraftwerks. Ermöglicht durch ein Assoziierungsabkommen mit der UdSSR, die wesentliche Teile liefern sollte, begannen 1969 die Bauarbeiten in Lubmin. Geplant war ein Kraftwerk mit vier Blöcken und einer Gesamtleistung von 2.000 Megawatt. 1973 ging der erste Block ans Netz. Bereits ein Jahr später kam es beinahe zum Super-Gau, als ein Elektriker einem Lehrling zeigen wollte, wie man einen Stromkreis überbrückt. Er verursachte jedoch einen Kurzschluss, der einen Kabelbrand entfachte, wodurch die Kühlung des Reaktors ausfiel. Nur eine zufällig angeschlossene Pumpe des Reaktors 2 verhinderte eine Kernschmelze. Bis zum Ende der DDR wurde der Vorfall verheimlicht.

Trotzdem entschied sich die SED-Führung kurz darauf, das Kraftwerk um weitere vier Blöcke zu erweitern, wobei der fünfte Block 1989 in Betrieb genommen wurde. Jedoch kam es auch hier bereits kurz nach dem Start der kommerziellen Nutzung zu einem Zwischenfall, sodass der Reaktor notabgeschaltet werden musste.

Nach dem Ende der DDR entschloss sich die Bundesregierung, das Atomkraftwerk vom Netz zu nehmen. Seitdem wird es von dem Bundeseigentümer Energiewerke Nord in der weltgrößten Rückbauaktion demontiert, wobei allein bis

2014 die Kosten dafür vier Milliarden Euro betrugen. Um Kosten zu sparen, soll das Hauptgebäude jedoch noch weitere 50 Jahre stehengelassen werden, in der Hoffnung, dass die Reststrahlung dann geringer ist.

Hinter der Linkskurve fährt man am Spandowerhagener Weg vorbei und biegt kurz vor der Pflaumenallee rechts ab in den Radweg, der in den **Fritz-Reuter-Weg** übergeht und nach Querung der Dünenstraße zum Radweg an der Ostsee führt, in den man links abbiegt **10**. Man passiert viele Restaurants und kommt zur Seebrücke von Lubmin.

Lubmin

Vorwahl: 038354

- **Kurverwaltung**, Freester Str. 8, ✆ 22011, @ wbf353
- **Informationszentrum**, Latzower Str., ✆ 48029, ⏲ April-Okt., tägl. 9-17.30 Uhr, Nov.-März, Mo-Fr 9-17.30 Uhr. Das Informationszentrum befindet sich im stillgelegten Kernkraftwerk. @ bjm161

Der Ort wurde 1271 als „Lubbenin" erstmals erwähnt und erhielt 1886 das Prädikat „Seebad". Daraufhin entstanden auf zwei unabhängig voneinander errichteten Pfahlbauten die ersten Badeanstalten, die durch einen 60 Meter langen Steg miteinander verbunden waren.

Die wirtschaftliche Lage der Fischer verschärfte sich durch die Weltwirtschaftskrise und durch das 1928 erlassene dreijährige Fischfangverbot in der Ostsee. Gefischt wurde mit flachen Holzbooten, die anschließend an den Strand gezogen wurden. Der Greifswalder Landrat Werner Kogge regte an, dass die Fischer Teppiche zum Nebenerwerb knüpfen sollten. So entstanden die Pommerschen Fischerteppiche, die mit Motiven der Region verziert bis heute hergestellt werden und in Ausstellungen zu sehen sind.

1907 wurde eine 800 Meter lange Stichstrecke der Bahn zum heutigen Seebadzentrum in Betrieb genommen und 1928 eine Seebrücke gebaut.

An der Seebrücke radelt man am Strand entlang auf dem neu gebauten Radweg bis zum Hafen von Vierow, wo man links abbiegt in die Straße **Am Strand**, der man nach **Vierow** folgt. Dort biegt man von der **Hafenstraße** rechts ab in den **Gahlkower Weg** und erreicht **Gahlkow**.

In diesem Ort biegt man nach der Rechtskurve rechts ab ausgeschildert in die **Mittelstraße**, hinter dem Dorfteich links ab in den **Boddenweg** und erreicht die Küste. Man radelt am Campingplatz, dann ausgeschildert am Strand entlang und biegt rechts ab auf die Straße entlang der „Loissin Bungalowsiedlung" zum Strand. Dort geht es links ab

in den Waldweg parallel zum Strand und dann geradeaus auf dem **Strandweg** zum Restaurant Boddenblick. **11** Die Route biegt links ab nach **Ludwigsburg**, wo man das Renaissance-Schloss und die Gutshofanlage besichtigen kann. Man radelt durch den Ort an der Burg vorbei und weiter geradeaus auf der **Dorfstraße** nach Neuendorf.

Dort biegt man rechts ab in den Radweg der **L 262** bis zur nächsten Kreuzung, an der man links in die **Dorfstraße** abbiegt. Ihr folgend fährt man im Rechtsbogen durch **Kemnitz** am Teich vorbei und dann links auf den Radweg der L 262 bis zum Greifswalder Stadtteil Eldena.

Eldena (Greifswald)

Klosterruine Eldena, An der Klosterruine. Das Kloster aus dem 12. Jh. wurde im 30-jährigen Krieg stark beschädigt, verfiel in der Folgezeit stark und diente der Stadt Greifswald als Baumaterialquelle. Sanierungen verschiedener Jahrhunderte führten zum jetzigen Zustand mit Park und Freilichtbühne.

Der Zisterzienserorden gründete 1199 das Kloster in Eldena. Unterstützt von Schenkungen seitens des Fürsten Jaromar I. wuchs das Vermögen schnell an, und das Kloster wurde prunkvoll ausgebaut. Die Reformation beendete das nicht nur vom Leitspruch „ora et labora" – Bete und arbeite – bestimmte, sondern auch etwas anrüchige und zügellose Treiben der Mönche. Nach Zerstörung des Klosters durch Wallensteins Truppen 1633 fanden Steine und Ziegel der Gebäude für Bauten in Greifswald Verwendung, z. B. für die Universität. Im 18. Jahrhundert wurde um die Klosterruine ein Park nach Entwürfen des Hofgärtners des Fürsten zu Putbus, C. F. Halliger, angelegt, der im Laufe der Zeit stark überformt wurde. Bekannt ist die Klosterruine auch durch Gemälde C. D. Friedrichs.

Die 55 Meter lange Wiecker Brücke über den Fluss Ryck wurde 1887 nach holländischem Vorbild gebaut und ist heute eine der ältesten und noch immer funktionsfähigen Holzklappbrücken, die die beiden Ortsteile Eldena und Wieck verbindet.

12 Hinter dem Ortseingangsschild von Greifswald biegt man rechts ab in den ausgeschilderten Radweg zum Strand, an dem es links abgeht zur historischen Holzklappbrücke über den Ryck.

Vor der Brücke biegt man links ab in die Straße **An der Mühle**, radelt am Fluss entlang in die **Hafenstraße** und dann am historischen Fangenturm und am Museumshafen vorbei. Zum Zentrum geht es an der Rad- und Fußwegbrücke links ab in die **Knopfstraße** zum **Marktplatz** von Greifswald.

Greifswald

Vorwahl: 03834

Greifswald-Information, Markt, im Rathaus, ✆ 85361380, @ oac536

Pommersches Landesmuseum, Rakower Str. 9, ✆ 83120 Gemäldegalerie u. a. mit Werken des in Greifswald geborenen romantischen Malers Caspar David Friedrich. @ aoc758

Dom St. Nicolai, Domstr. 54, ✆ 2627. Mit seinem 100 m hohen Turm („langer Nikolaus") gehört der Dom zu den Wahrzeichen Greifswalds und stammt in seiner heutigen Form aus dem 14. Jh., der Turmhelm ist von 1653. @ qjv765

St. Jacobi, Domstr., ✆ 502209. Die Kirche wurde zwischen dem 13. und dem 15. Jh. erbaut, der Turm nach einem Brand 1960 erneuert.

St. Joseph, Bahnhofstr. 15. Ein neugotischer Backsteinbau, 1871 geweiht.

Fangenturm, Hafenstr. 31. Das Überbleibsel der städtischen Befestigungsanlage aus dem Jahre 1329 diente zwischen 1774 und 1825 als Sternwarte und ist nun Teil des Museumshafens.

Caspar-David-Friedrich-Zentrum, Lange Str. 57, ✆ 884568 Die Ausstellungs- und Dokumentationsstätte zu Leben und Werk von Caspar David Friedrich (1774-1840) befindet sich in dem ehem. Wohn- und Geschäftshaus der Familie Friedrich, wo der berühmte Künstler geboren wurde. Mit wechselnden Ausstellungen zeitgenössischer Kunst. @ sbd244

Historische Altstadt. Dem Stadtkommandanten Oberst Petershagen ist die Unversehrtheit der mittelalterlichen Stadt zu verdanken. Gegen Ende des Zweiten Weltkrieges verhandelte er mit den heranrückenden russischen Truppen um die kampflose Übergabe der Stadt. Auf diese Weise konnte Greifswald den Krieg unbeschadet überstehen und zählt heute zu den herausragendsten Vertretern der Europäischen Backsteingotik.

Museumshafen, Hafenstr. 31, ✆ 512444. Von April bis Oktober findet jeden 1. Do im Monat um 16 Uhr eine Führung durch den Hafen und die Werft statt. Treffpunkt ist der Fangenturm. @ gnr566

Rathaus, Markt. Das Rathaus aus dem 15. Jh. verfügt über einen zweischiffigen Ratskeller.

St.-Spiritus-Hospital, Lange Str. 49/51, ✆ 85364444. Hier finden heute Ausstellungen und Lesungen statt. @ lty458

Universitätscampus, Ernst-Lohmeyer-Pl. Die Universität Greifswald ist eine der ältesten Universitäten Mitteleuropas, sie wurde 1456 eröffnet. Zahlreiche Gebäude stammen aus der Zeit Ende des 19. Jhs.

Tierpark, Anlagen 3, ✆ 502279, @ crf272

Freizeitbad Greifswald, Pappelallee 3-5, ✆ 532711. Mit Saunabereich. @ nnq275

Die Gründung der Geburtsstadt des Malers Caspar David Friedrich (1774-1840) geht auf die Errichtung eines Zisterzienserklosters am südlichen Ufer des Ryck zurück. Der Platz ist wohlüberlegt gewählt. Die nahe gelegene Saline sollte die Einkünfte des Klosters sichern. Vom Kloster etwas landeinwärts entstand am Ryckübergang eine Siedlung. Ausgestattet mit dem Marktrecht und dem Recht, Siedler ins Land zu holen, wuchs der Ort schnell, Handwerker und Kaufleute ließen sich nieder. 1250 wurde dem Ort das lübsche Stadtrecht verliehen. Etwa 1270 schloss sich die Stadt der Hanse an, der sie bis ins 17. Jahrhundert angehörte. In diese Zeit der wirtschaftlichen Blüte fiel die Gründung der zweitältesten Universität im Ostseeraum. Neben ihrer Stellung in der Hanse errang Greifswald die Position, geistiges und kulturelles Zentrum von Pommern zu sein. Nach dem Dreißigjährigen Krieg begann die „Schwedenzeit", die bis zum Wiener Kongress 1815 dauerte. Danach erfolgte die Übergabe an Preußen.

Von Greifswald nach Stralsund 45 km

Vom **Marktplatz** geht es durch die **Knopfstraße** zur Rad- und Fußwegbrücke über den Ryck und weiter geradeaus über den Parkplatz zur **Ladebower Straße**, in die man links abbiegt. An der **Stralsunder Straße** geht es rechts ab und an der nächsten Kreuzung abermals nach rechts in die **Theodor-Körner-Straße**. Auf der Vorfahrtsstraße geht es geradeaus durch **Neuenkirchen** und dann rechts

Greifswald

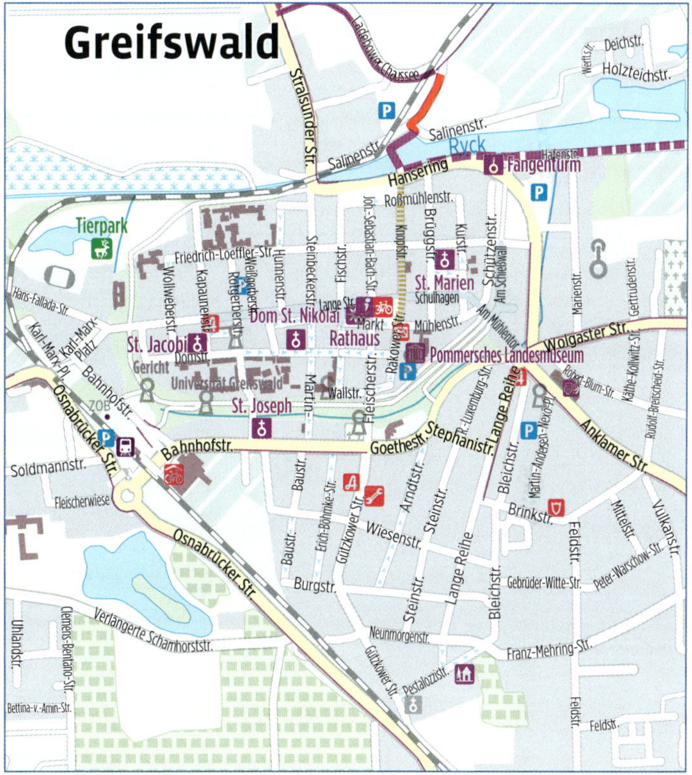

Die Rügendamm-Brücken bei Stralsund

ab in die **Leister Straße** **13**. Über Leist II und Leist I erreicht man **Karrendorf**, wo man sich links hält und **Mesekenhagen** erreicht. Dort biegt man rechts ab in die **Greifswalder Straße**, radelt zunächst auf dem Geh- und Radweg und später auf der Asphaltstraße.

VARIANTE **14** **Es existieren für die Fahrt nach Stralsund zwei Alternativen: Entweder fährt man 13 Kilometer auf der historischen Kopfsteinpflasterstraße über Reinberg und Brandshagen oder bevorzugt den nicht ausgeschilderten holperigen Feld-, Wald- und Wiesenweg am Ufer des Strelasund entlang.**

Wer den Küstenweg bevorzugt, biegt hinter **Kowall** rechts ab zur Insel Riems und in **Gristow** am ersten Haus links ab in den nicht asphaltierten Waldweg, auf dem man das Ufer erreicht. Im Fährhafen von Stahlbrode kann man einkehren.

Auf einer wunderbaren alten Brücke über den Mühlbach mit einer Steinskulptur geht es am Ufer entlang durch den Wald zur Kormorankolonie in Niederhof, wo sich auch ein jüdischer Friedhof befindet. Man trifft auf die Straße nach Niederhof und biegt rechts ab ausgeschildert nach Maria Neuhof. Dort geht

C10
Frankensiedlung
Drigge
Drigge
Fuchsberg
15
Andershof
4,7
Voigdehagen
Voigdehäger Teich
Schalksberg
20
NSG Halbinsel Devin
Devin
1,5
Deviner Bach
Deviner See
Andershof Ausbau
Zitterpenningshagen
Plandberg
15
Marina Neuhof
Kormorankolonie
Jüdischer Friedhof
Niederhof
4,7
Neuhof
Middelhagen
Teschenhagen
Wendorf
Zarrendorf
4 Ausbau bis Ende 2023 geplant
0,8
Neu Ahrendsee
Wüstenfelde
Brandshagen
Mühlbach
Ausbau bis Ende 2023 geplant
5,2
Butterberg
20
Sieben Berge
20
Ahrendsee
Schönhof
Groß Miltzow
Oberhinrichshagen
Borgwarthof
Brennerhof
Niederhinrichshagen
Sundhagen
Neu Elmenhorst
Engelswacht
Hankenhagen
Reinberg
Falkenhagen
Strelasund
8
Neidelhof
Petershof
Stahlbrode
Wittenberg Hof
Langwerthof
Stahlbrode Ausbau
Greifswalder Bodden
Glewitz
Losentitz
Smitershagen
Freudenberg
Tannenort
Foßberg
Bunse
Puddeminer Wiek
Mellnitz
Üselitz
Glutzow Siedlung
Venzvitz
Hafen
Puddemin
Grabow
Glutzow Hof
Sissow
Feuchtgebüsch
Prosnitz
Luppath
Benz
St. Marien
Neparm
B96
L222
C11
B96
B105
B96
C9
L30
L29
L30
16
15
153

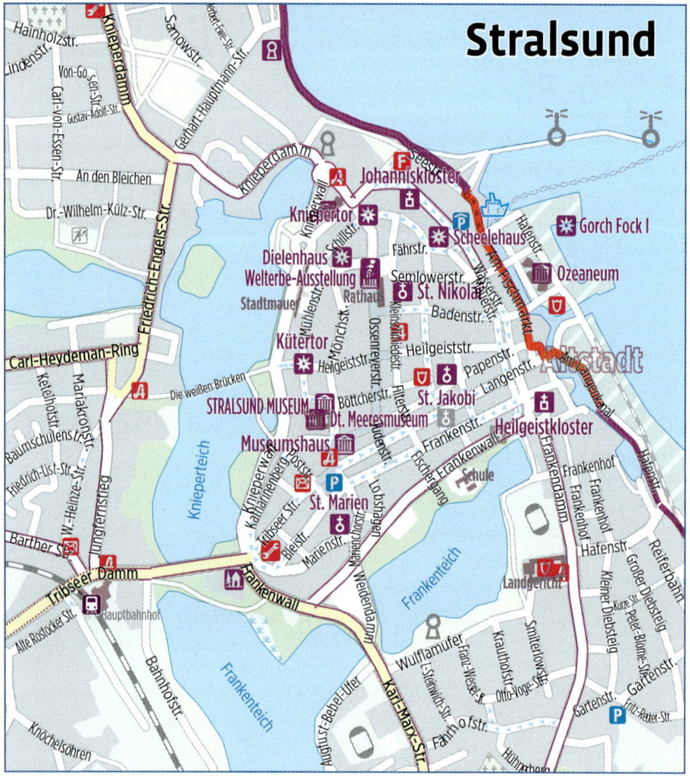

es über den Jachthafen, auf dessen Gelände früher eine Ziegelei war, zur Straße, die nach **Brandshagen** führt, wo es rechts abgeht in die **Dorfstraße**.

VARIANTE

Wer die Kopfsteinpflasterstraße bevorzugt, fährt hinter Kowall weiter geradeaus nach Reinberg, wo man die dreischiffige Hallenkirche von 1220 bewundern kann, die einst als verkleinerter Nachbau der Greifswalder Marienkirche errichtet wurde. Außerdem lockt die 1.000-jährige Linde direkt an der Kirche, die im 19. Jh. als der größte Baum Deutschlands galt. Man verlässt Reinberg auf der parallel zur B 105 verlaufenden historischen Kopfsteinpflasterstraße Richtung Brandshagen.

AUSFLUG

Für Vogelinteressierte empfiehlt sich ein Abstecher nach Niederhof mit seiner Kormoran-Kolonie. Dafür zweigt man hinter der Kirche rechts ab.

In **Brandshagen** befindet sich die Marienkirche im gotischen Stil aus dem 13. Jh. mit Resten von Wandmalereien aus dem 14. Jh. und interessanten Schiffsdarstellungen im Chor. **15** Auf dem Kopfsteinpflaster geht es nach **Teschenhagen**, wo man rechts abbiegt in den Hosenträgerweg nach **Devin**.

Dort folgt man nach links der Ausschilderung zur Altstadt, biegt rechts ab und radelt am Wasser entlang. **16** Man biegt links in den **Selliner Weg** und dann rechts ab in die **Bergener Straße**, die auf die **Franzenshöhe** stößt, in die man links einbiegt. Dann geht es rechts ab in die Straße **An der Werft** an den Bahngleisen entlang, wobei die Rügenbrücke schon zu sehen ist.

Man unterquert die Bahn - rechts ist der Bahnhof Stralsund Rügendamm -, quert den Platz des 17. Juni und unterquert die Rügenbrücke, die zur größten Insel Deutschlands mit den bekannten Kreidefelsen führt. Man folgt der Straße **An der Hafenbahn**, die die Gleise quert.

Weiter geht es auf der Straße **Am Langenkanal** und man biegt an der nächsten Brücke links ab über den Kanal. Danach geht es rechts in die Straße **Am Fischmarkt** und dann links ab in die **Semlower Straße**, die im Zentrum auf den **Alten Markt** von Stralsund stößt.

Stralsund

Vorwahl: 03831

- **Tourismuszentrale**, Alter Markt 9, ✆ 252340, @ eey564
- **Fahrgastschifferei Hübner**, Tribseer Damm 20, ✆ 0173/6112090. Hafenrundfahrten. @ csx655
- **Weiße Flotte**, Fährstr. 16, ✆ 26810. Hafentouren und regelmäßige Fahrten nach Altefähr. @ jkl371

Deutsches Meeresmuseum, Katharinenberg 14–20, ✆ 2650210, ⏲ tägl. 10-17 Uhr (bis 2023 wegen Umbau geschlossen). Themen: Meereskunde und -biologie, Mensch und Meer. Im deutschlandweit einzigartigen 350.000-Liter-Aquarium sind riesige Meeresschildkröten zu bestaunen. @ pwo812

Marinemuseum Dänholm, Zur Sternschanze 7, ✆ 297327, ✆ 3090805, ⏲ Mai-Okt., Di-So 10-17 Uhr. In der Außenstelle des STRALSUND MUSEUM werden Ausstellungen zur Schifffahrtsgeschichte der Stadt, zur Festung Stralsund und zur Preußischen Marine gezeigt. @ vrg716

Museumshaus, Mönchstr. 38, ✆ 253600, ⏲ Di-So 10-17 Uhr. Das Haus ist eines der ältesten Stralsunder Bürgerhäuser, die ältesten Gebäudeteile stammen aus dem 14. Jh. Das Haus ist ebenfalls eine Außenstelle des STRALSUND MUSEUM. @ bnn445

Ozeaneum, Hafenstr. 11, ✆ 2650610 (7d) Der neue Teil des Meeresmuseums verbindet Tradition mit modernster Architektur und lädt mit interaktiven Ausstellungen und den verschiedenen Aquarien zu einer faszinierenden Reise durch die Meere des Nordens ein. @ wow187

STRALSUND MUSEUM, Mönchstr. 25-28, ✆ 253617, ⏲ Di-So 10-17 Uhr. Das Museum beschäftigt sich hauptsächlich mit der regionalen Geschichte. Kern der Ausstellung sind die Dokumentationen zur Vor- und Frühgeschichte, zur Volkskunde, zur Bildenden Kunst und zum Hiddenseer Goldschmuck. Daneben werden wechselnde Sonderausstellungen gezeigt. @ okp726

Welterbe-Ausstellung, Ossenreyerstr. 1, ✆ 252310 (7d) Die Ausstellung widmet sich den knapp

Gorch Fock im Hafen von Stralsund

1.000 UNESCO-Welterbestätten weltweit mit einem besonderen Fokus auf Stralsund und Wismar. @ jjq721

St. Jakobi Kirche, Jacobiturmstr., ✆ 309696. Die Kirche aus dem 14. Jh. wird zur Zeit als Kulturkirche genutzt.

St. Marien Kirche, Marienstr. 16, ✆ 298966. Die mittelalterliche Kirche aus dem 14. Jh. besitzt einen 104 m hohen Turm, von dem man eine herrliche Aussicht über die Stadt und die Insel Rügen hat. Die Kirche ist das Hauptwerk niederdeutscher Backsteingotik.

St. Nikolai Kirche, St. Nikolaikirchhof 2. Die Kirche wurde im 13. Jh. als dreischiffige Basilika mit einem Chorumgang erbaut. Sie ist die älteste der drei mittelalterlichen Pfarrkirchen Stralsunds und dem Hl. Nikolaus geweiht, dem Schutzheiligen der Seefahrer. Die Kirche beherbergt eine eindrucksvolle mittelalterliche Innenausstattung aus mehreren Jahrhunderten.

Heilgeistkloster, Am Langenwall. Das Kloster war eigentlich ein von der Stadt gegründetes sogenanntes Siechenhaus.

Johanniskloster, Am Johanniskloster 35. Das Kloster wurde ehemals vom Franziskanerorden gegründet. Während der Reformation und Säkularisation aufgelöst, fiel das Gebäude in den Besitz der Stadt, die hier ein Alten- und Armenhaus einrichtete. Heute beherbergt es das Stadtarchiv.

Kloster St. Katharinen, Mönchstr. 25. Das Kloster wurde im Mittelalter von Dominikanermönchen gegründet. Heute sind hier das Kulturhistorische Museum und das Meeresmuseum untergebracht.

Dielenhaus, Mühlenstr. 3. Das mittelalterliche Kaufmannshaus bietet einen Einblick in die Wohnsituation einer hanseatischen Kaufmannsfamilie.

Gorch Fock 1, An der Fährbrücke, ✆ 666520 (7d) Das 1933 bei Blohm und Voss gebaute und jetzige Segelschulschiff ist nicht mehr seetüchtig. Der Traditionssegler ist Vorgänger des in Kiel beheimateten Segelschulschiffes Gorch Fock und kann besichtigt werden. @ wjt248

Hafeninsel. Mit Speicherstadt und Ozeanum.

Kniepertor und Kütertor, Knieperstr. 9, Heilgeiststr. 2. Die beiden letzten erhaltenen Stadttore.

Nautineum Dänholm, Zum Kleinen Dänholm, ✆ 2650210, Juni-Okt. 10-17 Uhr. In der Außenstelle des Meeresmuseums werden Großexponate der Meeresforschung wie ein Unterwasserlabor und Deutschlands erstes bemanntes Tauchboot „GEO" gezeigt. @ brt225

Rathaus, Alter Markt. Das Rathaus aus dem 13. Jh. ist eines der Wahrzeichen der Stadt. Das Gebäude wurde im Stil der norddeutschen Backsteingotik errichtet. An die Hansezeit der Stadt erinnern die Wappen der Städte des Wendischen Quartiers der Hanse, die die östliche und nördliche Giebelwand zieren: Bremen, Lüneburg, Hamburg, Lübeck, Wismar, Rostock, Stralsund und Greifswald.

Scheelehaus, Fährstr. 23. Das Haus erinnert an den Chemiker Carl-Wilhelm Scheele, der mit fünfzehn als Apothekerlehrling von Stralsund nach Göteborg ging, sich autodidaktisch weiterbildete und 1771 den Sauerstoff und acht weitere chemische Elemente entdeckte. Heute beherbergt es ein Hotel.

Zoo, Grünhufer Bogen 2, ✆ 253480 (7d), @ eoi114

HanseDom, Grünhufer Bogen 18-20, ✆ 37330, @ pra123

Die Geschichte der Stadt Stralsund begann mit der Verleihung des Stadtrechts 1234 durch Witzlaw I., womit weitreichende Privilegien verbunden waren. Die Lage der Stadt am Strelasund und der durch die Insel Rügen geschützte Hafen förderten den rasanten Aufstieg Stralsunds zu einer einflussreichen Handelsstadt. 1293 trat Stralsund der Hanse bei, in der die Stadt während ihrer Blütezeit im 14. und 15. Jahrhundert nach Lübeck den bedeutendsten Rang unter den Hansestädten einnahm. Gegen Ende des 16. Jahrhunderts teilte Stralsund das Schicksal anderer Hansestädte. Die veränderten sozialen Verhältnisse, die Machtansprüche der Fürsten und die Reformation trugen zum Niedergang der Handelsstadt bei. Nach dem Dreißigjährigen Krieg begann die Schwedenzeit, die bis zum Wiener Kongress 1815 dauerte. Danach erfolgte die Übergabe an Preußen.

Der einstige Reichtum und die Machtstellung sind heute noch an den prächtigen Bürgerhäusern, Verwaltungsgebäuden, Kirchen und Klosteranlagen abzulesen. Zur Bewahrung dieses Kulturerbes wurde die gesamte mittelalterliche Altstadt unter Denkmalschutz gestellt und, gemeinsam mit der Altstadt Wismars, in die Weltkulturerbeliste der UNESCO eingetragen.

Von Stralsund nach Barth 42 km

Vom **Alten Markt** geht es durch die **Semlower Straße** zum Hafen und dort links ab in die Straße **Am Fischmarkt**, die in die **Seestraße** übergeht. Hinter der Linkskurve geht es rechts ab in den Radweg am Wasser entlang. Man passiert das Ernst-Thälmann-Denkmal und es geht weiter nach **Parow**, wo man nach einer Linkskurve am Kreisverkehr rechts abbiegt in die **Parower Chaussee**.

Man radelt durch Parow und biegt links ab in die **Pappelallee**. An der T-Kreuzung geht es links ab, folgt dem Rechtsbogen der Straße und biegt im folgenden Linksbogen rechts ab **17**. Durch **Groß Damitz** und **Klein Damitz** fährt man auf dem Plattenweg, der in der Mitte einen gut zu befahrenden Asphaltstreifen aufweist. Danach geht es über den Steg am

Müggenburg Ablage
Große Wiek
Kinnbackenhagener Rinne
Aue
Wendisch Langendorf
Kinnbackenhagen
Solkendorf
Klausdorf
Prohner Wiek
Bisdorf
Hohendorf
Nisdorfer Steinriff
Batevitz
Groß Mohrdorf
NABU Kranichinformationszentrum
Klein Mohrdorf
Grabow
Nisdorf
Gloewitz
Muuks Ausbau
Nationalpark Vorpommersche
Prohner Stausee
Klein Damitz
Muuks
Sommerfeld
Prohn
Groß Damitz
Kranorama
Günz
Günzer See
Hubenberg
Dabitz
Bartelshagener Steinriff
Altenpleen
Neuenpleen
Prohner Bach
Preetz
Schmedshagen
Kramerhof
Gutshof
Zühlendorf
Buschenhagen
Oldendorf
Neu Bartelshagen
Kronsberg
Rauher Berg
Klein Kedingshagen
Arbshagen
Groß Kordshagen
Duvendiek
Neu Lassentin
Uhlenbäk
K10
K11
L213
C11
C13
5,7
2
2,8
18
4,2
1,8
6
19
6,5
17
15
5
10

Barth

Prohner Stausee und dem **Prohner Landweg** nach **Klausdorf**. Dort biegt man links ab in den **Klausdorfer Weg** nach **Hohendorf**. **18** An dessen Ende geht es links und dann rechts ab in den **Bisdorfer Weg**.

AUSFLUG **Wenn man geradeaus weiter fährt, gelangt man zum Schloss und zum NABU Kranich-Informationszentrum in Groß Mohrdorf.**

Man erreicht **Bisdorf**, und radelt geradeaus bis zur Straßengabelung. Dort biegt man rechts ab in den **Kranichweg**, den man links ab verlässt und **Kinnbackenhagen** erreicht, wo man links abbiegt. Auf dieser Straße bleibt man bis zum Ortsende, danach geht es weiter an der Küste entlang nach **Nisdorf**. Dort geht es zunächst nach links, dann nach rechts durch den Ort auf der **Grabower Straße** und dann rechts ab in den asphaltierten Radweg. An der nächsten Weggabelung bleibt man an der Küste, radelt auf dem Deich, quert den Uhlenbäk-Fluss und radelt entlang der Küste von **Dabitz**. **19** Man quert die Boddenstraße, folgt dem Radweg nach links weg von der Küste bergauf und bergab bis zur Straße, in die man rechts einbiegt.

In **Glöwitz** biegt man links ab in Richtung Barth. Hinter den beiden Seen biegt man links ab in die **Trebin-Straße** und an deren Ende rechts ab in die **Hafenstraße**. Später geht es links ab in die **Fischerstraße** zum **Marktplatz** im Zentrum von Barth.

Barth

Vorwahl: 038231

- **Barth-Information**, Markt 3/4, ☎ 2464, @ dgx452
- **Poschke Fahrgastschifffahrt**, ☎ 038234/239, ☎ 0171/4100426. Überfahrten nach Zingst und zur Insel Hiddensee. @ bjg433
- **Vineta-Museum**, Lange Str. 16, ☎ 81771, ⏲ Di-Fr 10-17 Uhr, Sa, So 11-17 Uhr. Wechselnde Ausstellungen zur Vergangenheit von Barth. @ iil625
- **Windjammer-Museum**, Hafenstr. 22 Die Ausstellung zur Geschichte der Segelschifffahrt zeigt etwa 170 Schiffsporträts und 300 Schiffsdioramen sowie Schiffsmodellen. Mit Sonderausstellungen, Veranstaltungen, Café und parkähnlichem Außenbereich. @ skb358
- **St.-Marien-Kirche**, Papenstr., ☎ 2787. Die Kirche wurde im gotischen Stil 1325 erbaut. Der 87 m hohe Turm bietet eine eindrucksvolle Aussicht über die Boddenlandschaft.
- **Fangelturm**. Von der alten Stadtmauer ist der mit Zinnen gekrönte Fangelturm aus dem 16. Jh. erhalten.
- **Bibelzentrum St. Jürgen**, Sundische Str. 52, ☎ 77662, ⏲ Di-Sa 10-18 Uhr. Hier wird unter anderem eines der letzten Exemplare der niederdeutschen Bibel aufbewahrt, die 1588 in der Fürstlichen Hofdruckerei zu Barth hergestellt wurde. Die Vorlage zu dieser Ausgabe hatte Martin Luther selbst korrigiert. @ ifr384
- **Dammtor**. Das Tor nach Westen aus dem 14. Jh. hat als einziges der einst vier Stadttore die Zeiten überdauert.

Die Gründung der Stadt geht vermutlich zurück auf eine Marktsiedlung aus der ersten Hälfte des 13. Jahrhunderts, wobei dem Städtchen 1255 das lübische Stadtrecht verliehen wurde. Nach dem Ende des Dreißigjährigen Kriegs ging Barth an Schwedisch-Pommern, bevor es 1815 preußisch wurde. Danach entwickelte sich die Stadt zu einem Standort des Schiffsbaus und verschiedener Reedereien sowie kleinerer Fabriken. Auch deswegen wurde bereits 1888 die Bahnstrecke Velgast-Barth eingeweiht.

Während des Zweiten Weltkriegs befanden sich hier mehrere kriegswichtige Betriebe, wie zum Beispiel die Heinkel-Werke. Diese waren auch eine Außenstelle des KZ Ravensbrück, in denen bis zu 7.000 Häftlinge zur Arbeit gezwungen wurden, was 2.000 Männer und Frauen nicht überlebten.

In der DDR wuchs die Bedeutung des Tourismus für Barth, der inzwischen eine der Haupteinnahmequellen der Stadt mit einer Bevölkerungszahl von 8.700 ist.

Von Barth nach Ahrenshoop — 40 km

Am Ende der Hafenstraße geht es rechts ab in die **Barthestraße** und man überquert in **Tannenheim** den Barthefluss. Hinter der abknickenden L 21 und nach den stillgelegten Zuggleisen geht es rechts ab auf den asphaltierten Radweg über **Pruchten** nach **Bresewitz**, wo man im alten Bahnhof das Darßbahnmuseum besichtigen kann.

Die Darßbahn

Die 19 Kilometer lange Darßbahn fuhr seit 1910 von Barth nach Prerow. Nach dem Zweiten Weltkrieg ließ die Sowjetunion aber die Gleise als Reparationsleistung abbauen. Die Nationale Volksarmee der DDR (NVA) baute 1967 die Gleise bis Bresewitz wieder auf, um Soldaten und Material zum nahe gelegenen Übungsplatz transportieren zu können. Mit der Auflösung der NVA und des Stützpunktes wurde der Zugverkehr eingestellt, der Bahndamm zum Radweg ausgebaut. Der Abschnitt von Barth über Zingst nach Prerow soll 2028 wieder in Betrieb genommen werden.

Hinter Bresewitz geht es nach links über die **Meiningenbrücke**. Danach überquert man die Straße und folgt dem Radweg geradeaus auf dem alten Bahndamm.

20 Kurz vor Zingst, bei den drei Seen, biegt man rechts ab auf den Radweg zum Hafen. Man quert die Barther Straße, biegt dann links ab und radelt am Zingster Strom entlang auf dem Damm bis zum Hafen. Dort biegt man links ab in die **Weidenstraße**, dann nach rechts in die **Birkenstraße** und am Ostsee-Ufer links ab in die **Seestraße**, auf der man die Seebrücke von Zingst erreicht.

Zingst

Vorwahl: 038232

- **Kurhaus Zingst**, Seestr. 57, ✆ 81580. Mit Restaurant und Trauzimmer. @ bya841
- **Reederei Oswald**, Mühlenstr. 13, ✆ 0170/5841644. Zu den Anlaufzielen gehören Stralsund und Vitte auf der Insel Hiddensee, außerdem Barth, Zingst, Born, Althagen und Ribnitz-Damgarten mit Fahrradmitnahme. Zusätzlich Nationalpark Rundfahrten. @ vuc665
- **Reederei Poschke**, Hafenstr. 1, ✆ 038234/239, ✆ 0171/4100426. Boddenrundfahrten, Fährverkehr nach Barth. @ lgt863

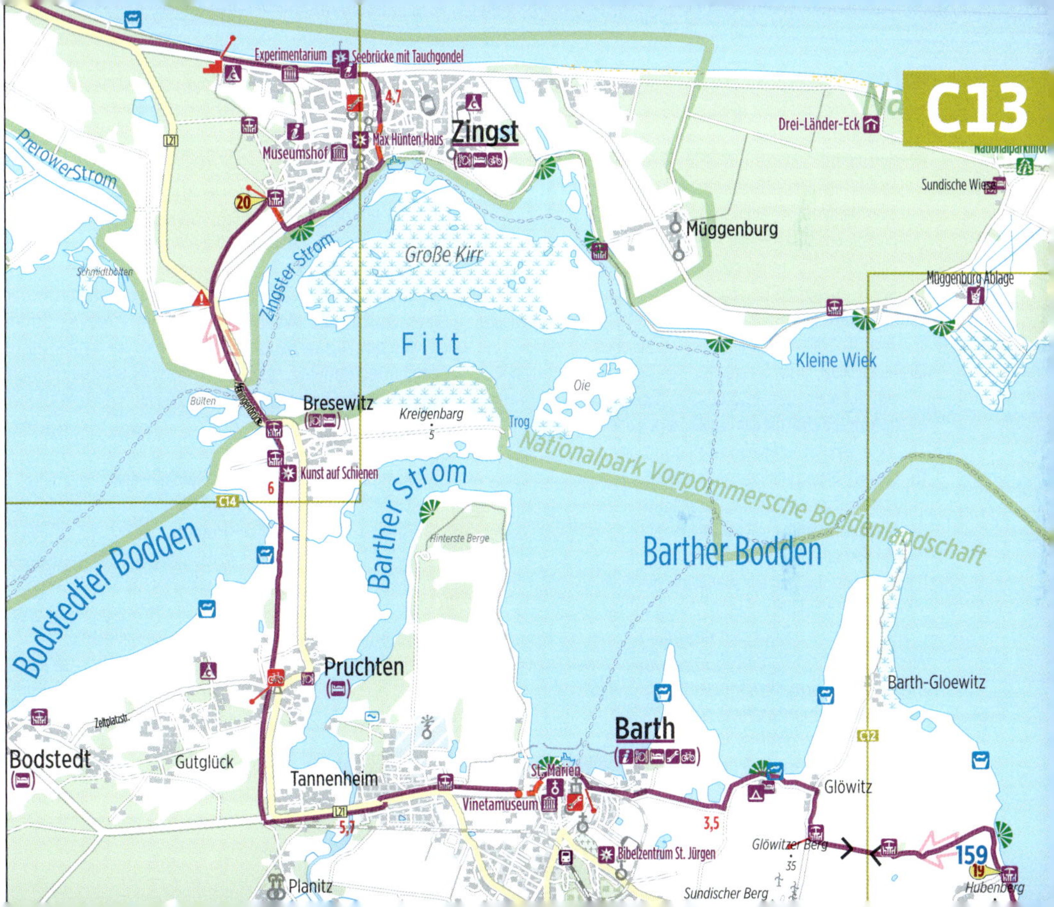

Experimentarium, Seestr. 76, ✆ 172123 Familien nähern sich den Phänomenen der Natur spielerisch und experimentieren mit ihnen. @ psa487

Museumshof, Strandstr. 1, ✆ 15561 Museum zur Geschichte der Seefahrt und des Badewesens mit einer Ausstellung zur Heimatdichterin Martha Müller-Grählert. Im Museumshof finden regelmäßig Hoffeste und Konzerte statt. Die Hofbäckerei, ein Café und die Pommernstube mit einer dazugehörigen Kreativwerkstatt laden zu einem Besuch ein. @ trq675

Max Hünten Haus, Schulstr. 3, ✆ 165110 Mit Erlebniswelt Fotografie Zingst, Fotogalerie, Bibliothek und Fotobibliothek. @ exm144

Tauchgondel, An der Seebrücke, ✆ 389077. Mit der Tauchgondel lässt sich die Unterwasserwelt der Ostsee erleben. @ evd464

Boddenlandschaft mit den Vogelinseln Kirr und Oie. Das Gebiet ist vor allem während der Kranichrast im Herbst interessant. @ xdn324

Pramort. Pramort und die an der Außenküste gelegene Hohe Düne, das mit 13 m höchste waldfreie Weißdünengebiet Mecklenburg-Vorpommerns, liegen östlich von Zingst und sind nur zu Fuß oder per Fahrrad zu erreichen.

Seit mindestens 5.000 Jahren siedeln Menschen auf der Halbinsel Zingst, die ihre heutige Form allerdings erst 1872 bekam, als nach einer schweren Sturmflut das Flussbett des Prerower Stroms an dieser Stelle verlandete. Durch die Sturmflut erlangte die einstige Insel überregionale Bekanntheit, wodurch auch der Tourismus begann. Seitdem stieg seine Bedeutung kontinuierlich und seit 2002 ist die Gemeinde ein staatlich anerkanntes Seeheilbad.

Der Osterwald auf Zingst gilt als das einzige echte Hochmoor in Mecklenburg-Vorpommern. Durch Eingriffe des Menschen ist es inzwischen jedoch weitgehend trockengelegt. Das Besondere an dem Wald sind die Mammutbäume, die 1955 dort gepflanzt wurden.

Auf dem ausgeschilderten Deichradweg radelt man an der Ostsee entlang. **21** Wenn die Straße am Prerower Strom eine Linkskurve macht, biegt man rechts ab in den nicht asphaltierten Radweg, quert den Prerower Strom und fährt nach rechts am Fluss entlang durch Prerow.

Prerow

Vorwahl: 038233

Leuchtturm auf dem Darß

Kur- und Tourismusbetrieb, Gemeindepl. 1, ✆ 6100, @ gaf355

Darß-Museum, Waldstr. 48, ✆ 69750, 2022 wegen Umbauarbeiten geschlossen, Museumsladen Juli-Okt., Do-Sa 10-16 Uhr geöffnet. Dokumentation der Geschichte, Geologie, Fauna und Flora des Darß. @ rkg352

Seemannskirche, Kirchenort 1. Die Kirche, die von einem Holzturm geziert wird, wurde 1726 als Backsteinbau errichtet.

Haustürenpfad. Die prunkvollen bunten Holztüren, die typisch für den Darß sind und viele Häuser in dieser Region schmücken, werden heute noch in einer Tischlerei in Prerow in Handarbeit angefertigt. In der Tourist-Information ist ein Plan erhältlich, der ausgewählte Türen über einen 6,3 km langen Rundweg entdecken lässt.

Kulturkaten Kiek In, Waldstr. 42, ✆ 6100. In dem ehemaligen Kapitänshaus finden Musik-, Theater- und Kabarettveranstaltungen sowie Vorträge statt. @ vlg641

Der Ort galt als „Mallorca der DDR", da dort jedes Jahr tausende Urlaub machten. Der größte der Campingplätze bot Platz für 10.000 Menschen. Einmalig in Deutschland an ihm war und ist, dass man in den Dünen sein Zelt aufschlagen darf. Nachts wurde dann ausgiebig in den Diskotheken „Dünenhaus", „Helgoland" und „Seestern" gefeiert, sodass sie schließlich den Menschen in der gesamten DDR ein Begriff waren. Auch für seine großen FKK-Strände wurde der Ort berühmt und noch heute befindet sich hier davon einer der größten in Deutschland.

Erwähnt wurde das Fischer- und Seefahrerdorf Prerow bereits im 12. Jahrhundert. Der Ort war traditionell eng mit der Segelschifffahrt verbunden. Einst gab es drei Segelschiffwerften. Nachdem die Bedeutung der Segelschiffe im 19. Jahrhundert jedoch immer weiter abnahm, wandelte sich Prerow zu einem bedeutenden Bade-und Kurort.

Die Halbinsel Darß

Die 45 Kilometer lange Halbinsel mit den weißen Stränden und den Orten Zingst, Darß und Fischland wurde zu DDR-Zeiten das „ZDF der DDR" genannt. Die dort lebenden Menschen glauben, dass es die schönste Halbinsel Deutschlands ist. Seit 1990 ist sie zu großen Teilen als Nationalpark ausgewiesen.

Die Halbinsel war vor 1989 Grenzgebiet und wurde streng kontrolliert. Luftmatratzen waren verboten und nachts durfte man nicht an den Strand. Die Gäste mussten sich innerhalb von 24 Stunden ins Meldebuch eintragen. Der größte Teil ist vom 6.000 Hektar großen Darßwald bedeckt. Auch von ihm waren große Teile für das Volk tabu, weil es als Diplomatenjagdgebiet streng abgeriegelt wurde. Im Haus der ehemaligen Staatsjagd in Born sitzt heute das Nationalparkamt.

Der Weg zum Leuchtturm am Darßer Ort führt über Bohlenstege durch eine weiße Dünenlandschaft. Man kann erkennen, wie die Eiszeit das Land formte und der Wind es schleifte. Auch jetzt verändert sich die Küste, weil tagtäglich am Weststrand Sand abgetragen und von der Strömung in den Norden der Halbinsel gespült wird. 50.000 Kubikmeter bewegen sich jährlich und der Darßer Ort wächst durchschnittlich zehn Meter pro Jahr. Überall, wo Buchen stehen, war schon vor 5.000 Jahren Land. Auf den jüngsten Flächen haben es bislang nur Kiefern geschafft, Wurzeln zu schlagen.

Offshore-Windpark Baltic 1

Der erste Windpark vor der Ostseeküste wurde am 2. Mai 2011 von Bundeskanzlerin Angela Merkel eröffnet. Die 21 Windräder mit einem Rotordurchmesser von 93 Metern stehen 16 Kilometer vor dem Darß in der 16-19 Meter tiefen Ostsee. Mit einer Leistung von 50 Megawatt erzeugen sie jährlich 185 Gigawattstunden Strom für rund 50.000 Haushalte.

C15

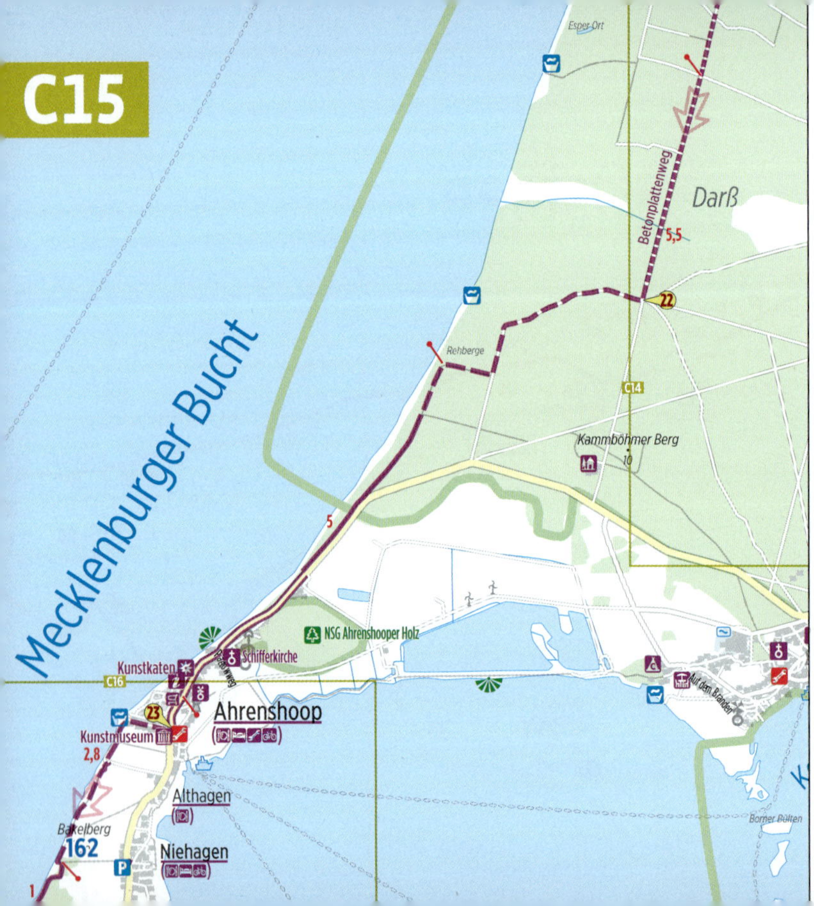

Nationalpark Vorpommersche Boddenlandschaft

Der „Nationalpark Vorpommersche Boddenlandschaft“ erstreckt sich auf einer Fläche von 80.000 Hektar. Es ist der drittgrößte und an den Besuchszahlen gemessen der beliebteste Nationalpark in Deutschland. Bodden - so werden die von der Ostsee abgeschnürten flachen Buchten genannt - und Ostsee bilden 85 Prozent seiner Gesamtfläche. Das Gebiet wurde 1990 in einer Hauruck-Aktion vom damaligen stellvertretenden DDR-Umweltminister Michael Succow als Naturpark ausgewiesen.

Der Landflächenanteil verteilt sich auf Wälder, naturnahe und landwirtschaftlich genutzte Flächen. Die Charakteristik des Nationalparks ist gekennzeichnet durch die unterschiedlichsten Landschaften und Lebensräume der Küste, wie Heiden, Brüche und Röhrichte, Wälder, Überflutungs- und Dünenbereiche, Salzgrasland und Flachwasserregionen. Schon 1957, als im Westen die Kraniche, die „Vögel des Glücks“, kurz vor dem Aussterben standen, wurden Teile vom Darß unter Schutz gestellt. Rund 700 Pflanzen- und 224 Vogelarten, unter ihnen der Seeadler, sind hier beheimatet. Über diesen Vogel sagt der dortige Ranger Friedemann Bartz: „Seeadler können aus 70 Metern Entfernung Zeitung lesen, und damit meine ich nicht die Überschriften“. Zudem leben hier 50 Fisch- sowie einige Amphibien- und Reptilienarten. Besonders beeindruckend ist der Kranichzug von August bis November. Auf dem größten Kranichrastplatz Nordwesteuropas halten sich im Herbst 50.000 der großen und geräuschvoll trompetenden Vögel auf.

Man passiert eine Freiluftbühne sowie das Museum, quert rechts versetzt eine Straße, die zum Strand führt, und kommt zum **Bernsteinweg**, in den man rechts einbiegt. Hinter dem Campingplatz ist der Weg für KfZ gesperrt und man radelt auf einem Plattenweg durch den Wald. Nur die Darßbahn darf dort fahren.

An der Haltestelle geht es links ab und nach einer Linkskurve stößt man auf den **Leuchtturmweg**.

AUSFLUG **Wer den Leuchtturm Darßer Ort, einer der ältesten der Ostsee, und das Natureum besuchen möchte, biegt rechts ab.**

Die Hauptroute geht weiter geradeaus.

22 Hinter dem Raesfelddenkmal biegt man am **Großen Stern** rechts ab. Hinter der Linkskurve geht es rechts ab direkt zum Strand, wo man links abbiegt und auf dem Dammweg an der Ostsee entlang radelt, bis man die **Dorfstraße** in Ahrenshoop erreicht.

Ahrenshoop

Vorwahl: 038220

Kurverwaltung, Kirchnersgang 2, ✆ 666610, @ sko766

Kunstmuseum, Weg zum Hohen Ufer 36, ✆ 66790 Mit Werken der Gründergeneration der Künstlerkolonie Ahrenshoop bis hin zu zeitgenössischen Werken regionaler Künster. @ jwo718

Schifferkirche, Paetowweg. Die Kirche wurde 1951 errichtet. Man verwendete Holz aus dem Darßer Urwald und Schilf vom Bodden, wie es auch für den Bau eines Bootes verwendet wird. Die alte Pappel, die ursprünglich an diesem Ort stand, wurde gefällt. Aus dem Stamm schuf die Ahrenshooper Künstlerin Doris Oberländer-Seeberg die Kanzel, den Taufstein und die Altarrückwand.

Mühle Ahrenshoop, Feldweg 7, ✆ 668343. Die Windmühle ist ein Neubau, der an der Stelle der früheren Mühle steht, die einst Wahrzeichen des Ortes war. Im Erdgeschoss ist ein Café untergebracht, in den Obergeschossen gibt es eine Ferienwohnung und eine Galerie.

Kunstkaten, Strandweg 1, ✆ 80308 Im Kunstkaten und zahlreichen anderen Galerien laden Ausstellungen und Veranstaltungen zum Besuch ein. @ ykc415

Ahrenshooper Holz. Das Naturschutzgebiet beherbergt Europas größtes Vorkommen an Ilex aquifolium (Stechpalme).

Steilufer. Das Ufer zwischen Wustrow und Ahrenshoop ist bis zu 14 m hoch.

Ahrenshoop

Im Spätsommer des Jahres 1889 stieß der Maler Paul Müller-Kaempff während einer Wanderung im Fischland eher zufällig auf den beschaulichen Ort Ahrenshoop. Die Atmosphäre des kleinen Fischerdorfes faszinierte ihn so sehr, dass er in den folgenden Jahren häufig zum Malen nach Ahrenshoop fuhr. 1892 beschloss er, sich endgültig dort niederzulassen und eine Malschule zu gründen. Viele Künstler folgten seinem Beispiel, sodass schon um 1900 unter den 30 alteingesessenen Familien 16 Kunstschaffende wohnten. Auf Betreiben von Müller-Kaempff wurde 1909 der Kunstkaten eröffnet. In den Räumen des Hauses wurden Ausstellungs- und Schauräume eingerichtet und 13 Jahre später folgte die Eröffnung der Bunten Stube. Obwohl die Künstlerkolonie Ahrenshoop zur gleichen Zeit wie Worpswede entstand, konnte sie sich ihren dörflichen Charakter erhalten. Ahrenshoop ist auch heute noch ein Ort, der Künstler und vor allen Dingen Kunsthandwerker anzieht.

DDR-Seegrenze

Nicht nur die Festlandgrenze, auch die Seegrenze wurde scharf überwacht. Ähnlich wie der Grenzstreifen war auch der Küstenstreifen durch ein gestaffeltes System der Überwachung abgeschirmt. Nur der westlichste, etwa 15 Kilometer lange Küstenabschnitt zwischen der Halbinsel Priwall und dem Dorf Brook war mit Mauer und Zäunen abgeriegelt und für die Öffentlichkeit versperrt. Für Touristen und Einheimische war Boltenhagen das am weitesten westlich gelegene öffentlich zugängliche Seebad der DDR.

An Land standen entlang der Küste 27 Wachtürme, an besonderen Küstenabschnitten patrouillierten bewaffnete Posten. Seeseitig wurde der Grenzbereich durch Boote der „Grenzbrigade Küste" gesichert. Mehrere tausend Menschen versuchten, von der DDR-Küste mit zum Teil abenteuerlichen Fahrzeugen über die Lübecker Bucht nach Schleswig-Holstein, von Fischland/Darß zum internationalen Schifffahrtsweg und von Hiddensee oder Rügen zur dänischen Insel Mön zu flüchten. Mindestens 180 Menschen kamen dabei ums Leben, 4.500 wurden aufgegriffen und zu hohen Haftstrafen verurteilt. Doch immerhin 913 Menschen gelang auf unterschiedlichste Weise die Flucht über die Ostsee.

Durch eine gleichzeitige Gedenksteinsetzung wird in Dahme (Schleswig-Holstein) und in Boltenhagen (Mecklenburg-Vorpommern) an den Fluchtweg über die Lübecker Bucht und an das Schicksal der Küstenleute erinnert. Der Dahmer Gedenkstein am Steilufer trägt die Inschrift: „Über der Ostsee leuchtete für uns das Licht der Freiheit. Den DDR-Flüchtlingen 1949–1989".

Von Ahrenshoop nach Warnemünde — 36 km

Entlang der **Dorfstraße** fährt man durch den Ort. **23** Gegenüber dem Fahrradladen biegt man rechts ab in den Weg zum Hohen Ufer, auf dem man den Küsten-Radweg erreicht, in den man links abbiegt und die Seebrücke von Wustrow erreicht.

Wustrow (Fischland)

Vorwahl: 038220

- **Fremdenverkehrsverein Fischland**, Bergstr. 1, ✆ 669922, @ bip388
- **Fremdenverkehrsverein Wustrow**, Strandstr. 11, ✆ 82763, @ xfe331
- **Kurverwaltung**, Ernst-Thälmann-Str. 11, ✆ 251, @ fud367
- **Boddenschifffahrt**, Hafenstr. 7, ✆ 588, ✆ 0172/3896090. Linien- und Rundfahrten mit dem Fahrgastbetrieb Kruse & Voß, mit Fahrradmitnahme, von Ende Apr. bis Anf. Okt. zwischen Ribnitz, Dierhagen und Wustrow tägl. 3 Verbindungen, zwischen Wustrow und Born tägl. 2 Verbindungen. @ bqa177
- **Fischlandhaus**, Neue Str. 38, ✆ 80465. Die Heimatstube ist in einer alten Büdnerkate aus dem 18. Jh. untergebracht. @ dbo511
- **Dorfkirche**, Hafenstr., Ecke Bäderstr., ✆ 338. Die neugotische Kirche (1869-1873) steht weithin sichtbar auf einem alten slawischen Burgwall. Vom Kirchturm lässt sich weit über Boddenlandschaft und Ostsee blicken. @ eph734
- **Kapitänshäuser und Fischerkaten**. Sehenswerte Häuser und rohrgedeckte Katen mit Krüppelwalmdächern. Vier der besterhaltenen Häuser, darunter ein niederdeutsches Hallenhaus, liegen am Permin.
- **Skulpturenpark**. Skulpturengruppe „Das Tor zum Jahr 2000" am Deich südlich des Ortes mit Werken von Künstlern der Region.
- **Zeesenboote**, Hafen. Im Hafen liegen einige der alten Zeesenboote mit der typischen dunklen Takelage vor Anker, die für die Boddenfischerei und für Ausflugsfahrten eingesetzt wurden. @ rbx714

Das Ostseebad Wustrow (slaw. „Swante Wustrowe" = „Heilige Insel") erlebte im 19. Jahrhundert seine Blütezeit. Die alten Kapitänshäuser mit den buntbemalten Türen erinnern an diese Zeit der Großsegler. Damals war Wustrow ein tausend Seelen zählendes Kapitäns- und Schifferdorf, in dem 1832 allein 132 Schiffe beheimatet waren. Die Kapitäne und Steuermänner gaben im Winter ihre Erfahrung in Kursen zur Erlangung des Steuermannexamens weiter. Im Jahr 1846 wurde die Großherzoglich-Mecklenburgische Navigationsschule gegründet. Sie war von 1969 bis zu ihrer Schließung

1992 Teil der Fachhochschule für Seefahrt Warnemünde, in der seemännisches Wissen vermittelt wurde.

An der Seebrücke geht es links und dann sofort wieder rechts ab und auf dem Dammweg entlang der Ostsee über **Dierhagen** **24** nach **Neuhaus**.

AUSFLUG Wer das Freilichtmuseum mit seiner großen Ausstellung traditioneller Fachwerk-Hallenhäuser und Bockwindmühlen besuchen möchte, biegt in Neuhaus links ab und radelt über Hof Körkwitz nach Klockenhagen.

Klockenhagen (Ribnitz-Damgarten)

Vorwahl: 03821

Freilichtmuseum, Mecklenburger Str. 57, ✆ 2775, ⏲ April-Okt., Di-So 10-17 Uhr, Juli, Aug. bis 18 Uhr. Der Bauernhof von Heinrich Peters war 1970 als Denkmalhof das erste von heute 20 Häusern, die norddeutsche Baukunst repräsentieren. Mit historischem Dorfladen, Gaststätte und Veranstaltungsraum. @ vlp657

Auf dem Dammweg weiter bis nach Graal-Müritz.

Graal-Müritz

Vorwahl: 038206

Tourismus- und Kur GmbH, Rostocker Str. 3, ✆ 7030, @ ykp318

Heimatmuseum, Parkstr. 21, ✆ 74556, @ oey281

Lukas-Kirche, Kastanienallee, am Friedhof, ✆ 77230. Der Turm der evangelischen Kirche steht nicht auf der Westseite, sondern unüblicherweise auf der Ostseite der Kirche. Am 18. Oktober 1908 wurde die nach den Plänen des Architekten Gotthilf Ludwig Möckel erbaute Kirche eingeweiht. @ usn523

Holländer-Windmühle, Lange Str. 10. Die 1863 erbaute Mühle hat zwei Geschosse und einen achtseitigen Backsteinunterbau. Sie kann als Ferienwohnung gemietet werden.

Seebrücke. Die 350 m lange Brücke wurde 1993 erbaut.

Rhododendronpark, Parkstr. Im Park blühen über 60 verschiedene Rhododendron- und Azaleenarten. Der Park entstand 1955-1961 nach den Plänen des Gartenbauarchitekten F. K. Evert. @ ywp151

Aquadrom, Buchenkampweg 9, ✆ 87900, @ vau763

Das Mecklenburger Ostseeheilbad Graal-Müritz, einst kleines Fischerdorf, bietet durch die jod- und salzhaltige Luft günstige Voraussetzungen für eine erfolgreiche Therapie von Atemwegserkrankungen. Dies erkannte 1887 der mecklenburgische Medizinalrat Carl von Mettenheimer, Initiator des drei Jahre später eröffneten Friedrich-Franz-Seehospizes für Kinder mit Skrofulose, einem heute seltenen Symptomkomplex.

In den Anfängen der 1900er Jahre weilten hier Hans Fallada, Erich Kästner und Kurt Tucholski. Robert Musil verguckte sich hier in seine spätere Ehefrau und Franz Kafka lernte Dora Diamant kennen, die letzte Liebe seines Lebens.

Da auf der Strandpromenade das Radfahren verboten ist, geht es an der Seebrücke kurz nach links und hinter dem Hotel Ostseewoge gleich nach rechts auf den Weg parallel zum Strand. Man biegt links und dann sofort rechts ab in die Straße **An der Schleuse**.

Man quert einen Bach, biegt dann links ab in den **Heuweg**, passiert den Rhododendronpark und später das Ostseecamp und stößt auf die **Wiedortschneise**. Dort biegt man links ab und verlässt sie sofort rechts ab in den ausgeschilderten „Ostseeküsten-Radweg". **25** An der nächsten Kreuzung geht es rechts ab am Öko-Rastplatz vorbei und man biegt 300 Meter vor dem Aussichtspunkt „Moorhof" ausgeschildert links ab zur **Warnemünder Straße**, in die man rechts einbiegt nach **Markgrafenheide**. Am Strand entlang erreicht man auf dem Radweg die Fähre über die Warnow nach Warnemünde.

Warnemünde (Rostock)

Vorwahl: 0381

Tourist-Information, Am Strom 59, Ecke Kirchenstraße, ✆ 3812222, @ jsk184

Leuchtturm in Warnemünde

Fähre. Die Fähre verkehrt im 10- bis 20-Min.-Takt zwischen Warnemünde und dem Rostocker Stadtteil Hohe Düne. @ rss477

Schiffsfahrten. Infos zu Schiffsfahrten zwischen Neuem Strom und Rostock-Stadthafen bzw. Hafenrundfahrten ab Alter Strom und durch das NSG Rostocker Heide erfragen Sie bitte an den Fähranlegern oder bei der Tourist-Information.

Heimatmuseum, Alexandrinenstr. 31, ✆ 52667 Geschichte des Seebades, Lebens- und Kulturraum der Fischer und Seeleute, Geschichte der Seenotrettung und des Lotsenwesens. @ rig415

Ev.-Luth. Kirche, Kirchpl. Der neugotische Backsteinbau wurde 1871 geweiht. Die Ausstattung im Inneren stammt zum Teil noch aus der Vorgängerkirche, z. B. der sehenswerte gotische Schnitzaltar aus dem Jahr 1475. @ ckk452

Leuchtturm, Am Leuchtturm, ✆ 5192626, Ostersamstag-1. Oktoberwoche, tägl. 10-18.30 Uhr. Von der Aussichtsplattform genießt man einen prächtigen Blick auf die Ostsee und den Küstenlandstrich. @ tkf451

Alte Fischerhäuser, Am Strom. In einer der ältesten Straßen von Warnemünde stehen entlang der einstigen Schifffahrtsstraße sehenswerte alte Fischerhäuser.

Teepott, Seepromenade 1. Am Fuß des Leuchtturms steht der Teepott (1967-68). Das auch an eine Muschel erinnernde Gebäude mit dem geschwungenen Betondach wurde Ende der 1960er Jahre von Ulrich Müther als Restaurant konzipiert.

Warnemünde Cruise Center, Am Passagierkai. Das Kreuzfahrtterminal am Liegeplatz P 7 wurde 2005 gebaut, das neue Empfangsgebäude auch aus Stahl und Glas am Liegeplatz P 8 2020 eröffnet. Jedes Jahr in der Zeit zwischen April und Oktober werden rund 200 Kreuzfahrtanläufe erwartet.

Im Jahr 1882 bat eine ältere, an Rheuma erkrankte Dame den Hof-Korbmeister Wilhelm Bartelmann aus Warnemünde, eine Sitzgelegenheit für den Strand zu entwerfen, die sie gegen Sonne und Wind schützen sollte. Anfangs wurde der „stehende Wäschekorb" noch belächelt, aber bereits zwei Jahre später war die Nachfrage nach den Strandkörben so groß, dass die Tochter des Korbmachers in Warnemünde die erste Strandkorbvermietung eröffnen konnte. Die seit Beginn des 19. Jahrhunderts gebräuchlichen Badekarren kamen endgültig aus der Mode, weil die Sitten freier wurden.

C18
Ostsee
Mecklenburger Bucht
Warnemünde
Leuchtturm und Teepott
Robbenforschungszentrum
Heimatmuseum
Hohe Düne
Markgrafenheide
Rostocker Heide
Heiligensee
NSG Heiligensee
Moorhof
NSG Radelsee
Radelsee
Moorgraben
Radelbach
Schnatermann
Stuthof
Jürgeshof
Breitling
Peez
Nienhagen
Rostock Überseehafen
Schiffbau- und Schifffahrtsmuseum
IGA-Park
Str. zum Überseehafen
Häschendorf
Barkenweg
Diedrichshagen
Stolteraa
NSG Stoltera
Elmenhorst
Elmenhorster Weg
Lichtenhagen
Lütten Klein
Werftallee
Nienhagen
Steinbeck
Zu den Tannen
Neu Rethwisch
thwisch
kirche
r Holz
Hin

Zwei Männer, die am Strand von Warnemünde - der mit 150 Meter breiteste und weißeste Ostseestrand - vor der stürmischen Ostsee nackt posierten, galten aber noch als schockierend. Das Gemälde „Badende Männer" von Edvard Munch (1863-1944) - „Der Schrei" gehört zu seinen weltweit berühmtesten Gemälden - erregte 1907 schon bei der Entstehung Aufsehen, weil der Maler ebenso wie seine Modelle nackt war, als er am Strand an den Leinwänden arbeitete.

Die Neptun-Werft diente nach dem Zweiten Weltkrieg zunächst vor allem dazu, als Reparationszahlung Schiffe für die Sowjetunion zu bauen. Zudem sollten die Werften die DDR vom Westen unabhängig machen. Sie wurde 2014 – wie auch andere Werften - an einen russischen Investor verkauft.

AUSFLUG Ein Ausflug in die 12 Kilometer entfernte sehenswerte Hansestadt Rostock lohnt sich. Mit einer Bevölkerungszahl von mehr als 200.000 Menschen ist sie die einzige Großstadt in Mecklenburg-Vorpommern. Mit dem Fahrrad ist sie heute schon gut zu erreichen, wenn man direkt nach der Fähre links ab zunächst am Wasser entlang radelt. In einigen Jahren soll zudem von Warnemünde nach Rostock der längste Radschnellweg in Deutschland fertig sein. Außerdem fährt die S-Bahn viertelstündlich und manchmal gibt es halbstündlich auch eine Schiffsverbindung ins Rostocker Stadtzentrum. Vom Bahnhof Warnemünde gibt es Direkt-Verbindungen zum Berliner Hauptbahnhof.

Seebad Warnemünde

Paul Gompitz alias Klaus Müller

Das Beispiel einer geglückten Flucht über die Ostsee hat der Schriftsteller F. C. Delius in seinem Buch: „Der Spaziergang von Rostock nach Syrakus" beschrieben. Die Chronik eines ungewöhnlichen, schweijkschen Abenteuers aus unserer Zeit, das, so märchenhaft es auch erscheint, keineswegs erfunden ist, beginnt folgendermaßen:

„In der Mitte seines Lebens, im Sommer 1981, beschließt der Kellner Paul Gompitz aus Rostock, nach Syrakus auf der Insel Sizilien zu reisen. Der Weg nach Italien ist versperrt durch die höchste und ärgerlichste Grenze der Welt, und Gompitz ahnt noch keine List, sie zu durchbrechen. Er weiß nur, dass er die Mauern und Drähte zweimal zu überwinden hat, denn er will, wenn das Abenteuer gelingen sollte, auf jeden Fall nach Rostock zurückkehren."

Es hat sich genau so abgespielt, wie Delius es erzählt. Paul Gompitz lebt gut, verdient gut. „Alles kannst du aushalten, die leeren Geschäfte, die kaputten Dächer, die dreckigen Bahnen, den Gestank des Sozialismus, aber was du nicht aushalten kannst, dass sie dich einsperren für immer, dass du nie was sehen wirst von der Welt, unter dieser Last kannst du nicht leben."

Das denkt sich Paul Gompitz und beschließt, die DDR für eine Weile zu verlassen; legal, wenn es sich machen lässt, und sonst eben illegal. Seit seiner Jugendzeit, seit er Johann Gottfried Seumes „Spaziergang nach Syrakus im Jahre 1802" gelesen hat, möchte er einmal im Leben nach Sizilien. Doch der „abgestürzte Intellektuelle", der als Wehrdienstverweigerer vom Studium ausgeschlossen wurde und seitdem von der Staatssicherheit beobachtet wird, erhält keine Reisegenehmigung. Alle seine Anträge werden abgelehnt. Delius erzählt von der Mühsal der Vorbereitungen, von der Hartnäckigkeit, mit der Gompitz das Segeln lernte, sein Boot tarnte, auf tragikomische Weise versuchte, Geld in den Westen zu schaffen, wie er gegen jede Gefahr eine List fand, immer etwas schlauer als die Staatssicherheit.

So unwahrscheinlich es klingt: Nach siebenjähriger Vorbereitung – ohne irgendjemanden einzuweihen, nicht einmal seine Ehefrau, die er nicht in Konflikt bringen will – gelingt es ihm im Juni 1988, mit einer Jolle von Hiddensee aus die Seegrenze der DDR zu überqueren und nach Gedser in Dänemark zu segeln. Er reist durch die Bundesrepublik nach Italien und erreicht Syrakus.

Im Oktober kommt Paul Gompitz in die DDR zurück. Er wird festgenommen, verhört und nach einigen Wochen Aufenthalt im Aufnahmelager Röntgental bei Berlin nach Rostock entlassen. Ein Strafverfahren wurde nicht eingeleitet.

Von Warnemünde nach Wismar 71 km

Von der Fähre kommend geht es rechts ab in die Straße **Am Bahnhof**, auf der man über die **Bahnhofsbrücke** fährt.

AUSFLUG Rechts ab geht es nach der Rechtskurve in die Alexandrinenstraße und man erreicht den Leuchtturm, den 30 Meter hohen „weißen Riesen". Auf der östlichen Seite der Warnow befindet sich die „Hohe Düne". Links ab in die Seepromenade, auf der das Radeln nicht erlaubt ist, geht es zum 1971 eröffneten Hotel Neptun, wo sich in der 19. Etage das höchste Café Rostocks befindet, von dem man den Blick aus 64 Meter Höhe schweifen lassen kann. In dieser „Sky-Bar" spielte sich unter den Augen der Stasi auch deutsch-deutsche Geschichte ab mit Egon Bahr, Björn Engholm und Alexander Schalck-Golodkowski.

Die Hauptroute geht weiter geradeaus in die **Kirchstraße** bis zum **Kirchenplatz**. Dort geht es links versetzt in die **Mühlenstraße** und auf dem Radweg an der Parkstraße weiter. **26** Am Sträßchen **Kleiner Sommerweg** fährt man rechts zum Strand und gelangt entlang der Küste bis zum Ostseebad nach Nienhagen.

Nienhagen

Vorwahl: 038203

- **Kurverwaltung**, Strandstr. 30, ✆ 81163, @ myp411
- **NSG Nienhagener Holz**. Das Naturschutzgebiet befindet sich an der Steilküste. Wegen bizarrer, vom Wind geformter Bäume, die Fabelwesen gleichen, wird der Wald auch „Gespensterwald" genannt.

Der Name wurde erstmalig 1264 erwähnt, die Gemeinde erst zum Ende des 19. Jahrhunderts gebildet. Die Seebrücke (1929) und der Aussichtsturm (1922) erhöhten die Attraktivität, so dass es 1936 offiziell als Ostseebad anerkannt wurde.

Der Maler und Graphiker Lovis Corinth hielt sich zwischen 1909 und 1917 mehrere Male in Nienhagen mit der schönen Kliffküste auf, wo er seine impressionistischen Bilder malte.

Wegen der orkanartigen Stürme wurde der Radweg entlang der Steilküste gesperrt. **27** Deshalb biegt man links in die **Strandstraße** und an deren Ende rechts ab auf den straßenbegleitenden Radweg der **L 12** nach **Rethwisch**. Dort geht es rechts ab in die **Börgerender Straße**, die in die **Seestraße** übergeht. An der Küste geht es links ab auf die Straße hinter dem Deich, man passiert den Wachturm und radelt parallel zum Strand. **28** Man folgt der Linkskurve der **Seestraße**, biegt an deren Ende rechts ab in die **L 12** und dann links ab zum Schmalspur-Bahnhof von Heiligendamm.

Heiligendamm (Bad Doberan)

Vorwahl: 038203

- **Tourist-Information**, Mollistr. 10, Bad Doberan, ✆ 62154, @ qir424
- **Herz-Jesu-Kapelle**, im Kurpark. Die kleine neugotische Waldkapelle aus dem Jahr 1888 wird heute nicht mehr kirchlich genutzt.
- **Kurhaus**, Prof.-Dr.-Vogel-Str. 6. Das in den Jahren 1814-16 erbaute Kurhaus ist der Mittelpunkt der klassizistischen Bäderarchitektur Heiligendamms. Heute befindet sich das Grand Hotel darin.

1793 gründete der Mecklenburger Großherzog Friedrich Franz I. auf Anraten seines Leibarztes das erste Seebad Deutschlands am „Heiligen Damm" nahe Doberan. Vorgesehen war zunächst, Doberan zum gesellschaftlichen Zentrum, Heiligendamm zur Stätte des Badens zu machen. So wurde J. Chr. Heinrich von Seydewitz mit dem Bau eines Logierhauses in Doberan und eines Badehauses in Heiligendamm beauftragt.

Ab 1796 setzte Carl Theodor Severin dessen Werk fort, erstfinanziert mit dem Verkauf von 1.000 mecklenburgischen Soldaten. Danach ließen vor allem die in Doberan eingerichteten Spielbanken jährlich bis zu 30.000 Gulden Pacht in die herzogliche Badekasse fließen.

Die klassizistische Bäderarchitektur trug Heiligendamm den schönen Beinamen „Weiße Stadt am Meer" ein. Zentrum des Bäderensembles ist das 1816 als „Gesellschafts-, Tanz- und Speisehaus" erbaute Kurhaus mit seiner von dorischen Säulen getragenen Vorhalle.

Mitte des 19. Jahrhunderts verlagerte sich das gesellschaftliche Leben allmählich an den Heiligen Damm, denn die Badegäste zogen wassernah gelegene Logierhäuser den entfernten Unterkünften in Doberan vor. So entstand direkt an der See zwischen 1814 und 1877 das geschlossene architektonische Ensemble, das an Komfort und Gediegenheit nichts zu wünschen übrig ließ.

Nachdem 1867 per Gesetz alle öffentlichen Spielbanken zu schließen waren, zwangen finanzielle Probleme den Großherzog 1873 zum Verkauf von Heiligendamm. In den folgenden Jahren wechselte das Seebad häufig den Besitzer. Heute wird das Bad revitalisiert, wobei die Eröffnung vom „Grand Hotel" den Auftakt bildete.

Im Sommer 2007 fand in Heiligendamm unter der Bundeskanzlerin Angela Merkel der G8-Gipfel statt. Er hatte das Motto „Wachstum und Verantwortung" und versetzte den Ort für viele Monate in eine Art Ausnahmezustand.

Schmalspurbahn „Molli"

Die heute 15 Kilometer lange Schmalspurbahn „Molli" verkehrt bereits seit 1886 zwischen Bad Doberan und Heiligendamm und wurde 1910 nach Kühlungsborn verlängert. Mit Inbetriebnahme der neuen Strecke wurden auch der Güterverkehr und die Postbeförderung aufgenommen.

Vor mehr als 100 Jahren wollte eine alte Dame mit ihrem dicken Hund, einem Mops, in den Zug einsteigen. Der aber riss sich los und Frauchen rief lautstark auf Plattdeutsch: „Molli, bliev stahn!" Es stoppte nicht etwa der Hund, sondern der anfahrende Dampfzug. Der Lokführer hatte sich so erschrocken, dass er eine Vollbremsung hinlegte. Von da an soll die Bäderbahn nur noch „Molli" geheißen haben.

Sehenswert sind die teils im alten Stil erhaltenen Bahnhöfe und die Lok- und Wagenschuppen. Als technisches Denkmal steht „Molli" seit 1976 unter Denkmalschutz.

Probleme ergaben sich, als die alte Dampflokomotive von 1932 ihren Geist aufgab. Weil es aber den Ingenieuren in Meiningen gelang, nach fast 50 Jahren wieder eine Dampflokomotive zu bauen, die der alten Konstruktion gleicht, bleibt „Molli" uns erhalten. Die neue wurde 2009 in Betrieb genommen.

Am Bahnhof radelt man parallel zu den Gleisen und fährt geradeaus in die Straße **Kinderstrand**, die in einen gut befahrbaren Radweg übergeht. Auf dieser Strandpromenade erreicht man Kühlungsborn.

Kühlungsborn

Vorwahl: 038293

- **Tourist-Information**, Ostseeallee 19, ✆ 8490, @ efs545
- **Heimatstube**, Ostseeallee 18, ✆ 823460, ⏲ Di, Do 13-16 Uhr, Mi, Fr, Sa 10-12 Uhr. Heimatstube und Leseraum im „Haus Rolle". @ jkk118
- **Kunsthalle Kühlungsborn**, Ostseeallee 48, ✆ 7540, ⏲ Di-So 12-17 Uhr. In der 1913 im Jugendstil erbauten Kunsthalle finden heute Ausstellungen und Veranstaltungen statt. @ rxh525
- **Molli-Museum**, Fritz-Reuter-Str. 1, ✆ 431331. Am Endbahnhof der Schmalspurbahn „Molli" informiert eine Ausstellung über die Geschichte der Eisenbahn. Der gesamte Bahnhof mit den technischen Einrichtungen, der Dampflok und einem hist. Güterwagen vor dem Museumscafé ist frei zugänglich. @ bfn417
- **St.-Johannis-Kirche**, Schlossstr. 19, ✆ 17261. Frühgotische Kirche (13. Jh.) im ehem. Brunshaupten mit kostbarer Madonnenfigur (um 1350). Sehenswert sind auch die Chorfenster mit Darstellungen von 42 Wappen aus dem 17. Jh. sowie der 1597 gestiftete Messingkronleuchter und die moderne Altartafel „Baum des Lebens", von der Künstlerin Brigitta Großmann-Lauterbach. @ dga533
- **Grenzturm**, Ostseeallee 1a, ✆ 14020, ⏲ Juni-Sept., Di, Mi, Fr 14-17 Uhr, Okt.-Mai, Di, Fr 14-17 Uhr. Der Ostsee-Grenzturm in Kühlungsborn ist ein ehemaliger Wachturm der Grenzbrigade Küste der Grenztruppen der DDR. Er wurde 1973 erbaut und lässt sich über versetzte Leitern besteigen. Zu Zeiten der deutsch-deutschen Grenze gab es insgesamt 27 solcher See-Grenzbeobachtungstürme, von denen heute noch zwei erhalten sind. Neben dem Turm informiert ein kleines Museum über Techniken der Grenzüberwachung und Fluchtgeschichten. @ emk227
- **Schmalspurbahn „Molli"**, ✆ 431331. Der dampfbetriebene „Molli" verkehrt zwischen den Bädern Kühlungsborn, Heiligendamm und Bad Doberan. Für die 15,4 km benötigt er ca. 45 Min. @ jvf431
- **Seebrücke Kühlungsborn.** Die 240 m lange und 1991 erbaute Brücke ist die erste Seebrücke, die nach der Wende an der mecklenburg-vorpommerschen Ostseeküste errichtet wurde.
- **Kühlung.** Ihren Namen erhielt diese einzigartige, auf dem Höhenzug südlich des Seebades gelegene Hügellandschaft wegen der starken Zerklüftung des Geländes und der Kuhlen. Um die Kühlung ranken sich viele Sagen und Legenden.

DDR-Grenzturm Kühlungsborn

Kühlungsborn ist das größte Strandbad von Mecklenburg-Vorpommern und hat mit vier Kilometern die längste Strandpromenade in Deutschland. Sie wird wegen des großen Stadtwaldes auch Grüne Stadt am Meer genannt und entstand durch die Vereinigung der drei Ostseebäder Arendsee, Brunshaupten und Fulgen. 1937 verloren diese ihre Selbständigkeit und wurden zunächst als Ostseebad Brunshaupten-Arendsee vereinigt, dem 1938 die Stadtrechte verliehen wurden. Bei der Namensfindung für die neue Stadt besann man sich auf den nahegelegenen Wald Kühlung und den Bach Cubanze, slawisch „Born". Die drei fliegenden Silbermöwen im Stadtwappen symbolisieren die ehemals selbstständigen Bäderorte.

Einer regen Bautätigkeit in den drei Orten am Ende des 19. Jahrhunderts folgten in den ersten Jahren des 20. Jahrhunderts aufwändige Modernisierungsmaßnahmen. 1904

C19
Mecklenburger Bucht
Kühlungsborn
Seebrücke
Kunsthalle
Grenzturm
Heimatstube
Kühlungsborn West
Molli-Museum
Kühlungsborn Ost
Schmalspurbahn Molli
Heiligendamm
Herz-Jesu-Kapelle
Grenzturm
Börgerende
Heimatstube
Umleitung
Conventer See
NSG Conventer Niederung
NSG Nienhagener Holz
Backsteinkirche
Rethwisch
Bahrenhorst
Riedensee
Kägsdorfer Landweg
Kägsdorf
Bastorfer Signalberg
Leuchtturm Buk
Bastorf
Hohen Niendorf
Gutshaus
Wendelstorf
Wichmannsdorf
Gutshaus
Diedrichshagener Berg
Diedrichshagen
Wischuer
Klein Bollhagen
Wittenbeck
Hinter Bollhagen
Vorder Bollhagen
Ostseerennbahn
Steffenshagen
Bockwindmühle
Museumshof
Brodhagen
Lochplattenweg
Bad Doberan
Ehm-Welk-Haus
Münster
Stadtmuseum
Walkenhagen
Schmalspurbahn Molli
3,5
2,8
5,5
0,6
3,2
3,4
4,2
3,4
27
28
29
30
C18
C20
L12
L11

begann der Ausbau der Straße zwischen Arendsee und Brunshaupten zu einem prachtvollen Boulevard, gedacht als Mittelpunkt des Badbetriebes. Der restaurierte Grenzturm mit Schautafeln über erfolgreiche und misslungene Fluchtversuche erinnert an die Zeit der deutschen Spaltung.

Rerik am Salzhaff

DDR-Grenzturm Kühlungsborn

Der unweit der Seebrücke stehende 15 Meter hohe Turm wurde 1972 errichtet und war einer der 27 Wachtürme an der DDR-Ostseeküste, von denen noch zwei erhalten sind. Der erste frei gewählte Bürgermeister Knut Wiek (1990-94) verhinderte mit einer Bürgerinitiative den Abriss und restaurierte das Gebäude sowie die technischen Anlagen. Das benachbarte Museum mit Schautafeln über erfolgreiche und misslungene Fluchtversuche wurde 2013 eröffnet.

Die DDR-Soldaten der Grenzbrigade Küste hatten den Auftrag, von der Beobachtungskanzel auf dem Turm Schiffsbewegungen auf der Ostsee zu beobachten und Fluchtversuche festzustellen. Mittels eines fest montierten Fernrohrs mit starker Vergrößerung konnte die vier Mann starke Besatzung ein bis zu zwölf Seemeilen weites Gebiet absuchen. Nachts konnte der Nahbereich durch einen Suchscheinwerfer beleuchtet werden. Unterhalb der verglasten Fenster befanden sich verschließbare Schießscharten.

Der Grenzturm prägte das Landschaftsbild. Die Soldaten der Grenzbrigade patrouillierten am Strand und wurden bei Bedarf durch mobile Suchscheinwerfer und voll ausgerüstete Einsatzfahrzeuge unterstützt. 5.600 Menschen versuchten, über die Ostsee zu fliehen, 900 erreichten ihr Ziel und 180 sind in der Ostsee ertrunken.

Der über eine innen liegende Leiter begehbare Turm wurde 1991 zum historischen Denkmal erklärt. Schautafeln im Außenbereich beschreiben verschiedene gelungene und auch durch die Grenztruppen verhinderte Fluchtversuche. Einer der bekanntesten Flüchtlinge war Peter Döbler, der 1969 die Ostsee durchschwamm und nach etwa 25 Stunden die 40 Kilometer entfernte Insel Fehmarn erreichte.

In dem Ausstellungsraum neben dem Wachturm werden einige zur Flucht benutzte Gegenstände, wie z.B. ein Schlauchboot, mit dem eine Familie mit zwei Kindern flüchten konnte, gezeigt. Zudem befinden sich dort Teile der Soldaten-Ausrüstung. Auch werden die Auswirkungen der damaligen Ostseegrenze für die dort wohnenden Menschen dargestellt.

Man radelt am Hafen vorbei geradeaus bis zur Seebrücke und biegt dort links ab, weil das Weiterfahren auf der Strandpromenade verboten ist. Am Kreisverkehr geht es rechts ab in die **Ostseeallee** und man sieht auf der rechten Seite den Wachturm der DDR-Grenztruppen. Die Ostseeallee geht über in die **Tannenstraße**, an deren Ende man rechts abbiegt in die **Waldstraße** **29**. Hinter der Klinik fährt man weiter geradeaus in den asphaltierten Waldweg und nach einer Linkskurve am Mühlenbach entlang, den man nach zwei Rechtskurven überquert. Danach geht es links ab in die Straße **Zum Rieden**, die in **Kägsdorf** in die **Dorfstraße** übergeht.

Danach sieht man auf der linken Seite in **Bastorf** den höchstgelegenen Leuchtturm Deutschlands. Der „BUK" ist zwar nur 20 Meter hoch, steht aber auf einem 78 Meter hohen Hügel. Mit seinem Café lohnt sich der drei Kilometer entfernte Abstecher.

Man radelt auf der Dorfstraße bis zur **L 12**, vor der man rechts abbiegt **30**. In **Mechelsdorf** biegt man rechts ab in die **Lindenallee**, die in den **Seeweg** übergeht. An deren Ende geht es links ab in den **Mechelsdorfer Weg**, auf dem man Rerik erreicht.

Rerik

Vorwahl: 038296

- **Kurverwaltung**, Dünenstr. 7, ✆ 78429, @ cro634
- **Fahrgastschifffahrt Steußloff**, Haffpl. 5, ✆ 74761. Vom Hafen aus kann man Ausflugsfahrten mit dem Fahrgastschiff „Ostseebad Rerik" unternehmen und es gibt Fährverbindungen nach Gollwitz (Insel Poel) und Pepelow. @ bfs468
- **Heimatmuseum**, Dünenstr. 4, ✆ 0175/4363403 Dokumentation der frühgeschichtlichen Besiedlung und der steinzeitlichen Gräber der

Umgebung sowie weitere Informationen zur Ortsgeschichte. @ pyp464

- **St.-Johannes-Kirche**, Dünenstr. 7, ✆ 0175/4363403, Führungen Mai-Sept., Mo 10 Uhr. Der Turm ist von einem achteckigen Helm, der sogenannten Bischofsmütze, gekrönt. Unbedingt sehenswert ist die Kirche (1250-1270) wegen ihrer frühbarocken Malereien aus dem Jahr 1668, die vom Wismarer Künstler Hinrich Greve stammen.
- **Ausgrabung eines Burgwalls**, Schmiedeberg. Auf dem Gipfel des slawischen Burgwalls (8. Jh.) befindet sich ein überdachter Aussichtspunkt.
- **Fischereihafen**. Im idyllischen Hafen ankern die Kutter der einheimischen Fischer, die am frühen Morgen fangfrischen Fisch verkaufen.
- **Großsteingräber**. Stein- und bronzezeitliche Großsteingräber befinden sich in Garzer Hof, Neu Garz und Mechelsdorf, von denen das Großsteingrab bei Neu Garz mit seinem 8 t schweren Deckstein das sehenswerteste ist. Sachkundige Führungen bietet die Kurverwaltung an.

Windmühle in Stove

Mit der Verleihung der Stadtrechte im Jahr 1938 wurde der Ort Alt-Gaarz in Rerik umbenannt, um die ungeliebte slawische Vergangenheit gegen jene der Wikinger auszutauschen. Bei Ausgrabungen auf dem Schmiedeberg waren Reste eines Burgwalls freigelegt worden, von dem die Nationalsozialisten irrtümlich annahmen, er könnte zu dem wohlhabenden „Reric", dem legendären Handelsplatz der Obotriten, gehören. Die Siedlung des Wikingerstammes befand sich aber vor der Insel Poel, wie man erst 1990 herausfand.

Der Weg führt geradeaus in den Ort und man folgt der **Leuchtturmstraße**, die in die **Dünenstraße** übergeht. Hinter der St.-Johannes-Kirche und dem Heimatmuseum fährt man nach links in die **Wustrower Straße**, auf der man zum wunderschönen **Marktplatz** kommt. **31** Man radelt am Haff entlang und biegt rechts ab in den **Haffwinkel**, der auf die **John-Brinckman-Straße** stößt, in die man rechts abbiegt. Man folgt dem Straßenverlauf nach **Roggow**, das man geradeaus durchfährt. An der Straßengabelung hält man sich rechts

auf dem Radweg, überquert den Hellbach und erreicht **Teßmannsdorf**.

32 Am Ortsausgang geht es rechts ab in den asphaltierten Weg, der nach Pepelow ausgeschildert ist und später in die Straße **Am Haff** übergeht und in Pepelow auf die **Strandstraße** stößt, in die man rechts einbiegt.

Pepelow (Am Salzhaff)

Handwerkerkaten. In Pepelow stehen einige aus dem 18. Jh. stammende Handwerkerkaten in Hallenhausform.

Mehr als 600 Jahre lang dominierte die Bauweise des niederdeutschen Hallenhauses die ländliche Architektur. In den sogenannten Einheitshäusern befanden sich sowohl Wohnbereich als auch Stall und Scheune. Das äußere Erscheinungsbild der Hallenhäuser kennzeichnet sich durch die charakteristisch niedrigen Seitenwände, das Walmdach in vier verschiedenen Grundtypen und das große Tor im Giebel. Die Konstruktion bestand aus einem von zwei Ständerreihen getragenen Innengerüst, auf dem die Last des Daches lag. Seit dem 16. Jahrhundert sind zwei Grundformen der Raumaufteilung üblich, das Durchgangshaus mit der Diele von Giebel zu Giebel und das Fleethaus, bei dem die Diele im sogenannten Fleet endet. Der Fleet war ein Querraum, in dem sich ein Rauchherd und die Lucht, in der die Familie den Sommer über wohnte, befand. Hinter dem Fleet lagen ein bis zwei beheizbare Räume, die im Winter bewohnt wurden. Die ältesten erhaltenen Hallenhäuser Mecklenburg-Vorpommerns stammen aus dem frühen 17. Jahrhundert.

Auf dem Radweg der **L 12** geht es durch **Klein Strömkendorf** über **Boiensdorf** nach **Stove**, wo man eine Windmühle und das Dorfmuseum passiert.

Man radelt auf der leicht hügeligen L 12 durch **Dreveskirchen** nach **Blowatz**. **33** Dort folgt man an der Straßengabelung dem Rechtsbogen über **Groß Strömkendorf** nach **Redentin**, wo man rechts in die **Seestraße** einbiegt **34**. Man passiert den Faulen See sowie das Industriegebiet und stößt dann auf die Straße **Am Haffeld**, in die man rechts abbiegt.

An der nächsten Kreuzung geht es links ab in die Straße **Am Torney**, an ihrem Ende rechts ab in die **Poeler Straße** und man quert den Wallensteingraben sowie zweimal die Bahngleise. Links ab geht es auf der **Bahnhofstraße** zum Bahnhof, von dem Züge nach Berlin und Schwerin fahren.

Geradeaus geht es durch die Straße **Hinter dem Chor** an der St.-Nikolai-Kirche vorbei zum **Marktplatz** der Altstadt von Wismar.

C22
Fährdorf
Fährdorf Ausbau
Neu Wodorf
Brandenhusen
Fauler See
NSG Fauler See
Rustwerder
Groß Strömkendorf
Hof Redentin
Kruse
Fischkaten
Redentin
Gagzow
Betonschiff von Redentin
Wismarbucht
NSG Insel Walfisch
Walfisch
Hohen Wieschendorf
Eggerswiek
Beckerwitz Ausbau
Beckerwitz
Eggerstorf
Zierow
Fliemstorf
Fliemstorfer Str.
Riten
Gutshaus
Landsdorf
Hoben
Seebrücke
Hinter Wendorf
Haffeld Süd
Wendorf
Müggenburg
Niendorf
Gramkow
Gutshaus
Hohenkirchen
Wahrstorf
Groß Walmstorf
Manderow
Neu Jassewitz
Proseken
Gägelow
Weitendorf
Fierdsberg
Hoikendorf
Alt Jassewitz
Stofferstorf
Klein Woltersdorf
Friedenshof
Tierpark
Kalihafen
Überseehafen
Westhafen
Poeler Str.
Wallensteingraben
Mühlenbach
St. Nikolai
Wismar
Dargetzow
C21
C23
L01
L12
B105
4,2
4,5
2
3,4
1,8
4
8
0,6
2,2
34
35
36

Nikolaikirche in Wismar

Wismar

Vorwahl: 03841

- **Tourist-Information**, Lübsche Str. 23a, ✆ 19433, @ ljm312
- **Adler-Schiffe**, Alter Hafen, ✆ 224646, ✆ 04651/9870888. Einstündige Hafenrundfahrten. @ ogt863
- **Schabbell**, Schweinsbrücke 6/8, ✆ 2243110 Im ehemaligen Haus des Bürgermeisters Schabbell – es ist eines der frühesten und prunkvollsten Renaissancehäuser im Ostseeraum – und im Nebengebäude ist das stadtgeschichtliche Museum untergebracht. Nach umfangreichen Sanierungen präsentiert das neueröffnete Museum seit 2018 auf einer Fläche von 1.200 m² die 800-jährige Geschichte von Wismar, mit Veranstaltungen und Sonderausstellungen. @ piq257
- **Heiligen-Geist-Kirche**, Lübsche Str. 31, ✆ 283528. Die aus Backstein gebaute Kirche gehört zum Heiligen-Geist-Hospital (13. Jh.). In der Spitalkirche wurden Kranke und Bedürftige versorgt.
- **St.-Georgen-Kirche**, St.-Georgen-Kirchhof Die dreischiffige Kirche wurde als Pfarrkirche für die Neustadt erbaut und war das Gotteshaus der Handwerker und Gewerbetreibenden. Gegen Ende des Zweiten Weltkrieges schwer beschädigt, wurde die Ruine sich selbst überlassen und überragte jahrzehntelang das Stadtpanorama. Als eines der über 300 Baudenkmäler der Stadt wurde sie 1990-2010 wieder aufgebaut. Ein Fahrstuhl fährt hinauf zur Aussichtsplattform auf 35 m Höhe.
- **St.-Marien-Kirche**, St.-Marien-Kirchhof. Das Kirchenschiff wurde im Zweiten Weltkrieg schwer beschädigt. Von der ehemaligen Ratskirche blieb einzig der 80 m hohe Turm erhalten, der seit Jahrhunderten Wahrzeichen der Stadt ist. Die Turmuhr wurde 1647 vom schwedischen Generalmajor Wrangel gestiftet.
- **St.-Nikolai-Kirche**, St.-Nikolai-Kirchhof. Die Kirche wurde 1381-1487 im Stil der Backsteingotik erbaut. Ihr Mittelschiff ist mit 37 m der vierthöchste Kirchenraum in Deutschland, höher sind nur der Kölner Dom, das Ulmer Münster und die Marienkirche zu Lübeck. 1703 wurde bis auf den Schifferaltar aus dem 16. Jh. und den Freskenzyklus von 1450 die mittelalterliche Ausstattung zerstört. Große Teile der heutigen Ausstattung entstammen den zerstörten Kirchen Wismars, so der Krämeraltar (1430, St.-Marien-Kirche) und der vierflügelige spätgotische Schnitzaltar (St.-Georgen-Kirche).
- **Archidiakonat**, Sargmacherstr. Im Archidiakonat (15. Jh.) wohnte einst der Archidiakon, der Vertreter des Bischofs. Das Gebäude ist eines der repräsentativsten Beispiele norddeutscher Backsteingotik.
- **Ausstellung „Wege zur Backsteingotik"** In der St.-Marien-Kirche und der St.-Georgen-Kirche.
- **Fürstenhof**, Vor dem Fürstenhof. Das „Alte Haus" des Fürstenhofs wurde 1512/13 im spätgotischen Stil als Festsaalgebäude erbaut. Anlass war die Vermählung Herzog Heinrichs. Im Jahr 1554 erfolgte die Erweiterung um das „Neue Haus", das im Stil der italienischen Renaissance errichtet wurde. Heute ist in dem bedeutenden Bauwerk das Amtsgericht Wismar untergebracht.
- **Hanse-Sektkellerei**, Turnerweg 4, ✆ 48480 Führungen, Sektfrühstück und „Liekedeler Gelage". @ gyh178
- **Historische Altstadt**, Am Markt. Der Marktplatz ist mit prachtvollen Häusern umsäumt.
- **Rathaus**, Am Markt 1, ✆ 2513096 Im klassizistischen Rathaus (1817-1819), einem Wiederaufbau nach dem Einsturz des spätgotischen Hauses, finden Sie die alte Gerichtslaube. Im teils noch gotischen Keller ist eine stadtgeschichtliche Ausstellung zu sehen.
- **Wasserkunst**, Am Markt. Von 1602 bis 1897 diente der zwölfeckige Pavillon der Trinkwasserversorgung Wismars. Der Pavillon speicherte das Wasser, das der Quelle in Metelsdorf entnommen und durch Holzrohre in die Stadt geleitet wurde. Unter Aufsicht des Kunstmeisters wurde das Wasser an die „mehrsten" Häuser (insgesamt 220) und 16 öffentliche Stellen verteilt.
- **Wassertor**, Am Hafen. Das Tor am Lohberg stammt aus dem Jahr 1450 und ist das letzte der ehemals 5 Stadttore. Als Teil der 1450 erbauten Wehranlage sicherte es die Stadt zum Hafen hin ab.
- **Zeughaus**, Ulmenstr. 15. Die architektonische Besonderheit des ehemaligen schwedischen Waffenarsenals ist die Konstruktionsart des Dachstuhls, die einen stützfreien Raum von besonderem Ausmaß (15 x 60 m) schafft.
- **„Alter Schwede"**, Am Markt 22. Seit 1878 befindet sich in den Räumen des ältesten Bürgerhauses Wismars – im Jahr 1380 erbaut – eine Gastwirtschaft. @ vvl547
- **Tierpark Wismar**, Zum Festpl. 30, ✆ 707070, März-Okt., tägl. 9-18 Uhr, Nov.-Feb., Sa, So/Fei 10-16 Uhr. Hier werden einst heimische sowie noch in der Region lebende Tiere wie Wolf, Wisent und Luchs in ihrer natürlichen Umgebung gehalten. @ dxr178

Wonnemar Wismar, Bürgermeister-Haupt-Str. 38, ☎ 327623, @ jpw273

Die erste urkundliche Erwähnung stammt aus dem Gründungsjahr 1229. Planmäßig wurde Wismar als Handelsstadt am nahegelegenen Handelsweg und dem namensgebenden Fluss aqua wissemara angelegt. Schon bald florierte der Handel und die Stadt wuchs so rasch, dass sie bereits 1250 um die Neustadt mit dem Zentrum um die St.-Nikolai-Kirche erweitert werden musste.

Bis Mitte des 13. Jahrhunderts residierten die mecklenburgischen Fürsten im etwas südlich gelegenen Mecklenburg. Dort stand dereinst die Miklinborg, ihrerseits Namensgeberin für Mecklenburg. Zwischen 995 und 1167 war sie Bischofssitz und bis 1257 Sitz der Fürsten. Fürst Johann von Mecklenburg verlegte später seinen Herrschaftssitz ins blühende Wismar, das bis 1358 Residenzstadt der Mecklenburger blieb.

Der florierende Handel zog nicht nur Siedler, Kaufleute und Handwerker an, sondern auch Räuber und Wegelagerer. Zur Sicherung ihrer Handelswege schlossen sich 1259 Lübeck, Rostock und Wismar zu einem Schutzbund zusammen. In den darauffolgenden Jahrzehnten entwickelte sich daraus die über mehr als drei Jahrhunderte mächtige Hanse. Aufstieg und Niedergang der Stadt sind eng mit deren Entwicklung verbunden. Zwischen dem 14. und 15. Jahrhundert erlebte Wismar eine wirtschaftliche Blütezeit und wurde zu einer der bedeutendsten Städte der Hanse.

Der Reichtum dieser Zeit spiegelt sich noch heute in den aufwändig verzierten, repräsentativen Bürgerhäusern, Speichern und Kontoren wider, in denen mit den bedeutendsten Waren des Ostseehandels Geschäfte gemacht wurden. Wichtigste einheimische Produkte waren Hering und Bier, das in 180 Brauereien in Wismar gebraut und in die angrenzenden Ostseeländer exportiert wurde. Anfang des 17. Jahrhunderts schwächten mehrere Faktoren die einstige Machtstellung der Hanse und führten 1669 nach dem letzten Hansetag in Lübeck zu ihrer endgültigen Auflösung. Diese Entwicklung sowie schwere Zerstörungen und die Pest während des Dreißigjährigen Kriegs (1618–1648) besiegelten den Niedergang der einst blühenden Hansestadt.

Im Westfälischen Frieden von 1648 fiel die Stadt zusammen mit der Insel Poel an Schweden. Stadt und Insel wurden zur größten Festungsanlage Europas und zum Verwaltungszentrum der von den Schweden in Mecklenburg und Pommern eroberten Ländereien ausgebaut. 1803 verpfändeten die Schweden die Stadt für den stolzen Preis von 1.250.000 Talern auf 100 Jahre an den Herzog von Mecklenburg-Schwerin. Nach Ablauf des Vertrages 1903 verzichtete Schweden auf die Rückgabe und überließ die Stadt, die seitdem wieder zu Deutschland gehört, den Mecklenburgern.

Wasserturm in Wismar

Am Eck von Lübscher und Krämerstraße gründete 1881 ein gewisser Rudolph Karstadt in einem Jugendstilgebäude sein erstes Kaufhaus.

Die nach dem Zweiten Weltkrieg entstandene Matthias-Thesen-Werft diente zunächst vor allem dazu, als Reparationszahlung Schiffe für die Sowjetunion zu bauen. Zudem sollten die Werften die DDR vom Westen unabhängig machen.

Die pittoreske „Backsteinstadt" hat sich bis heute ihren mittelalterlichen Charakter bewahrt und zählt zu den besterhaltenen im Ostseeraum. Die Stadt mit 43.000 Menschen wurde 2002 - gemeinsam mit der Altstadt von Stralsund - in die Weltkulturerbeliste der UNESCO eingetragen. Der Stummfilm „Nosferatu - Eine Symphonie des Grauens" wurde 1922 von Friedrich Wilhelm Murnau in Anlehnung an den Roman „Dracula" in Wismar produziert.

Von Wismar nach Dassow 59 km

An der **Bahnhofstraße** biegt man rechts ab in die **Wasserstraße**, radelt am Busbahnhof und am Wassertor vorbei weiter geradeaus und biegt am Kreisverkehr rechts ab in die **Lübsche Straße**. Wenig später zweigt man links ab in den

Der Fischereihafen in Boltenhagen

Asphaltweg, fährt an der Köppernitz entlang und anschließend durch den Ziegeleipark. An der Straßenkreuzung fährt man ein kurzes Stück geradeaus auf der Lübschen Straße weiter. **35** Gleich darauf geht es ausgeschildert kurz hinter der **Werftstraße** rechts ab in den **Schwarzer Weg** und man hält sich in der Kleingartensiedlung rechts. An der Kreuzung fährt man geradeaus und kommt auf eine Spielstraße, von der es geradeaus auf die **Ernst-Scheel-Straße** geht.

Kurz bevor sie abwärts geht, biegt man rechts ab in den unbefestigten Weg an der Seebrücke zum Ufer, wo es links weitergeht. Hinter Hoben geht es geradeaus am Strand weiter und später links ab nach **Fliemstorf**. Dort geht es rechts ab in die **Fliemstorfer Straße** und man erreicht **Zierow**, wo es ein kleines Dorfmuseum gibt.

Kurt Rick - Gelungene Flucht

Als die später eingerichteten aufwendigen Grenzsicherungen an der Küste noch nicht installiert waren, begann der 29-jährige Ingenieur Kurt Rick am 21. September 1963 um 22:00 Uhr seine Flucht aus der DDR am Westufer der Wismarer Bucht in Zierow. Mit seinem Faltboot „Kolibri" überquerte er allein, nur mit einem Transistorradio und einem Kompass ausgerüstet, in windstiller Nacht die Lübecker Bucht und erreichte in der Morgendämmerung nach 35 Kilometern Kellenhusen in Schleswig-Holstein.

In Zierow biegt man schräg rechts ab in die **Lindenstraße** und an deren Ende nach links in die **Eggerstorf**, der man folgt. An der Weggabelung mit Wartehäuschen und Rastplatz geht es rechts ab nach **Beckerwitz**. **36** Dort biegt man links in die **Ostseestraße** und dann rechts ab in den **Moorweg** bis

Zur Wiek, in die man links einbiegt. Man fährt geradeaus am Campingplatz vorbei zum Strand, wo man links abbiegt, auf die **L 01** stößt, in die man rechts einbiegt und auf dem Radweg der linken Seite **Wohlenberg** erreicht.

Mario Wächtler - Gelungene Flucht

Mit seiner Flucht am 2. September 1989 von der Wohlenberger Wiek nach Dahme in Schleswig-Holstein war Mario Wächtler der letzte Flüchtling, dem über die Ostsee die Flucht in den Westen gelang. Mit einem Neopren-Anzug gegen die Unterkühlung stieg er um 23 Uhr ins Wasser. Mit Tagesanbruch wuchs allerdings die Gefahr, von DDR-Grenzschützern entdeckt zu werden. Zwei passierende DDR-Patrouillenboote bemerkten ihn jedoch nicht.

Gesehen hat ihn aber der Kapitän einer West-Deutschen Fähre, die von Trelleborg in Schweden nach Travemünde unterwegs war. Als ein Rettungsboot zu Wasser gelassen wurde, bemerkten ihn auch die DDR-Grenzer. Doch das Rettungsboot erreichte den Flüchtling zuerst. Nach 19 Stunden und 38 Kilometern kletterte er an Bord der „Peter Pan“. Er hörte noch, wie die Leute klatschten, dann verlor er vor Erschöpfung das Bewusstsein.

37 Hinter der links abbiegenden Neue Reihe geht es rechts ab ausgeschildert nach Boltenhagen und man erreicht **Tarnewitz**. Dort biegt man rechts in die **Tarnewitzer Straße** und dann links ab in die **Tarnewitzer Chaussee** über den Tarnewitzer Bach. An der **Ostseeallee** geht es links ab und man erreicht Boltenhagen.

Ostseeküste auf der Halbinsel Priwall (1984/2006)

Boltenhagen

Vorwahl: 038825

- **Kurverwaltung Ostseebad Boltenhagen**, Ostseeallee 4, ✆ 3600, @ hlt882
- **Seebrücke**, Seebrücke. Von der 1991 wiedererrichteten 290 m langen Seebrücke legen regelmäßig Schiffe nach Grömitz, Travemünde und zur Insel Poel ab.
- **Ev. Kirche zur Paulshöhe**, Klützer Str. 3. Die ursprüngliche Kapelle (1872/73) ist ein neogotischer, rechteckiger Backsteinbau. Hierhin retteten sich viele Boltenhagener mitsamt ihrem Vieh vor der Sturmflut, die in der Nacht vom 12. zum 13. November 1872 viele Dörfer an der Ostseeküste zerstörte. Der Wasserstand ist an einem Granitblock auf dem Kirchweg abzulesen.
- **Kurpark**. Die Kurpromenade kommt auf eine Länge von 3 km.
- **Reetgedeckte niederdeutsche Hallenhäuser**, Alt-Boltenhagen. Im Ort befinden sich insgesamt sechs Hallenhäuser. In einer dieser typischen Bauernkaten verbrachte der Schriftsteller Fritz Reuter seit 1855 wiederholt seine Ferien.
- **Strand**. Der 4 km lange Strand lädt zum Baden ein.

Boltenhagen wurde 1336 erstmals urkundlich erwähnt, und ist nach Heiligendamm das älteste Ostseebad. Bereits zehn Jahre nach Eröffnung des Ostseebades in Heiligendamm begann hier der Bäderbetrieb, als die Familie Bothmer aus Klütz einen Badekarren am Strand aufstellen ließ. Zunächst mussten die Gäste noch in den schornsteinlosen Bauernkaten, den sogenannten Rauchhäusern (Rookhus), in Alt-Boltenhagen übernachten. Erst 1838 wurde das erste zweigeschossige und mit 17 Zimmern ausgestattete Logierhaus „Hotel Baltique" in Neu-Boltenhagen erbaut, das wegen seiner Größe das „Schloss" genannt wurde. Bauherr war der Tischlermeister Reese. In den folgenden Jahren wurden längs der Strand- und Mittelpromenade weitere Pensionen und Logierhäuser gebaut.

Das Treiben der Sommerfrischler wurde 1872 durch die Sturmflut jäh unterbrochen. Der Wiederaufbau erfolgte jedoch innerhalb kürzester Zeit, so dass bereits ein Jahr später 1.000 Badegäste begrüßt werden konnten. Bis zur Jahrhundertwende waren die Badekarren in Betrieb. Sie kamen aus der Mode, als die Badesitten freier und Strandkörbe aufgestellt wurden.

Boltenhagen war für Touristen und für die einheimische Bevölkerung das am weitesten westlich gelegene und öffentlich zugängliche Seebad der DDR. Von hier gab es diverse Fluchtversuche. Mit einer parallelen Gedenksteinsetzung wird hier und in Dahme (Schleswig-Holstein) an den Fluchtweg über die Lübecker Bucht und an das Schicksal der an der Küste lebenden Menschen erinnert. Der Gedenkstein befindet sich direkt an der Seebrücke von Boltenhagen.

Fluchtversuche

Von 1961 bis 1989 haben 5.597 Menschen versucht, über die Ostsee zu fliehen. Nur 901 haben West-Deutschland, Dänemark oder Schweden erreicht. 174 starben an Unterkühlung oder ertranken. Für ihren gescheiterten Fluchtversuch erhielten 4.522 monatelange Gefängnisstrafen.

Axel Mitbauer – Flucht mit Schwimmflossen

Eine besonders abenteuerliche Flucht ist in der Nacht vom 18. auf den 19. August 1969 Axel Mitbauer geglückt. Der DDR-Meister über 400 und 1.500 Meter Freistil schwamm von

Gedenkstein auf dem Priwall

Boltenhagen, wo man bei schönem Wetter das westdeutsche Ufer sehen kann, 25 Kilometer durch das kalte Wasser der Ostsee.

Zu Mauerzeiten wurde der Badestrand rund um die Uhr von Grenzposten bewacht und nachts durch riesige Scheinwerfer beleuchtet, die aber jede Stunde zur Kühlung für eine Minute abgestellt werden mussten. Sechzig Sekunden benötigte er für die ersten zwei Sandbänke, danach tauchte er ab und schwamm fünfzig Meter unter Wasser, bis er außerhalb des Lichtkegels war.

Das Problem für ihn war weniger die Distanz als die Kälte. Da es damals in der DDR noch keine Neopren-Anzüge gab, hatte er sich mit Vaseline eingeschmiert. Gegen Mitternacht wärmte er sich an dem Luftabzug einer mit Gas betriebenen Leuchtboje auf. Bevor er bei Sonnenaufgang weiterschwimmen wollte, wurde er von einem Kapitän entdeckt, an Bord geholt und in Lübeck an Land gebracht.

Ein Jahr zuvor hatte er nach einem verratenen Fluchtplan mehrere Wochen bei der Stasi in einer Dunkelzelle in Einzelhaft gesessen und kurz vor Beginn der Olympischen Spiele 1968 in Mexiko ein lebenslanges Startverbot erhalten. Zudem musste er eine sieben Monate lange Gefängnisstrafe absitzen. Nach der erfolgreichen Flucht sollte seine Mutter unterschreiben, dass sie nie einen Sohn hatte. Weil sie sich weigerte, verlor sie ihre Stelle im wissenschaftlichen Dienst, auch sein Vater wurde arbeitslos.

Axel Mitbauer hat seine Langstrecken- und Freiwasser-Qualitäten als Trainer auch an seinen Sohn Axel-Carlo weitergegeben, der 2008 mit 16 Jahren Deutscher Jahrgangsmeister über fünf Kilometer im Freiwasser wurde. Dabei blieb er als einziger unter der magischen Ein-Stunden-Grenze.

Am Kreisverkehr fährt man rechts in den **Dünenweg** und geradeaus aus dem Ort hinaus. Der **Haubenweg** führt ein Stück an der Küste entlang und biegt an deren Ende zweimal links ab nach **Redewisch Ausbau**, wo es rechts ab nach **Steinbeck** geht. **38** Dort biegt man rechts ab in den **Hafthagen** und fährt an dessen Ende links ab auf den Radweg entlang der Küste.

Ein Schild weist auf den ehemaligen Kolonnenweg hin, denn der 15 Kilometer lange Küstenabschnitt bis zur Halbinsel Priwall war mit einer Mauer abgeriegelt und für die Öffentlichkeit gesperrt.

Stele Cap Arcona

Auf Verbundsteinen geht es durch das Naturschutzgebiet, danach folgt man dem hügeligen asphaltierten Weg. Weil der Radweg entlang der Steilküste wegen der orkanartigen Stürme gesperrt wurde, muss man bei Wankenhagen die Ostseeküste umfahren. Danach geht es wieder entlang der Küste und man passiert das 1745 im Stil des Barock errichtete restaurierte Schlossgut Groß Schwansee **39**, wo man einkehren und übernachten kann.

Dahinter befindet sich auf der rechten Seite eine Gedenkstele, die an die Katastrophe der „Cap Arcona“ erinnert.

Die Tragödie der „Cap Arcona“

Am 3. Mai 1945 fanden beim Untergang des Passagierschiffs „Cap Arcona“ und des Frachters „Thielbek“ 7.000 Häftlinge des Konzentrationslagers Hamburg-Neuengamme sowie Soldaten und Besatzungsmitglieder den Tod. Einer der wenigen Überlebenden war Erwin Geschonneck (1906-2008), der erfolgreichste Schauspieler der DDR.

Kurz vor dem Ende des Kriegs sollte das mit 10.000 Häftlingen völlig überfüllte Konzentrationslager Neuengamme geräumt werden, um die Verbrechen der Nationalsozialisten vor den anrückenden Alliierten zu verbergen. Deshalb wurden auf Befehl von SS-Chef Heinrich Himmler die Häftlinge auf Schiffe deportiert, die versenkt werden sollten.

Auf der „Cap Arcona“ gab es keine Rettungsboote, es waren keine hohen SS-Offiziere an Bord, und das Schiff war nur mit einer geringen Treibstoffmenge betankt worden.

Die Alliierten waren vom Roten Kreuz der Schweiz und Schweden rechtzeitig über diese Pläne informiert worden, weshalb die britische Luftwaffe ihre auf Seeziele angesetzten Piloten instruierte, die „Cap Arcona“ nicht zu attackieren. Weil die Piloten, die die Landziele bombardierten, nicht informiert waren, und die Schiffe für Truppentransporter hielten, griffen neun britische Flugzeuge die knapp drei Kilometer vor Neustadt in Holstein liegende „Cap Arcona“ und die „Thielbek“ an und versenkten sie.

Eine weitere Katastrophe verhinderten die Alliierten durch ihren schnellen Vormarsch: Sie eroberten das Schiff "Athen" mit 2.000 weiteren Häftlingen an Bord und befreiten 1.300 Menschen an Land.

Hinter dem Abzweig nach Rosenhagen – ein Sperrgebiet der DDR, das von außen wegen der Fluchtgefahr nicht betreten werden durfte - ist der Weg am Strand entlang nicht mehr asphaltiert und man erreicht die Mecklenburger Landstraße.

ZUM BAHNHOF

Wer nach Travemünde zum Bahnhof radeln möchte, fährt weiter geradeaus, biegt hinter der Grenze rechts ab in den Waldweg bis zum Seeweg, in den man links einbiegt. Die seit 1329 zu Lübeck gehörende „schönste Tochter“ mit dem ältesten deutschen Leuchtturm hat eine der schönsten Strandpromenaden Europas. Es geht dann weiter geradeaus in den Dünenweg und nach einer Linkskurve bis zum kleinen Kreisverkehr. Dort fährt man geradeaus in den Waldpark und stößt auf die Mecklenburger Landstraße, in die man rechts einbiegt. Danach setzt man mit der Fähre über die Trave und gelangt zum Bahnhof Travemünde-Hafen, von dem Direktzüge über Lübeck nach Hamburg fahren.

40 Die Hauptroute biegt kurz vor der Grenze links ab und man bleibt auf der linken Seite der **Mecklenburger Landstraße**. Am Ende der Salzwiesen fährt man links über eine Rad- und Fußwegdurchfahrt in die mit EV 13 ausgeschilderte **Siedlung** genannte Straße bis zum Ortseingang von **Pötenitz**.

Dort biegt man links in die **Bergstraße** und dann rechts ab in die **Eichenallee**, aus der ein wunderbarer Hosenträgerweg wird, der auf die Straße **Am Hof** stößt, in die man links einbiegt. Es geht durch **Johannstorf**, am Wasserschloss vorbei und man hat einen schönen Blick auf den Dassower See, an dessen östlichem Ufer die innerdeutsche Grenze verlief.

41 Kurz vor Dassow biegt der Radweg links von der Straße ab, macht einen leichten Bogen und unterquert den Travemünder Weg auf dem ehemaligen Kolonnenweg zum Dassower See. Dort geht es links ab und überquert die B 105 geradeaus in die **Rudolf-Breitscheid-Straße**. An deren Ende geht es rechts ab in die **Friedensstraße** und man ist im Zentrum von Dassow.

Dassow

Von Dassow nach Lübeck **27 km**

Im Ortskern von Dassow biegt man am Ende der Friedensstraße rechts ab in die **Lübecker Straße** und passiert die Nikolaikirche.

AUSFLUG Wer zum Schloss Lütgenhof radeln möchte, biegt hinter der Nikolaikirche links ab in die Hermann-Litzendorf-Straße und erreicht das Schloss auf dem Ulmenweg.

Schloss Lütgenhof

Das 1839 gebaute Herrenhaus Lütgenhof wurde 1890 zum klassizistischen Schloss umgestaltet. Nach dem Kriegsende wurde die Familie Paepcke 1945 enteignet und das Schlossinventar geplündert. Von 1945 bis 1949 war es ein Kinder- und Flüchtlingsheim und diente anschließend bis 1961 als

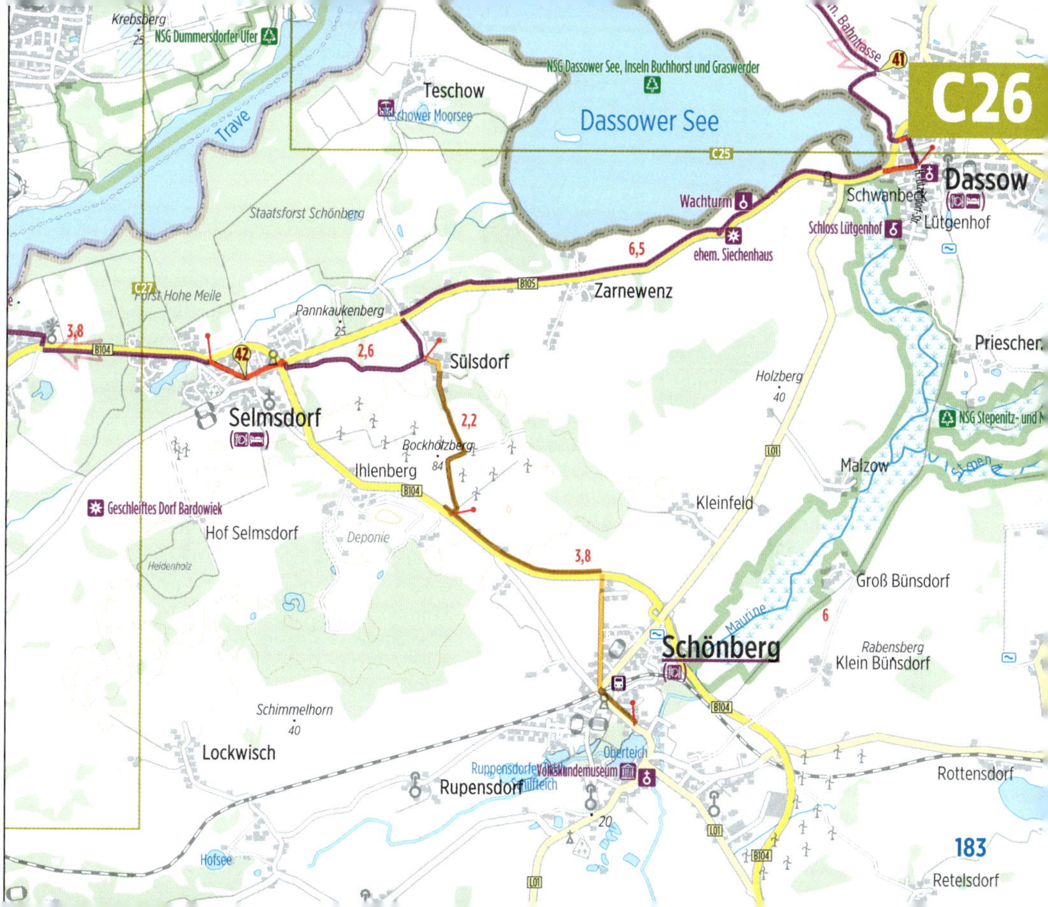

Grenzdokumentations-Stätte Lübeck-Schlutup

Landwirtschaftliche Fachschule. Da sich das Schloss nahe der deutsch-deutschen Grenze befand, nutzten es ab 1961 die DDR-Grenztruppen als Kaserne. 1992 wurde das Schloss restauriert und ein neuer Südflügel angebaut. Bei der behutsamen Sanierung wurde die historische Substanz erhalten.

Die EV 13 biegt am Ende der Lübecker Straße links ab in den Radweg der **B 105**, auf dem man den Stepenitz-Fluss überquert. Man passiert den Grenzwachturm Dassow sowie die Ruine Siechenhaus und erreicht über **Zarnewenz** und **Sülsdorf** den Ort **Selmsdorf**.

AUSFLUG Wer nach Schönberg radeln möchte, biegt in Sülsdorf - von dort hat man einen herrlichen Blick auf die innere Lübecker Bucht und die sieben Türme von Lübeck - links ab in die Dorfstraße.

Schönberg (Mecklenburg)

Vorwahl: 038828

- **Stadt Schönberg**, Am Markt 15, ✆ 3300, @ bys441
- **Volkskundemuseum**, Am Markt 1, ✆ 21539, @ bfb352
- **St.-Laurentius-Kirche**, An der Kirche. In der Kirche gibt es eine historische Winzer-Orgel von 1847 und ein Luther-Denkmal.
- **Backsteinhaus des Bildhauers Ernst Barlach**, August-Bebel-Str. 3. Der Künstler lebte von 1872-76 in diesem Haus.

Der Name wurde 1219 erstmals urkundlich erwähnt. Anfang des 14. Jahrhunderts wurde der Ort Residenz der Bischöfe von Ratzeburg und erhielt 1822 das Stadtrecht.

Durch die Lage an der innerdeutschen Grenze wurde Schönberg hart getroffen, weil sich dort die größte Sondermülldeponie Europas befand. Die Stadt erholt sich aber langsam und der Altstadtkern wurde seit 1994 gründlich saniert.

Vom Bahnhof fahren Direktzüge nach Lübeck und Bad Kleinen.

Mülldeponie Schönberg

Die größte Sondermülldeponie Europas befindet sich innerhalb des Sperrgebietes der ehemaligen deutsch-deutschen Grenze und wird seit 1979 für bundesdeutschen und europäischen Sondermüll genutzt. Die DDR erzielte damit enorme Gewinne, die Bundesrepublik hatte ein Entsorgungsproblem weniger.

Die Dumpingpreise und eine unzulängliche Überwachung machten die Deponie Schönberg für die europäische Abfallwirtschaft interessant. Der Preis lag im westeuropäischen Wirtschaftsgebiet bei etwa 150 DM pro Tonne, in Schönberg lediglich bei zehn. Allein 1989 wurden 1,3 Millionen Tonnen Sondermüll über den Grenzübergang Schlutup-Selmsdorf dorthin verbracht. Ende 1989 befanden sich etwa zehn Millionen Tonnen Giftmüll auf der Deponie, die in „Ihlenberg-Deponie" umbenannt wurde.

Ein Schließungs-, Sicherungs- und Nachsorgekonzept gibt es bis heute nicht. Der Hügel aus Schlacke, Bauschutt und Sondermüll ist mittlerweile 110 Meter hoch und erstreckt sich auf ein Gebiet von 82 Hektar. Noch immer werden jährlich etwa 600.000 Tonnen Sondermüll angeliefert. Für diese Deponie wurde auch nach dem Ende der DDR keine ordentliche Umweltverträglichkeitsprüfung oder Planfeststellung durchgeführt.

Gegen diese Giftmülldeponie kämpft seit 1980 eine Bürgerinitiative, weil die Kontaminierung des Lübecker Trinkwassers befürchtet wird. Auch die Stadt Lübeck scheiterte mehrfach mit ihren Klagen gegen die Belieferung der Deponie, obwohl wegen der fehlenden Basisabdichtung das hochtoxische Sickerwasser über den Palinger Bach und den Lüdersdorfer Graben in die Wackenitz gelangen und das Grundwasser in

Gedenkstein in Bardowiek

Lübeck dauerhaft vergiften kann. Seit 2005 dürfen dort nur noch Abfälle gelagert werden, die weder wiederverwertet noch verbrannt werden können.

Was genau dorthin verbracht wurde - z. B. radioaktiv verseuchter Müll aus dem DDR-Kraftwerk Lubmin - ist nicht bekannt. Man weiß aber, dass die Wahrscheinlichkeit für die Mitarbeitenden der Deponie, an Krebs zu erkranken, fast doppelt so hoch ist wie für den Rest der Republik.

In Selmsdorf quert man die B 104 und folgt geradeaus der Straße der Freiheit.

AUSFLUG Wer die letzten Spuren des geschleiften Dorfes Bardowiek besichtigen möchte, folgt der Straße der Freiheit in der Linkskurve in die Neue Reihe.

Bardowiek

Das 1292 erstmals erwähnte Dorf lag zu DDR-Zeiten innerhalb der fünf Kilometer breiten Sperrzone, weshalb die dort wohnenden Menschen umgesiedelt und die Häuser abgerissen wurden. Nur der aus Ziegelsteinen erbaute Trafoturm blieb erhalten. Auf ihm wird mit großen Buchstaben das Schicksal des in den späten 1970er Jahren geschleiften Dorfes beklagt: „BARDOWIEK: SEIT 1292 URKUNDLICH ERWÄHNT 1977-89 IM DDR-REGIME WIDERRECHTSLICH ZERSTÖRT".

42 Am Ende der **Straße der Freiheit** geht es rechts ab in die **Lübecker Straße**, die auf den Radweg der **B 104** stößt, den man vor der links abbiegenden Dorfstraße rechts ab verlässt. Man radelt auf der Straße **An der Trave** durch das Gewerbegebiet, an dessen Eingang sich eine Stele mit der Inschrift: „Das Geheimnis der Freiheit ist der Mut 1945-1989" befindet. Am

Kreisverkehr biegt man rechts ab in die **Selmsdorfer Landstraße**, die in die **Mecklenburger Straße** übergeht und überquert die ehemalige deutsch-deutsche Grenze, hinter der sich auf der rechten Seite die Grenzdokumentations-Stätte befindet.

Grenzdokumentations-Stätte

Die Grenzdokumentations-Stätte Lübeck-Schlutup befindet sich im ehemaligen Zollgebäude. Sie möchte die Erinnerung an die Grenzöffnung bewahren, das geschichtliche Bewusstsein fördern und über die Grenze zwischen der Bundesrepublik und der DDR informieren. Besonders im Blickpunkt steht Lübeck, die einzige Großstadt an der innerdeutschen Grenze. Umfangreiche Sammlungen und Dokumentationen zeigen Exponate aus beiden deutschen Staaten, die einen Bezug zu den Grenzanlagen und den Schicksalen der Menschen haben. www.grenze-luebeck.de

Von der Grenzdokumentations-Stätte radelt man weiter geradeaus, sieht linker Hand den grünen Schornstein der durch Essig, Senf und Gurken bekannten ehemaligen Firma Kühne und biegt vor dem Mühlenteich links ab in den **Palinger Weg**.
43 Wenn an dessen Ende in einer scharfen Rechtskurve die Speckmoorstraße abgeht, radelt man schräg links in den nach Eichholz ausgeschilderten nicht asphaltierten Waldweg. Auf ihm quert man die B 104, biegt bei der nächsten Gelegenheit links ab und radelt an der ehemaligen innerdeutschen Grenze entlang. Wenn es im rechten Winkel nach rechts geht, biegt man halb schräg ab, folgt der Beschilderung und stößt auf die Straße **An den Schießständen**, in die die Hauptroute links abgeht.

Zum Hauptbahnhof von Lübeck geht es geradeaus in den Heiweg, an dessen Ende links in den Soldatenweg, dann rechts in die Kantstraße und dann links in die Schlutuper Straße, die in die Walderseestraße übergeht. Man sieht bereits die Türme der Kirchen von Lübeck, radelt über den Moltkeplatz und überquert die Wakenitz auf der Moltkebrücke. Weiter geht es durch die Moltkestraße und auf der Rehderbrücke über die Trave bis zum Holstentor. Über die Puppenbrücke geht es zum Lindenplatz und von dort über die Konrad-Adenauer-Straße

Holstentor in Lübeck

zum Hauptbahnhof von Lübeck., von dem Direktzüge nach Hamburg, Büchen und Kiel fahren

Von der Grenzdokumentations-Stätte radelt man weiter geradeaus, sieht linker Hand den grünen Schornstein der durch Essig, Senf und Gurken bekannten ehemaligen Firma Kühne und biegt vor dem Mühlenteich links ab in den **Palinger Weg**. Wenn an dessen Ende in einer scharfen Rechtskurve die Speckmoorstraße abgeht, radelt man schräg links in den nach Eichholz ausgeschilderten nicht asphaltierten Waldweg. Auf ihm quert man die B 104, biegt bei der nächsten Gelegenheit links ab und radelt an der ehemaligen Grenze entlang. Wenn es im rechten Winkel nach rechts geht, biegt man halb schräg ab, folgt der Beschilderung und stößt auf die Straße **An den Schießständen**, in die die **Hauptroute** links abgeht.

Zum Hauptbahnhof von Lübeck geht es geradeaus in den **Heiweg**, der in den **Soldatenweg** übergeht. Man biegt rechts ab in die **Kantstraße** und dann links in die **Schlutuper Straße**, die in die **Walderseestraße** übergeht. Man sieht bereits die Türme der Kirchen von Lübeck, radelt über den **Moltkeplatz** und überquert die Wakenitz auf der **Moltkebrücke**. Weiter geht es durch die **Moltkestraße** und auf der **Rehderbrücke** über die Trave bis zum Holstentor. Über die **Puppenbrücke** geht es zum **Lindenplatz** und von dort über die **Konrad-Adenauer-Straße.**

ZUM BAHNHOF Vom Hauptbahnhof in Lübeck fahren Direktzüge nach Hamburg, Büchen und Kiel.

Lübeck

Vorwahl: 0451

Tourist-Information, Holstentorpl. 1, ✆ 8899700, @ lbg213

CitySchifffahrt, Wallstr. 17, ✆ 3002376. Stadt-, Kanal- und Hafenrundfahrten. @ mit835

Hermes, An der Untertrave 12/13, Hansekai/Hansemuseum, ✆ 0163/5475773. Linienfahrten von Lübeck nach Travemünde. @ kcp252

Quandt-Linie, Willy-Brandt-Allee 13, Schiffsanleger Quandt-Linie, ✆ 77799, @ ntg675

Wakenitz-Schifffahrt, Moltkestr., unterhalb der Moltkebrücke, ✆ 793885, @ dub287

Europäisches Hansemuseum, An der Untertrave 1, ✆ 8090990 (7d) Das Museum erzählt die Geschichte vom Aufstieg und Fall der einstigen Wirtschaftsmacht im Nord- und Ostseeraum. 800 Jahre Hansegeschichte werden, z. T. interaktiv, präsentiert. @ rmb564

Museumsquartier St. Annen, St.-Annen-Str. 15, ✆ 1224137 Das Museumsquartier verbindet Geschichte, Kunst und Gegenwart der Hansestadt. @ dpm758

Buddenbrookhaus, Mengstr. 4, ✆ 1224190 (7d) Das Buddenbrookhaus ist den Gebrüdern Thomas und Heinrich Mann gewidmet und wurde durch den nobelpreisgekrönten Roman „Die Buddenbrooks" von Thomas Mann zu einem literarischen Denkmal. Ab 2020 bis voraussichtlich Herbst 2023 geschlossen (Ausstellung „Buddenbrooks im Behnhaus" in dieser Zeit im Behnhaus/Drägerhaus und „Buddenbrooks am Markt" am Markt 15). @ myl251

Günter-Grass-Haus, Glockengießerstr. 21, ✆ 1224230 (7d) Hier sind Werke des Literaturnobelpreisträgers, Grafikers und Bildhauers Günter Grass zu sehen. @ fnv571

Holstentormuseum, Holstentorpl., ✆ 1224129 (7d) Stadtgeschichtliches Museum. @ dif427

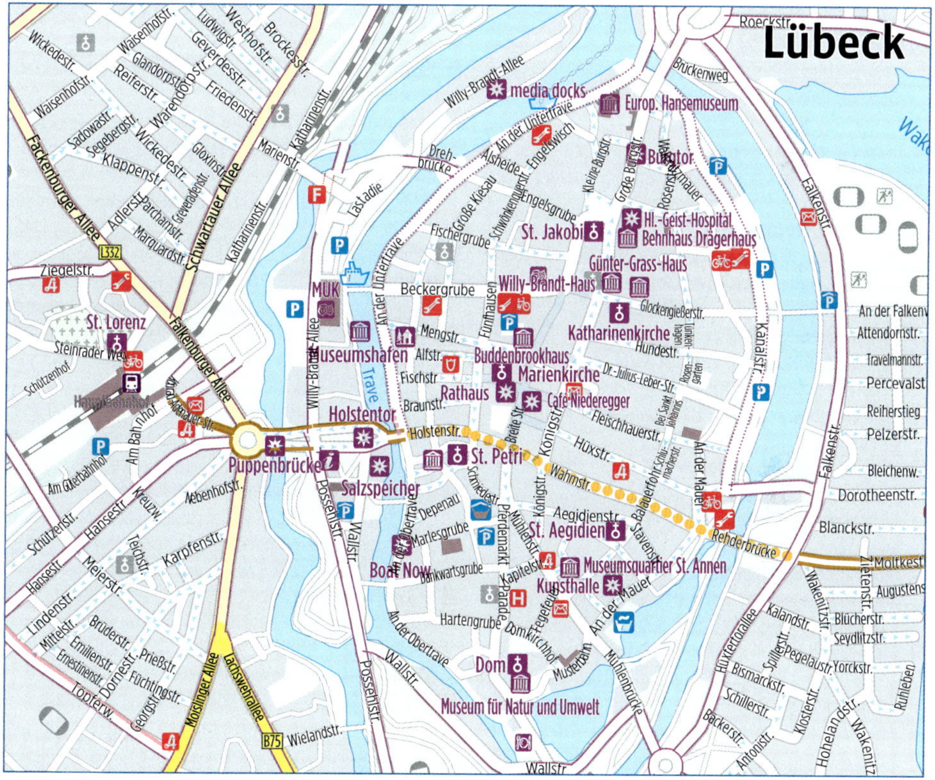

Museumshafen, Wenditzufer/An der Untertrave, entlang der Untertrave, ✆ 4008399 (24) Die Mitglieder des gemeinnützigen Vereins „Museumshafen zu Lübeck e. V." haben einen Großteil ihrer traditionellen Segelschiffe und historischen Wasserfahrzeuge im selbstverwalteten Museumshafen liegen. @ xpw856

TheaterFigurenMuseum, Kolk 14, ✆ 78626, Di-Sa 11-17 Uhr. Hier werden Theaterpuppen aus drei Kontinenten ausgestellt, hinzu kommen Requisiten, Plakate und Puppenbühnen. Nebenan befindet sich das Figurentheater mit phantasievollen Inszenierungen von Märchen, Opern, Dramen und Kindergeschichten. Bis voraussichtlich 2023 ist das Museum wegen Renovierung geschlossen, bis dahin kann eine Ausstellung im TheaterFigurenMobil auf dem St. Petri Kirchhof besucht werden. @ eqh587

Willy-Brandt-Haus, Königstr. 21, ✆ 1224250 Ausstellung über das Leben und Vermächtnis des Bundeskanzlers und Friedensnobelpreisträgers Willy Brandt - des wohl bekanntesten Sohns der Hansestadt. @ ltp746

Behnhaus Drägerhaus, Königstr. 9-11, ✆ 1224148 (7d) Bedeutende Ausstellungen von Kunst des 19. und 20. Jhs. werden hier in zwei liebevoll restaurierten Kaufmannshäusern aus dem 18. Jh. gezeigt. @ rbx355

Museum für Natur und Umwelt, Musterbahn 8, ✆ 1224122 Ausstellung zur Naturgeschichte Schleswig-Holsteins und der Tier- und Pflanzenwelt rund um Lübeck. @ tem644

Dom, Mühlendamm 2-6, ✆ 74704 (7d) Heinrich der Löwe beauftragte im Jahr 1173 den Bau des Domes zu Lübeck. Über 70 Jahre später konnte die rote Backsteinkirche, die zwei 115 m hohe Türme besitzt, eingeweiht werden. Wie auch die Marienkirche und die Petrikirche wurde der Dom im Zweiten Weltkrieg stark beschädigt. Mit dem Wiederaufbau begann die Stadt 1960. Sehenswert sind die zahlreichen Kunstschätze. @ ass641

Marienkirche, Schüsselbuden 13, ✆ 397700 (7d) Die zwischen 1250 und 1350 errichtete Kirche ist die drittgrößte Kirche Deutschlands. Das Mittelschiff gilt mit seiner Höhe von 40 m als weltweit höchstes Backsteingebäude. 1942 brannte die Kirche bei einem Bombenangriff fast vollständig aus. Dabei wurde auch die Astronomische Uhr aus dem 16. Jh. zerstört. Heute gibt es in der Kirche eine 1955-1967 erbaute Nachbildung. Die 1942 heruntergestürzten Glocken sind als Mahnmal zu besichtigen. @ frn863

Katharinenkirche, Königstr., ✆ 1224137. Die Katharinenkirche wurde zwischen 1300 und 1360 erbaut. Terrakottafiguren des berühmten Künstlers Ernst Barlach schmücken die Westfassade der ehemaligen Kirche, in der heute sakrale Kunstwerke gezeigt werden. @ twh641

St. Aegidien, Aegidienstr. 75, ✆ 705622. Die Aegidienkirche wurde im 14. Jh. im Stil der Backsteingotik erbaut. @ wxg482

St. Jakobi, Jakobikirchhof 3, ✆ 308010. In der „Kirche der Seefahrer" findet sich eine Gedenkstätte zur Erinnerung an alle Opfer auf See sowie eines der Rettungsboote der Pamir. Das Segelschulschiff war 1957 vor den Azoren gesunken, sechs Seeleute überlebten das Unglück. Im Gegensatz zur Marienkirche blieb die Jakobikirche von Zerstörungen im Zweiten Weltkrieg verschont. So können Altar und Orgel im Originalzustand bewundert werden. @ opq326

St. Petri, Petrikirchhof, ✆ 397730. Die Restaurierungsarbeiten der im Zweiten Weltkrieg stark zerstörten Kirche wurden 1987 beendet. Von der Plattform des Kirchturms genießt man einen herrlichen Blick auf die Altstadt und die Vorstädte. @ fbb657

MUK, Willy-Brandt-Allee 10, ✆ 7904400. In der Musik- und Kongresshalle Lübeck finden diverse Veranstaltungen statt: Kabarett, Musicals, Messen, Konzerte u. v. m. @ ytt767

Historische Altstadt. Lübecks Innenstadt wurde 1987 in ihrer Gesamtheit von der UNESCO zum Weltkulturerbe erklärt.

Holstentor, Holstentorpl. Das Holstentor ist das Wahrzeichen der Stadt. Dereinst Gefechtsstützpunkt, auf dem über 30 Geschütze ihren Platz hatten, begrüßt das Tor ganz dem Sinne der Inschrift „Concordia Domi Foris Pax" („Drinnen Eintracht, draußen Frieden") entsprechend die heutigen Besucher der Stadt.

Rathaus, Breite Str. 62. Die Außenfassade mit den vergoldeten Turmspitzen und den detaillierten Wappendarstellungen ist unverändert. Der überwiegende Teil des Gebäudes (13. Jh.) erfuhr jedoch in den letzten Jahrhunderten erhebliche Veränderungen.

Heiligen-Geist-Hospital, Koberg 11 (7d) Errichtet zwischen 1276 und 1286, ist es das älteste erhaltene Hospital Deutschlands. Bis 1970 lebten in dem seit dem Jahr 1517 zu einem Altenheim umfunktionierten Haus alte Menschen in Zimmern, die gerade 4 m^2 maßen und nicht mehr Platz boten als für Schrank, Tisch, Stuhl und Bett.

Boat Now, An der Obertrave/Ecke Marlesgrube, ✆ 0152/53754042. Führerscheinfreie Elektroboote für 6 Personen, Reservierungen nur über das Buchungsportal. @ edb421

Café Niederegger, Breite Str. 89, ✆ 5301126 (7d) Das Café hat das Lübecker Marzipan in aller Munde gebracht, mit Marzipan-Salon. @ lxp467

Puppenbrücke. Sieben verschiedene Sandsteinfiguren zieren die Puppenbrücke aus dem Jahr 1778. Unter ihnen Merkur, der Gott des Handels und Gewerbes - passend zur Geschichte der Stadt. Pikanterweise bietet er seinen splitternackten „Achtersteven" den zu Wasser fahrenden Kaufleuten dar.

Salzspeicher, Wallstr. Die Salzspeicher befinden sich in unmittelbarer Nähe zum Holstentor. Hier wurde das Salz aus der Lüneburger Heide gelagert und später auf dem Seeweg vor allem nach Skandinavien geliefert.

- **Altstadtbad Krähenteich**, An der Mauer 51, ✆ 3970650, @ ebq685
- **Falkenwiese**, Wakenitzufer 1b, ✆ 794315, @ lnm786
- **Zentralbad**, Schmiedestr. 1-3, ✆ 7025821, @ xlc867

Lübeck wurde 1143 als Kaufmannssiedlung für den Nordosthandel gegründet, erhielt 1158 unter Heinrich dem Löwen das Stadtrecht und damit zahlreiche Privilegien. In der Hanse, die 1266 gegründet wurde, hatte die Stadt die Führungsrolle inne. Ziele dieses Städtebundes, in dem sich in den Glanzzeiten mehr als 200 Hafen- und Binnenstädte zusammengeschlossen hatten, waren u. a. die Sicherung des Handels und gegenseitige Hilfe im Kriegsfall. Die Hanse, deren Arm von Flandern bis Russland, von Köln bis Stockholm reichte, war das bedeutendste wirtschaftliche Netzwerk im nördlichen Europa. Sie verfügte über eine Flotte, die größer als die englische und die holländische war, bestehend aus den sogenannten „Hansekoggen", die 100 Tonnen fassten.

Ab 1370 wurde die Dominanz Lübecks im Ostseeraum durch den „Frieden von Stralsund" zementiert. Nach den Entdeckungsfahrten und der Besiedlung Amerikas verlor die Hanse ab dem 16. Jahrhundert ihre Bedeutung. Die Handelszentren verlagerten sich nach England und Holland.

Der Dreißigjährige Krieg (1618-1648) ging an der Stadt vorbei. Unter Napoleon wurde sie dem Französischen Kaiserreich zugeschlagen, obwohl sich die Stadt neutral verhalten hatte. Den unabhängigen Status erhielt Lübeck mit dem Wiener Kongress 1815 zurück. Als eigenständiger Bundesstaat wurde die Stadt 1871 Mitglied des Deutschen Reiches. Die Nationalsozialisten gliederten die sozialdemokratisch geprägte Stadt in die preußische Provinz Schleswig-Holstein ein.

Im Zweiten Weltkrieg wurde die Altstadt 1942 durch Bombenangriffe zu einem Drittel zerstört. Nach dem Krieg blieb Lübeck eine Stadt in Schleswig-Holstein. Mit Thomas Mann, Willy Brandt und Günter Grass hat sie drei Nobelpreisträger hervorgebracht.

Mit dem mittelalterlichen Stadtkern von Lübeck wurde 1987 erstmals in Nordeuropa eine ganze Altstadt von der UNESCO als Weltkulturerbe anerkannt, was die Stadt zu einem umfangreichen Denkmalschutz verpflichtet. Auch aus diesem Grund wurde 1995 beschlossen, die Altstadt für den Autoverkehr fast gänzlich zu sperren.

Als ehemalige Grenzstadt an der deutsch-deutschen Grenze litt Lübecks wirtschaftliche Entwicklung während des Kalten Kriegs. Seit dem Ende der DDR macht die Mischung aus großer Vergangenheit und lebendiger Gegenwart die Stadt sehr attraktiv. Zudem profitiert sie vom verstärkten Aufkommen des Handels im Ostseeraum und verfügt über den größten Fährhafen Europas. In Lübeck leben heute 216.000 Menschen. Vom Hauptbahnhof fahren Direktzüge nach Hamburg und Kiel.

Mahnmal „Einheit der Nation"

Am Kanzleigebäude neben der Marienkirche befindet sich eine zweigeteilte Tafel mit dem entsprechenden Grundgesetz-Artikel zur Wiedervereinigung, die 1975 aufgestellt wurde. Nach dem Mauerfall wurde das Mahnmal um das Datum „3. Oktober 1990" und die Worte „Das Ziel ist erreicht" ergänzt. Auf der linken Seite steht: „Die Berliner Mauer vom

Lübeck, Malerwinkel

13. August 1961 trennt die Nation, aber das Grundgesetz verpflichtet, 3. Oktober 1990." Auf der rechten Seite steht: „Das gesamte deutsche Volk bleibt aufgefordert, in freier Selbstbestimmung die Einheit und Freiheit Deutschlands zu vollenden. Das Ziel ist erreicht."

Übernachtungs- und Serviceverzeichnis

Übernachtungsadressen

Dieses Verzeichnis beinhaltet folgende Übernachtungskategorien:

Kategorien

- i Tourist-Information
- H Hotel
- Hg Hotel garni
- Gh Gasthof, Gasthaus
- P Pension, Gästehaus
- Pz Privatzimmer
- Ho Hostel
- Mo Motel
- NF Naturfreundehaus
- AH Apartmenthotel
- BB Bed and Breakfast
- B Bungalow
- Fw Ferienwohnung (Auswahl)
- Bh Bauernhof
- Hh Heuhotel
- S Sonstiges
- Jugendherberge, -gästehaus
- Campingplatz
- Zeltplatz (Naturlagerplatz)

Die Auflistung stellt keine Empfehlung einzelner Betriebe dar und erhebt keinen Anspruch auf Vollständigkeit. Um das Verzeichnis stets aktuell zu halten, sind wir für Mitteilungen bezüglich Änderungen jeder Art dankbar. Der einfache Eintrag erfolgt für die Betriebe natürlich kostenfrei, aus Platzgründen können wir diesen allerdings nicht garantieren. Vor allem in Tourismusgebieten mit großem Übernachtungsangebot muss die Liste aus Platzgründen automatisiert leicht gekürzt werden.

Kennzeichnung

I	Preiskategorie unter € 25,–
II	Preiskategorie € 25,– bis € 35,–
III	Preiskategorie € 35,– bis € 50,–
IV	Preiskategorie € 50,– bis € 70,–
V	Preiskategorie € 70,– bis € 100,–
VI	Preiskategorie über € 100,–
o.F.	kein Frühstück angeboten
HP	mit Halbpension
	nur Zimmer mit Etagenbad
	Bett+Bike Betrieb
2.5	Entfernung vom Weg in Kilometer Luftlinie

Preise

Die Preise gelten als Richtwert pro Person in einem Doppelzimmer mit Dusche oder Bad inkl. Frühstück. Die angegebenen Preiskategorien entsprechen dem Stand des Erhebungs- bzw. Überarbeitungszeitraumes und können sich von den tatsächlichen Preisen unterscheiden. Besonders während Messezeiten, aufgrund von unterschiedlichen Zimmertypen und nicht zuletzt saisonal bedingt sind preisliche Schwankungen möglich.

Radwerkstätten u. -vermietung

- Fahrradwerkstatt
- Fahrradvermietung
- E-Bike Ladestation
- E-Bike Verleih
- abschließbare Abstellanlagen

Entfernung

Die blaue Zahl (2.5) beim Betrieb gibt die Entfernung zur Route in Kilometern an. Diese Zahl bezieht sich auf die Luftlinie, ohne Berücksichtigung der Höhenmeter und der tatsächlichen zurückzulegenden Strecke.

Updates

Aktuelle Korrekturen zum Übernachtungsverzeichnis bekommt man über das LiveUpdate auf www.esterbauer.com.

Internationale Telefonvorwahlen

Lettland: 00371
Litauen: 00370
Russland: 007
Polen: 0048

In **Lettland** gibt es keine Ortsvorwahlen, die Telefonnummern sind grundsätzlich 8-stelllig, Handynummern beginnen mit einer 2, Festnetznummern mit einer 6.

Innerhalb von **Litauen** wählt man Sie zuerst eine 8, danach die Ortsvorwahl und die Rufnummer.

Um mit einem ausländischen Handy in **Russland** eine russische Nummer anzurufen, muss immer die Landes- und die Ortsvorwahl eingegeben werden, d. h. zum Beispiel für einen Anruf in Kaliningrad muss 007 4012 und dann die entsprechende Nummer gewählt werden. Um von einem russischen Festnetzanschluss nach Deutschland, Österreich oder in die Schweiz zu telefonieren, muss eine 8 vorgewählt werden. Mit dem Mobiltelefon muss man die entsprechende Ländervorwahl eingeben und dann die Ortsvorwahl ohne Null.

Da in **Polen** die Ortsvorwahl immer mitgewählt werden muss, ist die Vorwahl in diesem Übernachtungsverzeichnis bereits in die Rufnummer integriert.

Von Riga nach Kaliningrad

Rīga (LV)

i Tourist-Information, Rātslaukums 6, ✆ 67037900 0.5
H Bellevue Park, Slokas iela 1, ✆ 67069000, III 1
H Boutique Hotel Kristofs, Teātra iela 6, ✆ 67216056, ✆ 29258707, II-IV 0
H Grand Hotel Kempinski Riga, Aspazijas bulvāris 22, ✆ 67671111, VI 0
H Grand Palace Hotel, Pils iela 12, ✆ 67044000, V-VI 0.5
H Gutenbergs, Doma laukums 1, ✆ 67814090, II-III 0.5
H Hestia Hotel Draugi, Mārstaļu iela 3, ✆ 67820200, III-V 0.5
H Jakob Lenz, Lenču iela 2, ✆ 67333343, I-II 1
H Kert, Hospitāļu iela 17, ✆ 67373995, ✆ 27223995, II-III 3
H Kolonna Brigita, Saulkalnes iela 11, ✆ 67623000, II 4
H Rixwell Konventa Sēta, Kalēju iela 9/11, ✆ 60008700, II-III 0.5
H Roma, Kaļķu iela 28, ✆ 67491500, IV-V 0
H Viktorija, A. Čaka iela 55, ✆ 67014111, II-IV 1.5
H Vilmāja, Ilmājas iela 12, ✆ 20628874, II 3.5
H ibis Riga Centre, Marijas Iela 5, ✆ 67815460, II-III 0.5
Ho Amber Hostel, Miesniku 10, ✆ 22006446 3

Ho Blue Bird Capsule Hostel, Tirgoņu iela 4, ✆ 26303075, I-II 1
Ho Central Hostel, Ernesta Birznieka-Upīša iela 20, ✆ 22322663 1
Ho Knights Court, Bruņinieku iela 75b, ✆ 67311303, I-II 1.5
Aussie Backpackers Pub & Old Town Hostel, Vaļņu iela 43, ✆ 67223406 0
Elizabeth's Youth Hostel, Elizabetes iela 103, ✆ 27010611, I-II 0.5
Naughty Squirrel Backpackers Hostel, Kalēju iela 50, ✆ 26461248 0
Riga Backpackers, Jāņa iela 14, ✆ 67229922, ✆ 27721414, I 0.5
Riverside, Matrožu iela 12, ✆ 26658899 1.5
Rīga City Camping, Ķīpsalas iela 8, ✆ 67067519 0.5
Burusports, Gaujas iela 7, ✆ 67367242 4
Fans Sport, Garozes ielā 1, ✆ 67626012 3.5
Citybike, Kalnciema iela 28, Gandrs, ✆ 25445223 1

Lielupe (Jūrmala) LV
H Semara Hotel Lielupe, Bulduru prosp. 64/68, ✆ 66119339, IV-V 1

Dzintari (Jūrmala) LV
H Dzintaras, Edingburgas prosp. 15, ✆ 25660084, III-IV 0
P Amber Sea Hotel, Dzintaru prosp. 68, ✆ 67751297, IV-V 0.5

Jūrmala LV
i Tourism Information, Lienes iela 5, ✆ 67147900 0.5

Vaivari (Jūrmala) LV
Nemo, Atbalss iela 1, ✆ 26100500 0

Majori (Jūrmala) LV
H Baltic Beach, Jūras iela 23/25, ✆ 67771400, V 0
P Elīna, Lienes iela 43, ✆ 67761665, I-III 0.5
Pz Sun Shine Apartments, Lienes iela 20, ✆ 29563902, I-III 0.5

Dubulti (Jūrmala) LV
H Kurši, Ceriņu iela 22, ✆ 67878900, ✆ 26100301, III-IV 0.5
P Zvaigzne, Meierovica prospekts 23, ✆ 67764681, II-III 0

Bigauņciems (Lapmežiems) LV
P Vallery Guest House, Tulpes, ✆ 26662829 0

Lapmežiems LV
Lat Camping, Talsu šoseja, ✆ 29338292, ✆ 26404097 0

Ragaciems (Lapmežiems) LV
H Smaidas, Ikvildu gatve, ✆ 22442288, II-III 0.5

Klapkalnciems LV
B Kempings Ronīši, Engures novads, ✆ 26305551 0.5

Apšuciems (Engure) LV
H Spa Arcadia, Apšuciems, ✆ 63143130, ✆ 29132765, II-III 0.5
H Villa Anna, Apšuciems, ✆ 26122679, III-IV 0

Kesterciems (Engure) LV
P Piejūras Nams, Lauku iela 2a, ✆ 26435515, ✆ 29456073, I-II 0.5

Engure LV
P Sadancis, Kr. Valdemāra iela 1, ✆ 67332252, ✆ 29409723, I 0.5
P Viesu nams Klānas, Jūras iela 47, ✆ 26444123, I-II 0

Abragciems (Engure) LV
Kempings Abragciems, ✆ 26110738 0

Bērzciems (Engure) LV
Fw Dieniņas, Bērzciems, ✆ 26676283 0

Mērsrags LV
H Vetrasputns, Ozolu 10, ✆ 29717383, II 0.5
B Kempings Noras, Bākas iela 58, ✆ 20038000, III 0

Kaltene (Roja) LV
H Rederi, Vejkalni, ✆ 63220558, ✆ 29238929, ✆ 22845699, II 0
Gh Zivtiņi, Kaltene, ✆ 29231907, ✆ 29272689, I 0.5

Roja LV
H Mare, Selgas 1c, ✆ 29169490, II-III 0
H Roja, Jūras iela 6, ✆ 63232226, ✆ 29477602, I-III 0
P Viesu nams Upe, Upes iela 9, II 0.5
Ho Hostelis Ķipītis, Selgas iela 4, ✆ 26373806, I 0

Pūrciems (Roja) LV
Kempings Plaucaki, Plaucaki Pūrciems, ✆ 26445124 0.5

Melnsils LV
P Kempings Melnsils, Melnsils, ✆ 28605606 0.5

Kolka LV
P Guest House Vītoli, Vītoli Kolka, ✆ 29135764 0
P Ūši, Ūši Kolka, ✆ 29475692 0

Košrags LV
P Pītagi, Košraga c., ✆ 29372728 0

Mazirbe LV
Jūrmalnieki, ✆ 22334904 0

Miķeļtornis (Tārgale) LV
Kempings Miķeļbāka, P124, ✆ 27884438 1.5

Liepene (Ventspils) LV
P Kempings Liepene, Liepene, ✆ 29130012 1.5

Ventspils LV
i Tourist-Information, Dārzu iela 6, ✆ 29232226 0
H Dzintarjūra, Ganibu iela 26, ✆ 63622719, I-II 1
H Jūras brīze, Vasarnicu iela 34, ✆ 63622524, II 0.5
H Olympic Centre, Lielais prospekts 33, ✆ 63628032, I-II 0.5
H Raibie Logi, Lielais prospekts 61, ✆ 29142327, II-III 0.5
H Vecais pasts, Kuldīgas iela 26, ✆ 26309993, I 0.5
P Kupfernams, Karla iela 5, ✆ 63626999, III 0.5
P Martas nams, Riņka eila 10, ✆ 29324686, II 0
Piejūras kempings, Vasarnīclu iela 56, ✆ 63627925, ✆ 22008805 0.5

Leči (Ventspils) LV
P Leču muiža, Leči, ✆ 26585141, I-II 0

Jūrkalne LV
Gh Pilsberģi, P111, ✆ 27436888, ✆ 29374463, II-III 0
Gh Zaku krogs, Jaunarāji, ✆ 26133995, I 0
Zaķi, ✆ 26452767 0.5

Labrags (Jūrkalne) LV
B Kempings Imantas, Labrags, ✆ 29479335 0.5

Pāvilosta LV
i Tourist-Information, Dzintaru iela 2, ✆ 63498229 0.5
H Vēju Paradīze, Smilšu iela 14, ✆ 26446644, II-III 0.5
P Jūras sāga, Smilšu iela 5, ✆ 26349061 0.5
P Āķagals, Dzintaru iela 3, ✆ 29161533, ✆ 63498212, I-III 1
Fw Das Crocodill, Kalna eila 11, ✆ 26151333, III-V 0
Kempings Pāvilosta Marina, Ostmalas iela 4, ✆ 63498581, ✆ 27480131 1

P Kempings Zvejniekšēta, Jūras iela 4, ✆ 29449927, ✆ 26321587 1

Liepāja LV
i Tourist-Information, Rožu laukums 5/6, ✆ 63480808 1
H Fontaine, Jūras iela 24, ✆ 63420956, ✆ 20031592, I-II 0
H Kolumbs, Kuršu iela 32, ✆ 22019385, ✆ 63425577, II-IV 1
H More Hotel, Palmu iela 5, ✆ 29150596, II-III 1
H Sporthotel, Dzērves iela 9, ✆ 63432005, ✆ 20255334, I 1.5
H Villa Roze, Ūliha iela 32, ✆ 63421155, II 0
P Ezera Maja, Ezera iela 39, ✆ 26488200, II-III 1
P Seven Sisters, Egļu iela 8, ✆ 63481140, ✆ 26771638, I 1
Ho Hostel Brize, O. Kalpaka iela 68/70, ✆ 63441566, ✆ 26575051, I 0
BB Camping, Lībiešu 2/6, Beberliņi, ✆ 24339965 0

Bernāti (Nīca) LV
P Jūrmaljēkuļi, Bernāti, ✆ 29490769, I 0.5

Nīca LV
H Jurnieka Ligzda, Pērkone, ✆ 26596877, III 0.5

Pape (Rucava) LV
P Pūķarags, Pape, ✆ 28378625, I-III 0
MikjāU+0146i, ✆ 26759199 0

Šventoji (Palanga) LT
Vorwahl: 460
H Auksinės Kopos, Juros g. 30, ✆ /62064621, II 0
H Pajūrio Sodyba, Mokyklos g. 50, ✆ /61495535, II-III 0.5
H Zuvėdros, Žuvėdrų g. 42, ✆ /62347413, ✆ 60086926, II 0.5

[A] Ošupis, Ošupio takas 1A, ✆ 68084332 0.5

Palanga (LT)

Vorwahl: 460

[i] Tourist-Information, Vytauto g. 94, ✆ 48811 1

[H] Baltic Inn, S. Daukanto gatvė 10A, ✆ 30400, III-IV 0.5

[H] Bella Vila, Gintaro g. 1A, ✆ /67416555, ✆ 60112085, II-III 0

[H] Feliksas, Vytauto g. 116, ✆ 68642825 1

[H] Kerpė, Vytauto g. 76, ✆ 52379, ✆ 60102944 0.5

[H] Palanga LIfe Balance, Birutės al. 60, ✆ 41414, VI 0

[H] Palanga Park Hotel, S. Dariaus ir S. Girėno st. 11, ✆ 51175 0

[H] Rąžė, Vytauto gatvė 74, ✆ 48382, ✆ 60005677 0.5

[Fw] Inkaras, Žvejų 14, ✆ 57150, ✆ 65965667, II-V 0.5

Karklė (Kretingalė) (LT)

[A] [P] Karkle Camp, Placio 54, ✆ 0645/39330, ✆ 67686879 0

[A] [P] Kempingas Karklės Kopos, Placio g. 37, ✆ 68749456, I-II 0

[A] [P] Olandų Kepurė, Klaipėdos raj., ✆ 68662915, II-III 0.5

Giruliai (Klaipėda) (LT)

[A] Pajūrio kempingas, Šlaito St. 3, ✆ 66659871 0

Klaipėda (LT)

Vorwahl: 46

[i] Tourist-Information, Turgaus g. 7, ✆ 412186 0.5

[H] Euterpė, Daržų St 9/Aukštoji St 15, ✆ 474703, ✆ 61426260, III-IV 0.5

[H] Memel, Bangų g. 4, ✆ 474900, II 1

[H] Morena, Audros g. 8A, ✆ 351314, II 2

[H] National, Žvejų g. 21, ✆ 211111, III-IV 0.5

[P] Fortuna, Poilsio g. 28, ✆ 348028, II 3.5

[Ho] Klaipėda Hostel, Butkų Juzės St. 7-4, ✆ 65594407, I 0.5

[Ho] [P] Kubu Hostel, Herkaus Manto st. 37A, ✆ 65052311, I-II 0

Juodkrantė (Neringa) (LT)

[H] Azuolynas, poilsio namai, L. Rėzos g. 54, ✆ 64303939, III 0.5

[H] Juodasis Kalnas, Ievos kalno g. 22, ✆ 61101861, III 0

[H] Villa Flora, Kalno g. 7, ✆ 469/53024, II-III 0

Preila (Neringa) (LT)

[P] Smelynas, Preilos g. 39A, ✆ 620/70009, ✆ 61155179, II-IV 0

Nida (Neringa) (LT)

[H] Nerija, Pamario st. 13, ✆ 469/51128, ✆ 68238948, II-III 0

[H] Nidus, G. D. Kuverto g. 15, ✆ 469/52001, III-IV 0.5

[H] Vila Banga, Pamario g. 2, ✆ 68574172 0

[P] Vasara, G.D.Kuverto g. 8-4, ✆ 5/2730991, ✆ 69925018, II-III 0

[B&B] Naglis, Naglių gatvė 12, ✆ 68551286, ✆ 69933682 0

Rybatschi (Рыбачий) (RUS)

Vorwahl: 4012

[H] Altrimo, Pogranichnaya ul., 11, ✆ 658863, ✆ 9097905588 0.5

Selenogradsk (Зеленоградск) (RUS)

Vorwahl: 40150

[H] Apriori, ul. Yuriya Gagarina 24a, ✆ 33513, ✆ 8005003238 0

[H] Kranz, Kurortniy Pereulok 2, ✆ 36401, II 0.5

[H] Kristall, ul. Yuriya Gagarina, 19a, ✆ 4017/729333 0

[H] Kurhaus Cranz, Kurortnyy pr., 16, ✆ 4012/773700, ✆ 9814773700 0.5

[H] Printsessa Eliza, ul. Volodarskogo, 20a, ✆ 31120 0

[H] Queen Luiza, Moskovskaya ul. 50, ✆ 4012/640140 0.5

[H] Sambia, ul. Volodarskogo, 20, ✆ 36221 0

Pionerski (Пионерский) (RUS)

[H] Kruiz, ul. Rabochaya 6, ✆ 9814531754 0

[H] Natalya, Kaliningradskoye shosse, 2-B, ✆ 40155/22203 0.5

Swetlogorsk (Светлогорск) (RUS)

[H] Aleks, ul. Dinamo, 10A, ✆ 401/2743741, ✆ 8126080000 0

[H] Baltika, ul. Vereshchagina, 8, ✆ 40153/21456 0

[H] Flamingo, ul. Gorkogo 12, ✆ 4012743725, ✆ 9097752272 0.5

[H] Lumier, Per Lermontovskiy 2a, ✆ 9633507750 0

[H] Rauschen, ul. Lenina, 48a, ✆ 40153/21564 0

[H] Royal Falke Resort, ul. Lenina, 16, ✆ 40153/21600 0

[H] Rus', ul. Vereshchagina, 10, ✆ 4012/777787 0

[H] Universal, ul. Nekrasova, 3, ✆ 4012/743658 0

Otradnoje (Swetlogorsk) (Отрадное) (RUS)

[H] Briz Baltiki, ul. Nakhimova, 2, ✆ 9114552220 0.5

[H] Georgensvalde, ul. Tokareva, dom 6, ✆ 40153/21526 0

Primorje (RUS)

[H] Primorie, Baltiyskiy Prospekt, 12Б, ✆ 4012/310015 0

Jantarny (Янтарный) (RUS)

Vorwahl: 4012

[H] Anna, Sovetskaya ulitsa, 10, ✆ 40153/37020 0

[H] [A] Aquatoria, Sovetskaya ul., 1A, ✆ 375552, ✆ 9814698209 0

[H] Bekker, Sovetskaya ul., 72, ✆ 565195 0

[H] Schloss, Sovetskaya ul., 68, ✆ 555040 0

Kaliningrad (Калининград) (RUS)

Vorwahl: 4012

[i] Tourist-Information, Plosjtsjad Pobedy 1, ✆ 555200 0

[H] Dona, pl. Marshala Vasilevskogo, 2, ✆ 351650 1.5

[H] Gostinitsa Kaliningrad, Leninskiy pr., 81, ✆ 536021 0

[H] Heliopark Kaiserhof, ul. Oktyabr'skaya, 6a, ✆ 592222 2.5

[H] Skipper, Oktyabrskaya 4A, ✆ 307237 1

[H] Tourist, Aleksandra Nevskogo ul., 53, ✆ 354400, ✆ 354525 2.5

[H] Villa Severin, Leningradskaya ul., 9A, ✆ 365373 2

[H] ibis Kaliningrad Center, Moskovsky Prospekt 52, ✆ 596430 0.5

[P] Guesthouse Paraiso, ul. Turgeneva, 32a, ✆ 216969 2

Von Kaliningrad nach Świnoujście

Nowoselowo (RUS)

[H] Parkhotel Philipp, Berlinskoye shosse 11k, ✆ 4012/311415, IV-V 0

Braniewo (Braunsberg) (PL)

[H] Kristal, 7,Skośna, ✆ 552432245 0

[H] Warmia, Gdańska 18, ✆ 552439353, II-III 0

[P] Pensjonat Zacisze, 700-lecia 32, ✆ 604497282

Frombork (Frauenburg) (PL)

[H] Kopernik, Kościelna, ✆ 552437285, III 0

[P] Villa Varmia, Elbląska 6C, ✆ 500383917, I 0.5

[A] Frombork City, Braniewska 19, ✆ 506 803 151, ✆ 602136245 0

Krynica Morska (Kahlberg) (PL)

[H] Landrynka, Nowa 1, ✆ 552476649, ✆ 502233687 0

[P] Pensjonat Lotos, Aptekarzy 8, ✆ 601641515, I-II 0

[P] Pensjonat Polonia, ul. Spacerowa 19, ✆ 552476097, ✆ 603388215 0.5

[P] Willa Joker, ul. Nowa 19, ✆ 552476550, ✆ 723077777 0.5

Kąty Rybackie (PL)

[H] Tristan, ul. Rybacka 17, ✆ 552672600, IV 0

Stegna (PL)

[H] Baltic Park, Lipowa 32, ✆ 575645885 0.5

[P] Gajówka, ul. Morska 20, ✆ 508210043 1

[A] Camping 159, Morska 26, ✆ 552478303 0.5

[A] Camping 180, Morska 15, ✆ 552478294 1

Jantar (PL)

[P] Villa Atrium, ul. Gdanska 5a, ✆ 552703070, ✆ 604/204/472, II-III

Sobieszewo (Gdańsk) (PL)

[H] Bartan, Turystyczna 9A, ✆ 58 3080999, III-V 0

[H] Renusz, ul. Nadwiślańska 56, ✆ 583080786, I-III 1

Gdańsk (Danzig) (PL)

[i] Punkt Informacji Turystycznej, ul. Podwale Grodzkie 8, am Bahnhof, ✆ 587213277 0

[i] Punkt PTTK Oddział Gdańsk, ul. Długa 45, ✆ 583016096, ✆ 583019151 0

[H] Dom Muzyka, ul. Łąkowa 1-2, ✆ 583260600, I-II 0.5

[H] Gotyk House, ul. Mariacka 1, ✆ 583018567 0.5

[H] Hanza, ul. Tokarska 6, ✆ 583053427, ✆ 603612927, III-IV 0.5

[H] Kamienica Goldwasser, ul. Długie Pobrzeże 22, ✆ 583018878 0.5

[H] Królewski, ul. Ołowianka 1, ✆ 583261111, III 0.5

[H] Novotel Centrum, ul. Pszenna 1, ✆ 583002750, III 0.5

[H] Novotel Marina, ul. Jelitkowska 20, ✆ 585589100, IV 0

[H] Willa Biała Lilia, Spichrzowa 16, ✆ 583017074 0

[P] Abak, ul. Beethovena 8, ✆ 583062990, I-II 2

P Agis, ul. Drwęcka 9, ✆ 583031688 2
P Dom Sportowca Roko, ul. Traugutta 29, ✆ 583477788, ✆ 887477788, I 0.5
P Gdańsk Dom Turystyczny Długie Ogrody, ul. Rzęsna 1, ✆ 583202074, I-II 0.5
P Mac Tur, ul. Beethovena 8, ✆ 583062990, ✆ 570740233, I-II 2
P Stara Karczma, ul. Stary Rynek Oliwski 7, ✆ 585525159, II-IV 3
P Wentur, ul. Drwęcka 7, ✆ 583033001 2
P Willa Jaśkowy Dworek, ul. Jaśkowa Dolina 57a, ✆ 587188675, ✆ 505559711, II 2
P Zosienka, ul. Na Zboczu 105, ✆ 517434895, I-II 2
Jugendherberge, ul. Grunwaldzka 244, ✆ 585206851 2.5
SSM Nr. 1 Walowa, ul. Wałowa 21, ✆ 583012313 0.5
SSM Nr. 2 Kartuska, ul. Kartuska 245b, ✆ 583026044 3

Wrzeszcz (Gdańsk) PL

H Dal, ul. Piotrkowska 12, ✆ 413361000, ✆ 413361010, II-III 1
H Logos Gdańsk, ul. Uphagena 28, ✆ 583419116, I-II 0.5
P Dom Tancerza, ul. Legionów 3, ✆ 583449073, ✆ 583417697, I 0.5

Brzezno (Gdańsk) PL

H Pomeranka, ul. General Józef Haller 245, ✆ 583435700, III 0

Jelitkowo (Gdańsk) PL

H Dwor Prawdzic, ul. Piastowska 198, ✆ 585535015, ✆ 509899067, II-V 0.5
H Mercure Gdansk Posejdon, ul. Kapliczna 30, ✆ 585113000, II-III 0.5
P Villa Morskie Oko, ul. Morska 5, ✆ 502549409, I-II 0
Stogi Nr. 218, ul. Wydmy 9, ✆ 583073915, ✆ 502969381 3.5

Sopot PL

i Informacja Turystyczna, Plac Zdrojowy 2, ✆ 790280884 0
i Informacja Turystyczna, ul. Dworcowa 4, ✆ 733535205 0.5
H Opera, ul. Moniuszki 10, ✆ 585555600, III 1.5
H Villa Sedan, ul. Pułaskiego 18-20, ✆ 585550980, ✆ 534032375, II-III 0
H Zhong Hua, al. Wojska Polskiego 1, ✆ 585502020, ✆ 507128115, III-IV 0
Metropolis Sopot, al. Niepodległości 899, ✆ 585500445, ✆ 509606055 0
B Park 45, ul. Bitwy pod Płowcami 73-79, ✆ 690273810 0

Orłowo (Gdynia) PL

H Kuracyjny, al. Zwycięstwa 255, ✆ 586677823, IV 0.5
H Willa Lubicz, ul. Orłowska 43, ✆ 586684740, II-III 0.5
Pz Willa Weneda, ul. Światowida 14, ✆ 586684797 0.5

Gdynia PL

i Informacja Turystyczna, ul. 10 Lutego 24, ✆ 586223766 1
H Antares, ul. Komandorska 59, ✆ 586233639, ✆ 697076606, II-III 4
H Blick, ul. Jana z Kolna 6, ✆ 587830300, III-IV 1
H Hotton, ul. Św. Piotra 8, ✆ 587605800, ✆ 889008008, II-III 1
H Mercure Gdynia Centrum, Armii Krajowej 22, ✆ 586663040, ✆ 502805805, IV-V 0.5
H Różany Gaj, ul. Józefa Korzeniowskiego 19d, ✆ 587195555, ✆ 534032258, III-IV 0
Pz Anna, ul. Abrahama 48, ✆ 602631136 0.5
Pz Bursztynek, ul. Wyspiańskiego 15, ✆ 508609632, I 0
Pz Grażyna, ul. Abrahama 80/2, ✆ 586619003, ✆ 888815424 1
Pz Leśniczówka, ul. Graniczna 47, ✆ 586240280, ✆ 660688380, I 2
Pz Poczta Caffe, ul. Płk. Dąbka 30, ✆ 586253334, ✆ 508555337, I 3.5
Pz tel Witomino, ul. Chwarznieńska 83, ✆ 669221333, II 3
Pz Żeglarz, ul. Chwarznieńska 47a, ✆ 586241386, ✆ 586244818, I 2.5
Studentenwohnheim Seglerhaus, Beniowskiego 20/22, ✆ 585586487, ✆ 668114309, I-II 2.5
Szkolne Schronisko Młodzieżowe (Jugendherberge), ul. Energetyków 13a, ✆ 587812777, ✆ 696015508, I 4

Hel PL

i Informacja Turystyczna, ul. Kuracyjna 26, ✆ 666871622 0.5
Helkamp, Kuracyjna 1, ✆ 606388184 0.5

Jurata PL

H Best Western Hotel Jurata, ul. Świętopełka 11, ✆ 586752140 0.5
H Lido, ul. Wojska Polskiego 26, ✆ 586752554, ✆ 586752913, II-III 0
H Morskie Oko, ul. Wojska Polskiego 59, ✆ 586752193, ✆ 601538106, III-IV 0.5

Jastarnia PL

i Informacja Turystyczna, ul. Ks. P Stefańskiego 5, ✆ 586752097 0.5
H Dom Zdrojowy, ul. Kościuszki 2a, ✆ 586799100, ✆ 502572698, IV 0.5
P Willa Zatoka, ul. Szyprów 8, ✆ 605170502, I 0
Pz Draga, ul. Polna 5, ✆ 606307907, I-II 0
B Pod Cyprysami, ul. A. Mickiewicza 164, ✆ 608534377, ✆ 602705192 0
B Camping 110, ul. Bałtycka 25, ✆ 586986298, ✆ 605674689, I-II 0.5
Sun4Hel Maszoperia, ul. Mickiewicza 139, ✆ 793416998 0

Chałupy PL

H Hotel 77, ul. Kaperska 77, ✆ 585722777, ✆ 664932582, III 0
P Kejasurf, ul. Kaperska 36, ✆ 586740520, ✆ 604504474 0
Chalupy 3, Kaperska, ✆ 607233499 0
Ekolaguna, ul. Kaperska, ✆ 692358594 0
Kaper 152, ✆ 586741486, ✆ 666367397 0
Solar, ul. Droga Helska 4, ✆ 586742091, ✆ 602538395 0

Władysławowo PL

i Biuro Informacji Turystycznej, ul. Towarowa 8. (in den Sommermonaten Juli, Aug. geöffnet) 0.5
H Pekin, ul. Niepodległości 14, ✆ 586748888, I-III 0
P Albatros, Ul. Spokojna 26, ✆ 586740303, ✆ 509836450, I 0.5
P Roma, ul. Zytnia 28, ✆ 606921805, I 0.5
P Solmare, ul. Skwer Abrahama 6, ✆ 586740308, ✆ 604948640, I-II 0.5
P Willa Helios, ul. Przybyszewskiego 25, ✆ 586740299, ✆ 602727273, I 0.5
P Willa Luna, ul. Przybyszewskiego 25a, ✆ 668116710, II-III 0.5
B Neptun, ul. Żeromskiego 37, ✆ 798998811, o.F., II-III 0
Małe Morze, Ul. Starowiejska 32, ✆ 602700300 0

Chłapowo PL

P Antalya, ul. Bursztynowa 22, ✆ 503626413, I 0
P Willa Horyzont, ul. Zagrodowa 2, ✆ 586741110, ✆ 607300255, I 0.5
P Willa Przy Plaży, ul. Przybrzeżna 6, ✆ 587745044, ✆ 602584019, I 0
Pz Róża Wiatrów, ul. Żeromskiego, ✆ 587361177, ✆ 586793985, ✆ 604204711, I-III 0
Alexa, ul. Żeromskiego 84, ✆ 586742313, ✆ 606397435 0
Keja, ul. S.Żeromskiego 50, ✆ 502292773 0

Jastrzębia Góra PL

H Astor Sport Hotel, ul. Rozewska 38, ✆ 587715555, II-III 0
P Mistral, ul. Wrzosowa 14, ✆ 519518900, ✆ 531782132, I 0.5
P Sedna, ul. Kuracyjna 10, ✆ 586749111, ✆ 609207666, II-III 0.5
P Willa Victor, ul. Bałtycka 33, ✆ 586749574, II-III 0.5
Pz Lesna Perla, ul. Lesna 2, ✆ 603500039, I-II 0.5
Na Skarpie No. 60, ul. Rozewska 9, ✆ 791802124, ✆ 692194685 0
Oland, ul. Żeromskiego 123, ✆ 586748045, ✆ 604826686 0

Ostrowo (Karwia) PL

Pz Altamira, ul. Sosnowa 66, ✆ 606491392, o.F., I-II 0.5
Pz Miłka, ul. Nowa 19, ✆ 668235286 0.5

Karwia PL

H Willa Złota, ul. Wojska Polskiego 19, ✆ 586747370, ✆ 606117672, I-II. In den Monaten Juli, August Mindestaufenthalt 5 Nächte. 0
P Willa Cedron, ul. Miła 3, ✆ 500223676 0

Dębki (PL)

Kaszub, ul. Łąkowa 5, ✆ 593099960 0.5

Lesne, ✆ 665016800 0.5

Słoneczne, ul. Spacerowa 25, ✆ 515076102 0

Białogóra (Wierzchucino) (PL)

Punkt Informacji Turystycznej, ul. Morska 12, ✆ 668281642. (in den Sommermonaten Juli, Aug. geöffnet) 0

[H] Rezydencja Mysliwska, Stadnina Koni Białogóra, ✆ 587742600, ✆ 608282590 0

[P] Maria, Szkolna 14, ✆ 512344161, I 0

[B] Lawendowy Gościniec, ul. H. Jastaka 2, ✆ 692229922 0

Nowęcin (Łeba) (PL)

[P] Fregata, ul. Łebska 130, ✆ 889155247 0

[P] Krystyna, ul. Łebska 128, ✆ 598662127, I-II 0

Łeba (PL)

Informacja Turystyczna, ul. 11 go Listopada 5a, ✆ 790883354 0

[H] Wodnik, ul. Nadmorska 10, ✆ 598661366 0

[H] Zamek Łeba, ul. Sosnowa 1, ✆ 598635120, ✆ 662268390, IV-V 0.5

[P] Boja, ul. Paderewskiego 13, ✆ 598662532, ✆ 663537327, I-II 0

[P] Goscinne Bri, ul. Tysiąclecia 7a, ✆ 697686734 0

[P] U Kruszyny, ul. Grabskiego 22, ✆ 598621755, ✆ 694680957, I-II 0.5

[P] Ventus, ul. Tysiaclecia 4, ✆ 598661149, ✆ 607803618, II-III 0

Ambre Nr. 41, ul. Nadmorska 9, ✆ 500533466 0

Eurocamp Morski No. 21, ul. Turystyczna 3, ✆ 664258806 0.5

Intercamp'84, ul. Turystyczna 8e, ✆ 503041838 0.5

Leśny, ul. Brzozowa 16a, ✆ 598662811, ✆ 503071245 0.5

Łebski Kemping, ul. Turystyczna 1, ✆ 598661435, ✆ 797185036 0.5

Żarnowska (PL)

[P] Rezydencja nad Jeziorem Łebsko, ul. Jeziorna 21A, ✆ 598662829, III 0

U Woja, ul, Łąkowa 4, ✆ 784971974 0.5

Smołdzino (PL)

Biuro Informacji Turystycznej, ul. Kościuszki 3, ✆ 588117215 0.5

[P] Bernackich, ul. Bohaterow Warszawy 26, ✆ 505113131, I 0

Rowy (PL)

[P] Balaton, ul. Bluszczowa 10, ✆ 513088278, I-II. In den Monaten Juli, August Mindestaufenthalt 7 Tage. 0

[P] Klif, ul. Bałtycka 33, ✆ 598141973, ✆ 609485212, I-II 0

[P] Reda, ul. Bałtycka 31, ✆ 696411441, I-II 0

[Pz] Pod Bursztynem, ul. Bukowa 10, ✆ 943424614, ✆ 794972948, II-III. (auf deutsch: 0049/179/1345076) 0

Camping No. 156, ul. Bałtycka 6, ✆ 598141940 0

Krystyna, Kapitańska 2, ✆ 512044126 0

Wagabunda, ul. Kapitańska 6, ✆ 513103855, ✆ 509039518 0

Navigator, ul. Wczasowa 12, ✆ 506141819 1

Przewloka (Ustka) (PL)

Morski 101, ul. Armii Krajowej 4, ✆ 604486413 0

Ustka (Stolpmünde) (PL)

Centrum Informacji Turystycznej, ul. Marynarki Polskiej 71, ✆ 598147170 0.5

[H] Jantar, ul. Wczasowa 14, ✆ 598144093, ✆ 603182929, III 1

[H] Morze, ul. Marynarki Polskiej 22, ✆ 598155200, II-III 0.5

[H] Rejs, ul. Marynarki Polskiej 51, ✆ 598147850, III 0.5

[H] Royal Baltic, ul. Wczasowa 26, ✆ 598155281, II-IV 1

[H] Ustka, ul. Wczasowa 25, ✆ 598144084, I-IV 1

[H] Villa Red, ul. Stefana Żeromskiego 1, ✆ 598148000, ✆ 500590590, II-III 1

[P] Oleńka, ul. Zuaruskiego 1, ✆ 598148522 1

[Pz] Doma, ul. Wilcza 22, ✆ 598145623, ✆ 601652863, I-II 0.5

Borowinka, ul. Gen. Grota Roweckiego 9, ✆ 598146985, ✆ 607060437 0

Kawisbike, ul. Darłowska 7a, ✆ 796556620 0

Wodnica (PL)

[Pz] Villa Barwna, ul. Ogrodowa 11, ✆ 226677313, ✆ 603611071, I-II 0.5

[Bh] Przystan Wodnica, Wodnica 38, ✆ 507068169, I-II 2

Jarosławiec (PL)

Punkt Informacji Turystycznej, Nadmorska 30, ✆ 598109440. Saisonal geöffnet. 0

[H] Albatros, Ul. Uzdrowiskowa 3, ✆ 503037729 0

[Fw] Marina, ul. Słoneczna 3, ✆ 601290157, I-II 0

[B] Zakątek, ul. Leśna 15, ✆ 503995658 0.5

Darłówko (Darłowo) (PL)

Centrum Obsługi Turystycznej, Kotwiczna 14, Terminal Pasażerski, ✆ 732669919 0.5

[H] Resort Plaza Spa, ul. Słowiańska 3, ✆ 943144455, ✆ 512081093, IV 0

[H] Róża Wiatrów, ul. Józefa Muchy 2, ✆ 943142127, ✆ 693396053, III 1.5

[H] Spa Lidia, ul. Dorszowa 3, ✆ 943143038, ✆ 665195177, II-III 0.5

[P] Daniola, ul. Plażowa 2, ✆ 601686756, II 1

[P] Gniewko, ul. Słowiańska 26, ✆ 943143081 0

[P] Isabelle, ul. Marynarska 46, ✆ 660976411, II 1

[P] Jolka, ul. Marynarska 42, ✆ 943487647, ✆ 693976106, I 1

[P] Krokus, ul. Władysława IV 33, ✆ 604579849 0.5

[P] Makro, ul. Bałtycka 6, ✆ 943144364, ✆ 697979911, II-III 0

[P] Maria, ul. Władysława IV 3, ✆ 943142938, ✆ 606273047 0.5

[P] Mariola, ul. Marynarska 60, ✆ 943145058, ✆ 511268627 1

[P] Piramida II, ul. Jagiellońska 3, ✆ 943145300, ✆ 664002021, I 0.5

[P] Pod Arkadami, ul. Admiralska 22-23, ✆ 604201310, I-II 1.5

[P] Tadeusz, ul. Dorszowa 6, ✆ 601931174, I-III 0.5

[P] Villa Delfin, ul. Marynarska 14, ✆ 668197325, I-II 1

Camping 243, Józefa Conrada 4, ✆ 943142872, ✆ 505247302 0

Darłowo (PL)

Centrum Obsługi Turystycznej, ul. Pocztowa 6, ✆ 519303032 0

[H] Irena, ul. Wojska Polskiego 64, ✆ 943143692, ✆ 601791591, I-II 0

[P] Ewa, ul. Mickiewicza 40, ✆ 943141766, ✆ 515045360, I 0

[P] Jowita Sopońska, ul. Traugutta 6, ✆ 696434035, I 0

[Pz] Bojke, ul. Morska 43a, ✆ 943142680, ✆ 603814016, I-II 0

Przystan Bionika, ul. Morska 61, ✆ 943142345, ✆ 602442250 0

Dąbki (PL)

Centrum Obsługi Turystycznej, ul. Darłowska 51, ✆ 519303032 0

[H] Argentyt, ul. Wydomowa 17, ✆ 943148134, III-IV 0

[H] Delfin, ul. Darłowska 15, ✆ 943148950, ✆ 533355526, II-IV 0

Łazy (PL)

[H] Universal, ul. Leśna 1, ✆ 943182915, ✆ 721430721, I-II 0

[P] Batawia, ul. Mieleńska 20, ✆ 732568988, I 0

[Pz] Eli, ul. Wczasowa 11, ✆ 784425067 0

Unieście (Mielno) (PL)

[P] Anna, ul. Morska 7, ✆ 502563024, I 0.5

[P] Delfin, ul. 6 Marca 45a, ✆ 943189514, ✆ 604261851, I-II 0.5

[P] Florian, ul. B. Prusa 5, ✆ 947162793, ✆ 502150500, I-II 0.5

[P] Relax, ul. Rybacka 8, ✆ 943189765, ✆ 502121433, I-II 0.5

[P] Willa Westa, ul. Księżycowa 4, ✆ 943189533, ✆ 513099867, I-II 0

[Pz] Renatka, ul. B.Prusa 7, ✆ 943166280, ✆ 500600048, o.F., I 0.5

[Pz] Róża Wiatrów, ul. Róży Wiatrów 28, ✆ 943166326, ✆ 506074987, I 0

[Pz] Villa Dajana, ul. Marzanny 10, ✆ 502563024, I 0

Na Granicy, ul. 6 Marca 4i, ✆ 608451854 0

Mielno (PL)

Informacja Turystyczna, ul. Chrobrego 3B, ✆ 943166048, ✆ 793897305 0

[H] Baltivia, ul. Cicha 9, ✆ 943333888, ✆ 533533142, III-IV 0.5

[H] Unitral, ul. Piastów 6, ✆ 943168100, ✆ 607700363, III-V 0.5

[P] Amor, ul. Lechitów 59, ✆ 943166399, ✆ 609858579,

I 1

P Arra Burg, ul. Niegoszcz 27, ✆ 943165848, ✆ 694976142, I 1.5

P Chrobry Villa, ul. B. Chrobrego 47b, ✆ 502563024, I-II 0.5

P Lazur, ul. Parkowa 4, ✆ 943189334, II 0.5

Azur, ul. 1 maja 3, ✆ 606430632 0

Baltic, ul. Słoneczna 2a, ✆ 889450402 0.5

Brawo, ul. Północna 1, ✆ 943189143, ✆ 603677338 0

Mauritius, ul. Północna 15, ✆ 943189369, ✆ 602705535 0

Rodzinny, ul. Chrobrego 51, ✆ 943189385 0.5

Samoobsługowa stacja naprawy rowerów, ul. 1 Maja 0

Mielenko (Mielno) (PL)

H Baltin, ul. Akacjowa 31, ✆ 947125125, IV 0.5

Pz Aga-pokoje gościnne, ul. Lipowa 40, ✆ 943166464, ✆ 505155061, I 0.5

Ara 107, ul. Plażowa 9, ✆ 664430945 0.5

Gąski (Sarbinowo) (PL)

P Włóczęga, ul. Nadbrzeżna 99, ✆ 943469343, ✆ 502236104 0

Arek, ul. Nadbrzeżna 18, ✆ 943165696, ✆ 606897155 0

Pole Namiotowe, ul. Nadbrzezna 26, ✆ 607441470 0

Wodnik, Nadbrzeżna 120, ✆ 783220173 0

Sarbinowo (PL)

P Abra, ul. Nadmorska 6, ✆ 943480747, I 0.5

P Willa u Babci Maliny, ul. Nadmorska 71, ✆ 535254955 0

Pz Tropik, ul. Nadmorska 86, ✆ 605675750, o.F., I 0

B Mauro - Białogon, ul. Plażowa 3, ✆ 943165595, ✆ 602479719, I-II 0

Tropik, ul. Nadmorska 86, ✆ 605675750 0

Ustronie Morskie (PL)

Centrum Informacji, ul. Osiedlowa 2B, ✆ 943514175 0.5

H Alka, ul. Wojska Poskiego 7, ✆ 943515560, ✆ 519840733, II-IV 0.5

H Cztery Pory Roku, ul. Jantarowa 5, ✆ 943515135, ✆ 512961342, I-II 0.5

H Lambert, ul. Kościuszki 14, ✆ 943515431, ✆ 739260100, II-III. (Inhaberin spricht Deutsch) 0

H Max, ul. Kosciuszki 18, ✆ 943555500, ✆ 601826826, II-III 0

H Rafa, ul. Kolejowa 2, ✆ 943514069, ✆ 601511460, I-II 0.5

H Relaxinn, ul. Bol. Chrobrego 45, ✆ 943515470, I-II 0

H Wodnik, ul. Kosciuszki 5, ✆ 943533100, ✆ 720809950, I-II 0

P Marta, ul. Osiedlowa 5, ✆ 943515123, ✆ 668037027, I-II 0.5

B Bursztyn, ul. Środkowa 24-26, ✆ 943123185, ✆ 602118263, I-II 0

Akademii Wychowania Fizycznego, ul. Woj. Polskiego 26, ✆ 943515004 0.5

Camping Pod Brzozami, ul. Targowa 2a 0.5

Sianożęty (Ustronie Morskie) (PL)

H Imperiall, st. Północna 6, ✆ 943515639, III 0.5

P Haus Meridian, ul. Lotnicza 25a, ✆ 608609791, II 0.5

Podczele (Kołobrzeg) (PL)

H Mona Lisa, ul. Lwowska 1, ✆ 943543668, ✆ 723977770, II-III 0.5

Kołobrzeg (Kolberg) (PL)

Miejska Informacja Turystyczna, ul. Armii Krajowej 12, ✆ 943551320 1

Miejskie Informacje Turystyczne, ul. Dworcowa 1, ✆ 943527939 0.5

H Mosir, ul. Łopuskiego 38, ✆ 943551400, II-III 0.5

H New Skanpol, ul. Dworcowa 10, ✆ 943528210, ✆ 943528211, II-III 0.5

H Royal Tulip Sand, Zdrojowa 3, ✆ 943534100, IV 0.5

H Shuum, ul. T. Kościuszki 17, ✆ 943554000, V 0

H Solny, ul. Fredry 5, ✆ 943545700, ✆ 943545702, ✆ 669899661 0.5

Mo Pek, ul. Toruńska 7, ✆ 943511019 1.5

P Beata, ul. Wylotowa 37, ✆ 943516907, I 0.5

P Villa Arkadiusz, ul. Wylotowa 25, ✆ 604273152 0.5

P Villa Victoria, ul. Klonowa 1a, ✆ 943516607, ✆ 509978666, II-III 0

Baltic Nr. 78, ul. IV. Dywizji Wojska Polskiego 1, ✆ 943524569, ✆ 606411954 0.5

Faram, ul. Jedności Narodowej 73a, ✆ 943516151 0.5

Małgośka, ul. Kolejowa 23, ✆ 943543843 0.5

Sklep Rowerowy K2, ul. Armii Wojska Polskiego 28H, ✆ 943547874 0.5

Grzybowo (Dźwirzyno) (PL)

H Diament, ul. Borkowska 6, ✆ 509697136, II-III 1

Fw Aqua Mare, Wiesjska 1a, ✆ 508426714 1

Bursztynek, ul. Namiotowa 9, ✆ 692559723 0.5

Dźwirzyno (PL)

H Akces, ul. Piastowska 5, ✆ 943585481, ✆ 609520709, II-IV 0

H Cristal Spa, Wyzwolenia 13, ✆ 947165289, III-IV 0

H Senator, ul. Wyzwolenia 35, ✆ 943549444, ✆ 697050816, III 0

P Magnolia, ul. Wyzwolenia 52, ✆ 604167096, I-II 0

P Słoneczko, ul. Słoneczna 3, ✆ 943585567, ✆ 509934016 0

P Świątowid, ul. Piastowska 15, ✆ 943542800, ✆ 608506753, I 0.5

Biała Mewa 88, ul. Wyzwolenia 48h, ✆ 943526008, ✆ 943585402 0

Mrzeżyno (PL)

P Nestor, ul. Kołobrzeska 8, ✆ 913866263, ✆ 602267705, I 0.5

Camping Portowy, ul. Trzebiatowska 24, ✆ 913866239 0.5

Rega 193, ul. Letniskowa 34, ✆ 913840896 0.5

Pogorzelica (PL)

H Bocianie Gniazdo, ul. Leonida Teligi 3, ✆ 913863100, ✆ 606469111, I-II 1

H Sandra, ul. Wojska Polskiego 3, ✆ 914814700, II-III 0.5

P Baltic Inn, ul. Leonida Teligi 1, ✆ 913863125, ✆ 784031269, II-IV 1

Pz Dzafar, ul. Sztormowa 3b, ✆ 501569455, I-II 1

B Albatros, ul. Wojska Polskiego 5, ✆ 913863117, I 1

Cora, ul. Wojska Polskiego 9, ✆ 913863113, ✆ 519792739 1

Czahary, ul. Leśna 1, ✆ 913863152, ✆ 502555673 0

Niechorze (PL)

Informacji Turystycznej, al. Bursztynowa 28, Muzeum Rybołówstwa Morskiego, ✆ 913863250 0.5

H Aspik, ul. Parkowa 11, ✆ 913863375, ✆ 913863239, I-II 0.5

P A. S., ul. Krakowska 14, ✆ 913863494, ✆ 505863746, I 0.5

Pz Mewa, ul. Leśna 8, ✆ 913863487, ✆ 609520780, I-II 0.5

Pomona, ul. Polna 25, ✆ 913863445 0.5

Rewal (PL)

Centrum Informacji, ul. Szkolna 1, Hala Sportowa CIPR, ✆ 913862629 0.5

H Residence, ul. Saperska 6, ✆ 913877210, ✆ 509140987, II-IV 0.5

P Bumerang, ul. Pogodna 1, ✆ 913862404, ✆ 605414492, II-III 0

P Jantar, ul. Warszawska 29, ✆ 913862746, ✆ 663544000, I-III 0

P Lena, ul. Tadeusza Kościuszki 1, ✆ 913862714, ✆ 602620535, II-III 0

P Soleil, ul. Szczecińska 10, ✆ 913862551, I-II 0

P Stachowiak Family, ul. Szczecińska 7, ✆ 913862690, ✆ 600261263, II-III 0

AH Amber, ul. Piastowska 19, ✆ 603958990, II 0

Klif 192, ul. Kamieńska 2, ✆ 913862618, ✆ 601741074 0

Rewal Bike System, ul. Szkolna 1, ✆ 913862994 0.5

Trzęsacz (PL)

Informacji Turystycznej, ul. Klifowa 3b, ✆ 913862926 0

P Airen, ul. Kamieńska 27, ✆ 913866007, I-II 0

P Panorama, ul. Kamieńska 25, ✆ 913862466, ✆ 515128363, II-IV 0

P Villa Hoff, ul. Słoneczna 3, ✆ 913875500, II-IV 0

P Willa Kliper, ul. Łąkowa 3, ✆ 913862584, ✆ 602114177, II-IV 0

Camp Ana, Łąkowa 30, ✆ 889651076 0.5

Pustkowo (PL)

P Malwa, ul. Spacerowa 6, ✆ 913864480, ✆ 604901662, I 0

P Matex, ul. Nadmorska 18, ✆ 913864398, ✆ 502362350, II 0

P Willa Konik Morski, ul. Nadmorska 8, ✆ 605459942,

I 0

Pz Villa Alex, ul. Nadmorska 14, ✆ 913864249, ✆ 796687477, I 0

Pod Lasem, ul. Słoneczna 32, ✆ 603928380 0

Pobierowo

i Informacji Turystycznej, ul. Jana z Kolna 4, Busbahnhof, ✆ 913864741 0

P Dworek, ul. Wojska Polskiego 19, ✆ 913864120, ✆ 502362976, I-II 1

P Kamea, ul. Moniuszki 2, ✆ 913864112, ✆ 609445436, I-II 0

P Laola, Grunwaldzka 10, ✆ 913864175, ✆ 885387728, HP, II-III 0.5

P Marcin, ul. Wojska Polskiego 18, ✆ 913864624, ✆ 603759799, I 0

P Solaris, ul. Lubelska 2, ✆ 781162510, ✆ 501091329, I-II 0.5

P Willa Klara, ul. Moniuszki 1b, ✆ 913864230, ✆ 515173310, I 0

Fala, ul. Mickiewicza 19, ✆ 913864243, ✆ 601947498 0.5

Rewal Bike System, ul. Moniuszki 4, ✆ 913877178 0.5

Dziwnówek

H Astoria, ul. Kamieńska 11b, ✆ 507088161, I 0.5

AH Porta Mare, ul. Wolności 38, ✆ 913811162, ✆ 665109691, III 0

Biały Dom, ul. Kamieńska 12, ✆ 693811171 0.5

Wiking 194, ul. Wolności 3, ✆ 913813493, ✆ 797866526 0

Dziwnów

i Centrum Informacji Turystycznej, ul. Reymonta 10, ✆ 913218957 0.5

H Stary Dziwnów, ul. Kościelna 40, ✆ 913217600, II-IV 0.5

P Biały Domek, Osiedle Rybackie nr 7, ✆ 913821623, ✆ 603958911, I-II 0.5

P Boss, ul. Kościelna 11, ✆ 913212885, ✆ 507123807, II-III 0

P Ewa, ul. Wilków Morskich 3a, ✆ 913813600, ✆ 513098556, I-II 0

P Koral, ul. Harcerska 5, ✆ 784855203, I-II 0

P Villa Admiral, Mała 4, ✆ 913215088, ✆ 607077755, o.F., I-II 0

Pz Astra, ul. Mickiewicza 9a, ✆ 502531172, I-II 0

Pz Nimfa, ul. Wolności 32, ✆ 913812986, ✆ 605414501, II-III 0

Korab 93, ul. Slowackiego 8, ✆ 913813569 0

Międzywodzie

Pz Alga, ul. Westerplatte 6, ✆ 608821370, I-II 0

Pz Zenobia, ul. Rybacka 10, ✆ 913813848, ✆ 694029198, I 0.5

B Fala, ul. Rybacka 20, ✆ 696053031, I-II 0.5

Camping Reda, Plażowa 1a, ✆ 604795783 0

Jantar, Sportowa 3c, ✆ 723743815 0.5

Kołczewo

P Green House, ul. Zwycięstwa 5, ✆ 663746482, II 0

Międzyzdroje

i Informacja Turystyczna, ul. Promenada Gwiazd 2, im Międzynarodowy Dom Kultury, ✆ 913280441, ✆ 913282600 0.5

H Aurora, Boh. Warszawy 17, ✆ 913223550, III-IV 0.5

H Gromada, ul. Bohaterów Warszawy 1, ✆ 913280779 0

H Marina, ul. Gryfa Pomorskiego 1, ✆ 913280449, II-III 0

H Nautilus, Promenada Gwiazd 8, ✆ 913280999, II-IV 0.5

H Vestina, Promenada Gwiazd 30, ✆ 913281121, III 0.5

P Rezydencia Bielik, ul. Poprzeczna 4, ✆ 913282802, ✆ 913214476, II-IV 0

P Trofana, ul. Zdrojowa 9, ✆ 913280382, ✆ 913210935, ✆ 512837158, III-IV 0.5

P Willa 5, ul. Boh. Warszawy 16, ✆ 3282610, ✆ 603715958 0.5

P Willa Cecylia, ul. Boh. Warszawy 9, ✆ 913282723, ✆ 514677473, I-II 0

Pz Willa Sowa, ul. Leśna 2a, ✆ 913281094, ✆ 607212806, I 0

Plaża, ul. Gryfa Pomorskiego 76, ✆ 729911939 0

Świnoujście (Swinemünde)

i Informacja Turystyczna, pl. Słowiański 6/1, ✆ 913224999 0.5

H CIS, ul. J. Piłsudskiego 26, ✆ 913212114, II-IV 0.5

H Korsarz, ul. Wyspiańskiego 1/9, ✆ 918886700, II-III 0.5

H Ottaviano, ul. Monte Cassino 3, ✆ 913214403, I-III 0.5

H Perła Bałtyku, ul. Sienkiewicza 6, ✆ 913212485, II-III 0.5

H Polaris, ul. Słowackiego 33, ✆ 913215412, ✆ 913212437, III 0.5

H Villa Anna Lisa, ul. Orkana 5, ✆ 913225555, II-III 0

Marina Karsibór, ul. 1-go Maja 5a, ✆ 913221448, ✆ 502157204 0

Relax - Ośrodek Kempingowy, ul. Słowackiego 1, ✆ 913213912 0.5

Rowerek, ul. Wyb. Władysława IV 34c, ✆ 913222200 0.5

Von Świnoujście nach Lübeck

Ahlbeck (Heringsdorf)

Vorwahl: 038378

i Tourist-Information, Dünenstr. 45, ✆ 499350, III 0

H Ahlbecker Hof, Dünenstr. 47, ✆ 620, V-VI 0

H Ostende, Dünenstr. 24, ✆ 510 0

H Strandhotel Ahlbeck, Dünenstr. 19-21, ✆ 520, V-VI 0

Hg Eden, Goethestr. 2, ✆ 2380, III-V 0

P Haus Pommern, Dünenstr. 29, ✆ 36160, ✆ 0162/2690437, II-V 0

P Villa Transvaal, Friedrichstr. 11, ✆ 22162, III-IV 0.5

Fahrrad Wolf, Seestr. 1, ✆ 22324, ✆ 0173/6047371 0.5

Heringsdorf

Vorwahl: 038378

i Tourist-Information, Delbrückstr. 69, ✆ 2450, ✆ 01805/583783 0.5

H Am Gothensee, Am Gothensee 2, ✆ 33680, ✆ 31292, III-V 1.5

H Boje 06, Kulmstr. 6, ✆ 54200, V-VI 0

H Erdmann, R.-Breidscheid-Str. 8, ✆ 47770, IV-V 0.5

H Esplanade, Seestr. 5, ✆ 700, V-VI 0.5

H Kaiserhof, Kulmstr. 33, ✆ 650, V-VI 0

H Kurhotel, Delbrückstr. 3, ✆ 82222, III-VI 0

H Ostseeblick, Kulmstr. 28, ✆ 540, VI 0

H Ostseestrand, Eichenweg 4-5, ✆ 630, V-VI 0

H Residenz, Kanalstr. 1, ✆ 80820 1

H Residenz Bleichröder, Delbrückstr. 14, ✆ 3620, IV-V 0

H See-Eck, Seestr. 1, ✆ 335277, III-VI 0

H Strandhotel, Liehrstr. 10, ✆ 2320, V-VI 0

H Strandvillen Heringsdorf, Badstr. 11, ✆ 49870, III-V 0

H Villa Neptun, Maxim-Gorki-Str. 53, ✆ 2600, III-V 0

H Weißes Schloß, R.-Breidscheid-Str. 3, ✆ 31984, III-IV 0.5

Gh Bucheneck, M.-Gorki-Str. 61, ✆ 22518, II-III 0

P Kleine Insel, Schulstr. 5, ✆ 22744, III-IV 1

P Linde, Triftstr. 7b, ✆ 31189, III-IV 0.5

P Mittag, Labahnstr. 13a-c, ✆ 31108, III-IV 0.5

P Zur Schönen Aussicht, Kulmstr. 30, ✆ 22208, III-IV 0

Jugendherberge Heringsdorf, Puschkinstr. 7-9, ✆ 22325, III 0

Bansin (Heringsdorf)

Vorwahl: 038378

i Tourist-Information, An der Seebrücke, ✆ 47050 0

H Admiral, Strandpromenade 36, ✆ 660, V-VI 0

H Atlantic, Strandpromenade 18, ✆ 605, V-VI 0

H Buchenpark, Seestr. 83, ✆ 33660, ✆ 22958, III-IV 0

H Forsthaus Bansin, Ahlbecker Chaussee 12, ✆ 29447, IV-VI 1.5

H Kaiser Spa Hotel Zur Post, Seestr. 5, ✆ 49990, V-VI 0.5

H Schloonsee, Badstr. 2, ✆ 29120, III-IV 0

Hg Villa Auszeit, Bergstr. 25/26, ✆ 29247, V-VI 0

P Elsbeth, Waldstr. 31, ✆ 29231, ✆ 0172/3968261, III 0.5

P Villa von Desny, Strandpromenade 4, ✆ 2430, ✆ 0151/64940272, II-IV 0

Fahrradservice Kruggel, Seestr. 13, ✆ 807760 0.5

Fahrradservice Kruggel, Ahlbecker Str. 17, ✆ 42869 1.5

Ückeritz

Vorwahl: 038375

i Kurverwaltung, Bäderstr. 5, ✆ 2520 1

H Buchfink, Am Kurpl. 10, ✆ 2290, III ☺ 1

H Ratscafé, Bäderstr. 4, ✆ 22362, II-III 1

Hg Nußbaumhof, Feldstr. 2, ✆ 2380, II-IV 1.5

P Am Achterwasser, Hauptstr. 35, ✆ 20600, II-III 1.5
P Café Knatter, Hauptstr. 36, ✆ 22966, III-IV 2
P Neptun, Am Mühlenweg 4, ✆ 22329, II-III 1.5
P Richter, Aufbauweg 5, ✆ 529870, II-III 1
P Voss, Triftstr. 7, ✆ 21217, II-III 1
Am Strand, Auf dem Campingpl. 1, ✆ 20923, ✆ 2520 0

Stubbenfelde (Loddin)

Vorwahl: 038375
Campingplatz, Waldstr. 12, ✆ 20606 0

Kölpinsee (Loddin)

Vorwahl: 038375
Tourist-Information, Strandstr. 23, ✆ 22780 0.5
H Seerose, Strandstr. 1, ✆ 540, V-VI 0
P Nixe, Buchenweg 2, ✆ 20177, ✆ 0152/56345202, II-III 0
AH Haus Usedom, Strandstr. 16, ✆ 2390, III-IV 0.5

Koserow

Vorwahl: 038375
Kurverwaltung, Hauptstr. 31, ✆ 20415 0.5
H Forsthaus Damerow, Damerow 1, ✆ 560, III-IV 0.5
H Hanse-Kogge, Hauptstr. 58, ✆ 2600, V 0.5
H Nautic, Triftweg 4, ✆ 2550, III-V 1
H Wald und Meer, Förster-Schrödter-Str. 44, ✆ 2620, ✆ 0174/2430955, IV-V 0
P Herkules, Karlstr. 15, ✆ 20143, III 0
Am Sandfeld, Am Sandfeld 5, ✆ 20759 0.5

Zempin

Vorwahl: 038377
Fremdenverkehrsamt, Fischerstr. 1, ✆ 42162 0.5
H Inselhof, Am Achterwasser 1, ✆ 35200, III-IV 1
H Wikinger, Seestr. 6, ✆ 750, III-IV 0
P Hubertus, Waldstr. 21, ✆ 42216, ✆ 0174/3971070, o.F., II-III 0
Fw Dünenhaus, Oberförsterweg 16, ✆ 42151, III-IV 0
Am Dünengelände, Campingweg 1, ✆ 41363 0

Zinnowitz

Vorwahl: 038377
Kurverwaltung, Neue Strandstr. 30, ✆ 4920 0
H Baltic, Dünenstr. 2, ✆ 7000, V-VI 0
H Parkhotel Am Glienberg, Waldstr. 13, ✆ 720, IV-VI 0.5
H Seestern, Dünenstr. 3, ✆ 39800, III-IV 0
H Usedom Palace, Dünenstr. 8, ✆ 3960, V-VI 0
H Waldidyll, Kneippstr. 16, ✆ 4550, III-IV 0.5
Hg Haus Seeblick, Dünenstr. 13, ✆ 345221, III-IV 0
Hg Knuth, Kneippstr. 36, ✆ 40604, ✆ 0174/1544092, II-III 0.5
Hg Kormoran, Dünenstr. 14, ✆ 390 0
P Barghus, Bergstr. 1, ✆ 4590, ✆ 41033, II-IV 0.5
P Berlin, Neue Strandstr. 12, ✆ 36085, III 0.5
P Lachmöwe, Waldstr. 2, ✆ 35440, ✆ 0172/4715517, II-III 0.5
Pommernland, Dr. Wachsmann-Str. 40, ✆ 40348 0.5
Kruggel, Dr. Wachsmann Str. 5, ✆ 42869 0.5

Trassenheide

Vorwahl: 038371
Kurverwaltung, Strandstr. 36, ✆ 20928 1
H Bernstein, Bahnhofstr. 21, ✆ 2370, II-IV 1
H Kaliebe, Zeltplatzstr. 14, ✆ 520 0.5
H Kinderresort Usedom, Forststr. 9, ✆ 500, V-VI 1
H Seeklause, Mölschower Weg 1a, ✆ 2670 1
H Strandidyll, Strandstr. 13, ✆ 2680 0
P Fischerhaus, Kampstr. 6, ✆ 20974, ✆ 0170/5527981, III-IV 1
Ostseeblick, Zeltplatzstr. 20, ✆ 20949 0
Fisch's Fahrradverleih und me(h)r, Bahnhofstr. 14, ✆ 0171/1102610 1

Karlshagen

Vorwahl: 038371
Tourismusverein Ostseeinsel Usedom e.V., Am Maiglöckchenberg 15, ✆ 28135 0
Touristinformation, Hauptstr. 4, ✆ 55490 0
H Dünenschloß, Strandstr. 11, ✆ 2620, II-V 0
H Nordkap, Strandstr. 8, ✆ 550, III-VI 0
H Strandhotel Usedom, Strandprom. 1, ✆ 2690, III-V 0
P Maiglöckchen, Am Maiglöckchenberg 3, ✆ 2590, III 0
Dünencamp, Zeltplatzstr., ✆ 20291, ✆ 20758 0
Holtz, Peenestr. 3, ✆ 21985, ✆ 0175/5221985. Bring- und Abholservice. 0

Peenemünde

Vorwahl: 038371
Peenemünde Information, Peenepl. 6, ✆ 21656 0
H Zur Zwiebel, Peeneplatz 3, ✆ 26439, II-III 0
Fw Csisko, Hauptstr. 24, ✆ 20422, ✆ 0170/4858886, I 0

Wolgast

Vorwahl: 03836
Wolgast-Information, Rathauspl. 10, ✆ 600118 0
H Kirschstein, Schützenstr. 25, ✆ 27220, III-IV 0.5
H Peenebrücke, Burgstr. 2, ✆ 27260, III-IV 0
H Schilfhaus, Am Fischmarkt 7, ✆ 237100, ✆ 0160/94965324, III 0
H Spitzenhoernbucht, Am Fischmarkt 52-56, ✆ 203422, II-III 0
P Alte Molkerei, Wilhelmstr. 30, ✆ 233076, ✆ 0162/4565044, III 0.5
P Am Peeneufer, Badstubenstr. 24, ✆ 202673, ✆ 0162/2482968, II-III 0
P Der Speicher, Hafenstr. 22, ✆ 231891, IV 0
P Zur Inselbrücke, Bahnhofstr. 65, ✆ 2760341, III 1
Ho Postel Wolgast, Breite Str. 26, ✆ 2374383, ✆ 0178/6273510, II-III 0.5
Peenecamp Wolgast, Am Strom 6, ✆ 0160/1066066 1.5
Zweirad Pretzer, Sölvesborger Str. 5, ✆ 602256 1.5

Freest (Kröslin)

Vorwahl: 038370
H Zum Leuchtfeuer, Dorfstr. 1, ✆ 20710, IV 0
Waldcamp Freest, Dorfstr. 74, ✆ 20538, ✆ 0174/94667814 0.5

Lubmin

Vorwahl: 038354
Kurverwaltung, Freester Str. 8, ✆ 22011 0.5
H Am Park, Villenstr. 15, ✆ 22272, IV-V 0.5
H Seebrücke, Dünenstr. 55, ✆ 3530, III-IV 0
P Villa Erika, Waldstr. 4, ✆ 36252, II-IV 0.5
Pz Brauns, Goetheweg 5, ✆ 36402, o.F., I 0

Loissin

Vorwahl: 038352
S Ferien- und Freizeitpark, Am Strandweg 1, ✆ 243 0.5

Gahlkow Siedlung (Loissin)

Vorwahl: 038352
H Boddenblick, Boddenweg 14, ✆ 60094, II 0

Wieck (Greifswald)

Vorwahl: 03834
H Maria, Dorfstr. 46a, ✆ 841426, III-IV 0.5
H Ryck Hotel, Rosenstr. 17b, ✆ 83300, IV 0.5
H Utkiek, Am Hafen 19, ✆ 83310, III-IV 0.5
H Zur Brücke, An der Mühle 6, ✆ 836160, IV-V 0
P Schipp in, Am Hafen 3, ✆ 841424, II-III 0.5
P Zur Fähre, Fährweg 2, ✆ 840049, IV 0
Camping an der Dänischen Wiek, Wolgaster Landstr. 47, ✆ 5355280 0

Eldena (Greifswald)

Vorwahl: 03834
Bike-Markt, Wolgaster Landstr. 17, ✆ 840080 0.5

Greifswald

Vorwahl: 03834
Greifswald-Information, Markt, im Rathaus, ✆ 85361380 0
H Galerie, Mühlenstr. 10, ✆ 7737830, III-IV 0
H Kronprinz, Lange Str. 22, ✆ 7900, V 3
H Mercure, Am Gorzberg 15, ✆ 5440, III-IV 2.5
P Heinrich, Friedrich-Loeffler-Str. 20, ✆ 8896606, III-IV 0.5
P Vario Gästehaus, Mendelejewweg 16, ✆ 812146, o.F., III 2
Pz Belz, Neunmorgenstr. 29, ✆ 510035, ✆ 0178/6907875, II 1
Jugendherberge Greifswald, Pestalozzistr. 11/12, ✆ 51690, II 1
Fahrrad.Stark, Anklamer Str. 70/71, ✆ 809554 1
Radcenter Fründ, Rigaer Str. 9, Ostseeviertel-Einkaufszentrum, ✆ 8870740 1
Radladen am Rosengarten, Rud-Petershagen-Allee 22a, ✆ 535444 1
Usedom Rad, Markt 0

Mesekenhagen

Vorwahl: 038351
Gh Gasthof Holtz, Greifswalder Str. 9, ✆ 03851/358, III-IV 0

Stahlbrode (Sundhagen)

Vorwahl: 038328

Campingplatz, Küstenweg 8, 489908, 0173/9483674 0

Niederhof (Sundhagen)

Vorwahl: 038328

[P] [Fw] Gästehaus Niederhof, Niederhof 17, 65795, 01520/1411470, III-IV 0

Devin (Stralsund)

Vorwahl: 03831

[H] Kurhaus Devin, Deviner Park 1, 66763, IV 0

[P] Gästehaus Rosenkranz, Schulstr. 2d, 2789951, 0176/64217275, o.F., I-II 0.5

Jugendherberge, Strandstr. 21, 490289, III 0.5

Stralsund

Vorwahl: 03831

Tourismuszentrale, Alter Markt 9, 252340 0.5

[H] Altstadt Hotel Peiß, Tribseerstr. 15, 30358-0, II-V 1

[H] Am Jungfernstieg, Jungfernstieg 1b, 44380, II-V 1.5

[H] Amber, Heilgeiststr. 50, 282580, III-IV 0

[H] An den Bleichen, An den Bleichen 45, 390675, III 1

[H] InterCityHotel, Tribseer Damm 76, 2020, III-V 1.5

[H] Kontorhaus, Am Querkanal 1, 289800, IV-V 0

[H] Lindenhotel, Lindenallee 41, 4820088, III-IV 3.5

[H] Norddeutscher Hof, Neuer Markt 22, 282000, III-IV 0.5

[H] Rügenblick, Große Parower Str. 133, 3569390, III-IV 0.5

[H] Schweriner Hof, Neuer Markt 1, 288480, III-IV 1

[H] Stralsund, Tribseer Damm 4, 282100, III-IV 1.5

[H] Wyndham HanseDom, Grünhufer Bogen 18-20, 37730, III-IV 3

[H] maakt Hotel, Tribseer Str. 22, 2833111, VI 1

[Hg] Haus Wulfcrona, Heilgeiststr. 30, 303970, III-V 0.5

[P] Am Ozeaneum, Am Fischmarkt 2, 666831, III-IV 0

[P] Hafenblick, Semlower Str. 31, 303080, II-III 0

[P] Im Grünen, Rostocker Chaussee 28a, 494868, II-III 2.5

[P] Regenbogen, Richtenberger Chaussee 2a, 497674, I 2

[P] Vier Jahreszeiten, Hainholzstr. 47a, 308990, II-III 1

[Ho] Hostel Stralsund, Reiferbahn 11, 284740, III 0

Fahrrad Wollmann, Knieperdamm 45, 383671 0.5

Fahrradhandel Heiden, Handwerkerring 16, 4828999 3

Fahrradhandel Heiden Altstadt, Tribseer Str. 7, 666120 1

Fahrradhandel Heiden Knieper West, Maxim-Gorki-Str. 28, 307076, 4828999 2

Klausdorf

Vorwahl: 036323

[Ho] Küstenhostel, Prohner Str. 18a, 038323/81305, o.F. 0

Nisdorf (Altenpleen)

Vorwahl: 038323

[H] Kinder- & Familienhotel Gut Nisdorf, Grabowerstr. 14, 2510, o.F., IV 0

Barth

Vorwahl: 038231

Barth-Information, Markt 3/4, 2464 0.5

[H] Speicher, Am Osthafen 2, 63300, III-VI 0

[H] Stadt Barth, Lange Str. 60, 40880, III-IV 0.5

[P] Eshramo, Am Markt 13, 450004, III-IV 0

[P] Rotfuchs, Badstüberstr. 11, 6820, III 0.5

[P] Sur la Mer, Am Westhafen 24, 499720, o.F., III-IV 0

[Fw] Bibelzentrum, Sundische Str. 52, 77662, II 1

[Fw] Ferienwohnung Barth, Badstüberstr. 23, 05472/3535, 0175/9938866, III-IV 0.5

Pantel, Hunnenstr. 15, 400222, 0152/26305514 0.5

Bresewitz (Pruchten)

Vorwahl: 038231

[P] Boddenblick, Zur Oie 9, 81758, III-IV 0.5

[P] De lütt Gaststuv, Zur Oie 3, 3546, III 0.5

Zingst

Vorwahl: 038232

Kurhaus Zingst, Seestr. 57, 81580. Mit Restaurant und Trauzimmer. 0

Zimmervermittlung, Am Bahnhof 1, 81526 #@ xor681 0.5

[H] Boddenhus, Hafenstr. 4, 15713, III-V 0

[H] Gode Tied, Friedenstr. 35, 15639, III 0.5

[H] Marks, Weidenstr. 17, 16140, III-V 0.5

[H] Seebrücke, Seestr. 53, 840, III-V 0

[H] Steigenberger, Seestr. 60, 842100 0

[H] Stone, Inselweg 1-2, 16777, III-IV 1

[H] Vier Jahreszeiten, Boddenweg 2, 1740, IV-V 1

[Hg] Am Deich, Seestr. 79, 1437, IV-V 0

[P] Familienferienstätte Zingsthof, Landstr. 1, 8140, II-III 2

[P] Fischers Hus, Bahnhofstr. 7, 15634, V-VI 0.5

[P] Haus Strandeck, Darßer Weg 18, 1437, II-III 0.5

[P] Hus Sünnenkringel, Schulstr. 21, 8830, IV 0.5

[Ho] Haus 54, Hanshägerstr. 3a, 848484, III-IV 1

Freesenbruch, Am Bahndamm 1, 15786 0.5

Wellness-Camp Düne 6, Inselweg 9, 17617 1.5

Fahrrad Neumann, Klosterstr. 13, 12027 0.5

Shop 8, Postpl. 3, 0382/32171776 0

Shop 8, Strandstr. 19, 847464 0.5

Prerow

Vorwahl: 038233

Kur- und Tourismusbetrieb, Gemeindepl. 1, 6100 0

[H] Alter Bahnhof, Kirchenort 1, 7070, IV-V 0.5

[H] Haus Kranich, Waldstr. 38, 70350, III-V 0.5

[H] Haus Linden (vegan/vegetarisch), Gemeindepl. 3, 636, V-VI 0

[H] Waldschlösschen, Bernsteinweg 9, 6170, IV-V 0

[P] Haus Seeadler, Grüne Str. 64, 613-0 1

Meißners Sonnencamp, Villenstr. 3, 60198 0.5

[B] Regenbogen, Bernsteinweg 4-8, 331, 0431/2372370 0.5

Shop 8, Waldstr. 38, 0176/75895758 0.5

Shop 8, Strandstr. 24, 703932, 0152/53309243 0.5

Shop 8, Waldstr. 12a, 700850 0.5

Ahrenshoop

Vorwahl: 038220

Kurverwaltung, Kirchnersgang 2, 666610 0

[H] Namenlos, Dorfstr. 44, 6060, VI 0

[H] The Grand Ahrenshoop, Schifferberg 24, 678100, IV-VI 0

[H] Zum Strandläufer, Dorfstr. 31, 80779, 669906, IV 0

[Hg] Charlottenhof, Grenzweg 3, 302, V-VI 0

[Hg] Der Fischländer, Dorfstr. 47e, 6950 0

[Hg] Haus am Meer, Dorfstr. 36, 6799-0, IV-V 0

[P] Nordlicht, Dorfstr. 34, 69610, III-IV 0

Althagen (Ahrenshoop)

Vorwahl: 038220

[H] Esperot, Althäger Str. 14, 6020, IV-V 0.5

[H] Haus Antje, Althäger Str. 2, 6980, IV-V 0

[P] Räucherhaus, Hafenweg 6, 6946, II-IV 0.5

Shop 8, Bernhard-Seitz-Weg 18a, 01525/3309243 0

Wustrow (Fischland)

Vorwahl: 038220

Fremdenverkehrsverein Fischland, Bergstr. 1, 669922 1

Fremdenverkehrsverein Wustrow, Strandstr. 11, 82763 0.5

Kurverwaltung, Ernst-Thälmann-Str. 11, 251 1

[H] Deutsches Haus, Hafenstr. 5, 6970, III-V 1

[H] Dorint Strandresort, Strandstr. 46, 650 0

[H] Hotelschiff Stinne, Kuhleger 13, 336, III-V 1

[H] [Fw] Moby Dick, Strandstr. 54, 6680, V 0

[P] Schifferwiege, Karl-Marx-Str. 30, 80336, III-IV 1

[P] Schimmels, Parkstr. 1, 66500, III-IV 1

[P] Schlunt, Osterstr. 30, 80515, III-IV 1

[P] Swantewit, Strandstr. 56, 82550, IV-V 0

Dierhagen Ost (Dierhagen)

Vorwahl: 038226

[H] Blinkfüer, An der Schwedenschanze 20, 53570, IV-VI 0

[H] Ostseehotel Dierhagen, Wiesenweg 1, 510, IV-V 0.5

[P] Haus Windhook, Amselweg 4, 80495 0

An den Stranddünen, Waldweg 5, 80492 0

Dierhagen Strand (Dierhagen)

Vorwahl: 038226

Kurverwaltung, Ernst-Moritz-Arndt-Str. 2, im Haus des Gastes, Dierhagen, 201 0.5

[H] Strandhotel Fischland, E.-M.-Arndt-Str. 6, 520 0

OstseeCamp Dierhagen, Ernst-Moritz-Arndt-Str. 1, 80778 0.5

Neuhaus (Dierhagen)

Vorwahl: 038226

H Dünenmeer, Birkenallee 20, ✆ 5010 0

Camping Neuhaus, Birkenallee 10, ✆ 539930 0

Graal-Müritz

Vorwahl: 038206

i Tourismus- und Kur GmbH, Rostocker Str. 3, ✆ 7030 0.5

H Caritas Familienferienstätte St. Ursula, Ribnitzer Str. 1, ✆ 7050, III-IV 0.5

H Düne, Strandstr. 64, ✆ 13990, III-V 0

H Hotel Zur Ostsee, Strandstr. 42, ✆ 77254 0.5

H Kähler, Zur Seebrücke 18, ✆ 79806, III 0.5

H Waldhotel, Parkstr. 5, ✆ 14175 0

Hg Villa Edda, Fritz-Reuter-Str. 7, ✆ 1530, III-IV 0.5

P Haus Waldesblick, Zur Seebrücke 24, ✆ 77353, II-IV 0.5

P Haus Wartburg, Alexandrastr. 1, ✆ 7080, IV 0.5

P Waldner, Ribnitzer Str. 15, ✆ 136020, III 1

Fw Idyll, Ribnitzer Str. 37, ✆ 0173/3820357, IV-V 1

Fw Kleine Hexe, Rostocker Str. 20a, ✆ 79260, ✆ 0176/21405064, III 0.5

Fw B Norden, A.-Bebel-Str. 4, ✆ 77505, ✆ 0176/65570013, II-III 0.5

B Ostseecamp Ferienpark Rostocker Heide, Wiedortschneise 1, ✆ 77580 0.5

Zweiradfachhandel Thon, Birkenallee 34, ✆ 79805 0.5

Markgrafenheide (Rostock)

Vorwahl: 0381

i Tourist-Information im Heidehaus, Warnemünder Str. 3, ✆ 66674780 0

H Dünenhotel, Dünenweg 28, ✆ 20660, IV-V 0.5

H Godewind, Warnemünder Str. 5, ✆ 609570, IV-V 0

H Susewind, Warnemünderstr. 1, ✆ 609570, IV-V 0

Fw „baltic-Freizeit", Budentannenweg 2, ✆ 04544/800313, ✆ 04544/80030 0.5

Warnemünde (Rostock)

Vorwahl: 0381

i Tourist-Information, Am Strom 59, Ecke Kirchenstraße, ✆ 3812222 0

H Am Leuchtturm, Am Leuchtturm 16, ✆ 54370, V-VI 0.5

H Bellevue, Seestr. 8, ✆ 54333, III-VI 0.5

H Kurparkhotel, Kurhausstr. 4, ✆ 4402990, IV-V 0.5

H Ringelnatz, Alexandrinenstr. 60, ✆ 20746407, IV-V 0.5

H Sanddorn, Strandweg 12, ✆ 543990, III-V 0

H Stolteraa, Strandweg 17, ✆ 54320, III-V 0

H Strand-Hotel Hübner, Seestr. 12, ✆ 54340, V-VI 0.5

H Zum Strand, Luisenstr. 4, ✆ 54333, II-IV 0.5

H a-ja Warnemünde, Zur Promenade 2, ✆ 202712525, ✆ 040/300322500, V-VI 0.5

P Alabama, Alexandrinenstr. 80, ✆ 548250, III 0.5

P Katy, Kurhausstr. 9, ✆ 543940, III-IV 0

P Ostseepension, J.-Brinckman-Str. 3, ✆ 5192832 0.5

P Villa Ostseegruß, Fritz-Reuter-Str. 4, ✆ 543090, III-IV 0

Pz Haus Nordstern, Schillerstr. 2, ✆ 54094, III 0.5

Ho Dock Inn Warnemünde, Zum Zollamt 4, ✆ 670700, III-IV 1

Jugendherberge, Parkstr. 47, ✆ 548170, III 0

Fahrradverleih Warnemünde, Mühlenstr. 35, ✆ 5191049 0

Diedrichshagen (Rostock)

Vorwahl: 0381

H Immenbarg, Groß Kleiner Weg 19, ✆ 77693, o.F., III-VI 1.5

H Ostseeland, Stolteraer Weg 47, ✆ 548320, IV 0.5

H Ostseetraum, Stolteraer Weg 34a, ✆ 5191848, III-V 0.5

H Ringhotel Warnemünder Hof, Stolteraer Weg 8, ✆ 54300, IV-VI 1

H Strandhafer Aparthotel, Am Stolteraer Ring 1, ✆ 3756570 0.5

H Wilhelmshöhe, Wilhelmshöhe 1, ✆ 548280, IV-V 0

P grünblau Vitalpension, Groß Kleiner Weg 11, ✆ 51664, III-IV 0.5

Nienhagen

Vorwahl: 038203

i Kurverwaltung, Strandstr. 30, ✆ 81163 0

H Apart Hotel Villa Aranka, Strandstr. 7, ✆ 8670, II-IV 0

H Hotel Strand 26, Strandstr. 26, ✆ 73890, V 0

H Nienhäger Strand, Am Meer 1, ✆ 81188, ✆ 81435, III-IV 0

P Brückner, Kliffstr. 1, ✆ 81896, III-IV 0.5

P Pension Richter, Doberaner Str. 42, ✆ 81122, II-III 0

P Philipp, Jagdweg 10, ✆ 81460, ✆ 0177/4681012, III 0.5

Börgerende (Börgerende-Rethwisch)

Vorwahl: 038203

P Franziska, Seestr. 69a, ✆ 80599, ✆ 0162/1693976, III 0

P Märchen Pension, Seestr. 73a, ✆ 729731 0

P Strandschloss Arielle, Seestr. 83, ✆ 229941, III-V 0

P Windflüchter, Seestr. 51a, ✆ 40086, ✆ 0174/9343128, III 0

Ferien-Camp Börgerende, Deichstr. 16, ✆ 81126 0

Heiligendamm (Bad Doberan)

Vorwahl: 038203

i Tourist-Information, Mollistr. 10, Bad Doberan, ✆ 62154 4.5

H Grand Hotel, Prof.-Dr.-Vogel-Str. 6, ✆ 7400, VI 0.5

P Fw Gästehaus Koch, Gartenstr. 1a, ✆ 63882, II-IV 0

P Jagdhaus, Seedeichstr. 18b, ✆ 735775, IV 0.5

Kühlungsborn

Vorwahl: 038293

i Tourist-Information, Ostseeallee 19, ✆ 8490 0

H 2H Horizontal Hotel, Dünenstr. 9a, ✆ 60640, III-IV 0.5

H Am Strand, Ostseeallee 16, ✆ 800, IV-V 0

H Edison, Dünenstr. 15, ✆ 420, IV-VI 0.5

H Esplanade, H.-Häcker-Str. 44, ✆ 8350, IV 0

H Europa Hotel, Ostseeallee 8, ✆ 880, IV-V 0

H Haus am Meer, Ostseeallee 5, ✆ 4070, III 0

H Morada, Ostseeallee 30, ✆ 70300, ✆ 0800/1232626, IV-V 0

H Morada Resort, Hafenstr. 2, ✆ 670, ✆ 0800/1231212, IV-V 0

H Morada Strandhotel, R.-Breitscheid-Str. 19, ✆ 4310, ✆ 0800/1233232, V-VI 0

H Nordischer Hof, Ostseeallee 25, ✆ 89290, IV-V 0

H Poseidon, Hermannstr. 6, ✆ 89280, III-V 0.5

H Residenz Waldkrone, Tannenstr. 4, ✆ 4000, V-VI 0

H Fw Rosenhof, Poststr. 18, ✆ 786, V 0.5

H Schweriner Hof, Ostseeallee 46, ✆ 790, IV-VI 0

H Seeblick, Ostseeallee 31, ✆ 8430, IV 0

H Sonnenburg, Ostseeallee 15, ✆ 8390, III-V 0

H Strandblick, Ostseeallee 6, ✆ 633, V 0

H Upstalsboom, Ostseeallee 21, ✆ 42990, V-VI 0

H Villa Astoria, Ostseeallee 2, ✆ 4102-10, IV-VI 0

H Westfalia, Ostseeallee 17-17a, ✆ 43490, III-V 0

H Zur Traube, Strandstr. 49, ✆ 457333, III-IV 0

P Lotte, Fr.-Borgwardt-Str. 12, ✆ 17303, III 0.5

P Muttis Gute Stube, Schlossstr. 42, ✆ 6117, III-IV 1.5

P Strand Corso, Strandprom. 23, ✆ 13838, III-IV 0

P Wotan, Ostseeallee 42, ✆ 87780, III-IV 0

Pz Alte Büdnerei, Doberaner Landweg 8, ✆ 12839, II 2

AH Zum Strandkorb, Hermannstr. 11, ✆ 8340, II-III 0.5

Fw Ostseebadferien, Hermann-Häcker-Str. 18a, ✆ 42307, II-III 0.5

Jugendgästehaus, Dünenstr. 4, ✆ 17270, ✆ 41806 0.5

Campingpark Im Riedenwald, Waldstr. 1b, ✆ 7195 0

Dallis Fahrradshop, Hermannstr. 19, ✆ 42380 0.5

Drahtesel Fahrradvermietung, Dünenstr. 6, ✆ 877226 0.5

Kägsdorf (Bastorf)

Vorwahl: 038293

P Haus Rieden, Zum Rieden 5, ✆ 12162, IV-V 0

AH Fw Riedensee, Zum Rieden 3, ✆ 12708, IV 0

Fw Schmelzer, Zum Strande 6, ✆ 14902, ✆ 0170/4957881, III-V 0

Mechelsdorf (Bastorf)

Vorwahl: 038293

P TonArt, Lindenallee 11, ✆ 17266, ✆ 0172/3890766 0

Rerik

Vorwahl: 038296

i Kurverwaltung, Dünenstr. 7, ✆ 78429 0

H Am Alt Garzer Eck, Kröpeliner Str. 8, ✆ 70456, IV 0

H Haffidyll, Haffstr. 13, ✆ 70456, IV 0

H Zur Linde, Leuchtturmstr. 7, ✆ 79100, III-IV 0

P Ferienhof-Ostseeland-Rerik, Neubukower Str. 12/13, ✆ 0173/2114586, IV 0

P Fw Kiek In, Verbindungsstr. 3, ✆ 78221, III 0.5
Campingpark Rerik, Str. am Zeltpl. 8, ✆ 75720 0.5
Zweirad-Fachhandel Drygalla, Am Parkpl. 7c, ✆ 78442 0

Pepelow (Am Salzhaff)

Vorwahl: 038294
Ostseecamping Am Salzhaff, Strandweg 1, ✆ 78686 0.5

Blowatz

Vorwahl: 038427
P Ostsee Gästehaus, Hauptstr. 5, ✆ 269, ✆ 0172/8723715, III-IV 0
Pz Will, Hauptstr. 27, ✆ 2881, ✆ 01520/4609560, III 0

Groß Strömkendorf (Blowatz)

Vorwahl: 038427
H Schäfereck, Am Schäfereck 1, ✆ 40660, III-V 0

Wismar

Vorwahl: 03841
Tourist-Information, Lübsche Str. 23a, ✆ 19433 0.5
H Adler, Adlerweg 13-15, ✆ 703126, ✆ 0151/70177115, III-IV 1.5
H Fründts Hotel, Schweinsbrücke 1-3, ✆ 2256982, III-IV 0.5
H Hotel Alter Speicher, Bohrstr. 12a, ✆ 211746, IV-V 0.5
H Reuterhaus, Am Markt 19, ✆ 22230, III-IV 0.5
H Schwedenhaus, Sella-Hasse-Str. 11, ✆ 32740, III-IV 1
H Willert, Schweriner Str. 9, ✆ 2250819, ✆ 0177/2729813, IV 1
H Wismar, Breite Str. 10, ✆ 227340, III-IV 0.5
H Wonnemar, Bürgermeister-Haupt-Str. 36, ✆ 37420, IV-VI 0.5
Hg Am Alten Hafen, Spiegelberg 61-65, ✆ 4260, IV 0
Hg Hotel Bertramshof, Bertramsweg 2, ✆ 707220, III 0.5
P Alter Schwede, Am Markt 22, ✆ 283552, o.F., III 0.5
P Apostel, Neustadt 2-4, ✆ 209020, II-III 0.5
P Chez Fasan, Bademutterstr. 20a, ✆ 213425, III 0.5
P Pension am Burgwall, Lübsche Str. 125, ✆ 3265920, o.F., II 0.5
P Pension am Wassertor, Spiegelberg 66, ✆ 200221, III 0
Jugendherberge, Juri-Gagarin-Ring 30a, ✆ 32680, II 0.5
Buddha Bike's, Dankwartstr. 49, ✆ 4736202 0.5
Fahrrad Wulf, ABC-Str. 13, ✆ 282787 0.5

Zierow

Vorwahl: 038428
Touristisches Informations- und Gemeindezentrum, Im Dorfe 3, ✆ 637930 0
H Hotel Zierow, Strandstr. 3, ✆ 03841/642359, ✆ 03841/038428/631111, III-IV 0.5
Hg Ostseehotel Rike, Am Schwanenteich 20, ✆ 638555, III-IV 0.5
Ferienpark Zierow, Strandstr. 19c, ✆ 63820 1

Niendorf (Hohenkirchen)

Vorwahl: 038428
Campingplatz Niendorf, Strandstr. 20, ✆ 60222 0.5

Wohlenberg (Klütz)

Vorwahl: 038825
Stadtinformation Klütz, Im Thurow 14, Klütz, ✆ 22295 3.5
H Fw Feriendorf an der Ostsee, An der Chaussee 5, ✆ 410, III-IV 0
P Gästehaus Bade, An der Chaussee 3, ✆ 25873, III-IV 0

Oberhof (Klütz)

Vorwahl: 038825
Stadtinformation Klütz, Im Thurow 14, Klütz, ✆ 22295 3.5
Fw Gut Oberhof, Am Gutshof 1, ✆ 22896, III-IV 1

Tarnewitz (Boltenhagen)

Vorwahl: 038825
H Auszeit, Tarnewitzer Chaussee 25, ✆ 38930, III-IV 0
H Iberotel, Baltische Allee 1, ✆ 3840, IV-VI 1
H Fw Tarnewitzer Hof, Tarnewitzer Dorfstr. 15, ✆ 29841, IV 0
P Fw Lindenhof, Tarnewitzer Str. 24, ✆ 3190, III-IV 0
P Pension Cora, Tarnewitzer Str. 7, ✆ 3090, III 0
AH Dorfhotel, Mecklenburgische Allee 1, ✆ 3840, o.F., IV-VI 1

Boltenhagen

Vorwahl: 038825
Kurverwaltung Ostseebad Boltenhagen, Ostseeallee 4, ✆ 3600 0
H John Brinckmann, Mittelprom. 24, ✆ 400, III-IV 0
H Ostseehotel, Ostseeallee 58c, ✆ 385700, IV-V 0
H Seehotel Grossherzog von Mecklenburg, Ostseeallee 1, ✆ 500, VI 0
H Villa Seebach, Mittelprom. 28, ✆ 3150, III-IV 0
P Glander, Klützer Str.2, ✆ 22310, II-III 0
P Kühne, Ostseeallee 92, ✆ 270110, III-IV 0
P Zum Michel, Klützer Str. 4a, ✆ 3170, o.F., I-II 0
Wichernhaus, Dünenweg 13a, ✆ 385184, ✆ 0176/44483463, II 0
B Regenbogen Camp, Ostseeallee 54, ✆ 0431/2372370 0.5

Redewisch (Boltenhagen)

Vorwahl: 038825
H Gutshaus Redewisch, Redewischer Str. 46, ✆ 3760, IV-V 1.5
P Radlerpension Boltenhagen, Ausbau 12, ✆ 0172/5785860, III-IV 0
P Zur Steilküste, Haubenweg 3, ✆ 23793, III 0

Schönberg (Mecklenburg)

Vorwahl: 038828
Stadt Schönberg, Am Markt 15, ✆ 3300 0.5

Schlutup (Lübeck)

Vorwahl: 0451
Fw Ulinde, Zwirngang 6, ✆ 6926542, II 0.5

Lübeck

Vorwahl: 0451
Tourist-Information, Holstentorpl. 1, ✆ 8899700 0
H Alter Speicher, Beckergrube 91-93, ✆ 71045, III-IV 0.5
H Am Mühlenteich, Mühlenbrücke 6, ✆ 77171, IV 0.5
H Atlantic, Schmiedestr. 9-15, ✆ 384790, V-VI 0
H Klassik Altstadt Hotel, Fischergrube 52, ✆ 702980, IV-V 0.5
H Ringhotel Jensen, An der Obertrave 4-5, ✆ 702490, III-IV 0
H Zur Alten Stadtmauer, An der Mauer 57, ✆ 73702, III-IV 0.5
Hg An der Marienkirche, Schüsselbuden 4, ✆ 799410, III-IV 0.5
Ho Rucksack-Hotel Lübeck, Kanalstr. 70, ✆ 706892, o.F., I 0.5
DJH Lübeck „Altstadt", Mengstr. 33, ✆ 7020399, II-III 0.5
Räderwerk Liebmann, An der Untertrave 12-13, ✆ 2890444 1
Zweirad Wöltjen, Kanalstr. 54-56, ✆ 77351 1
at Fahrräder, Beckergrube 63, ✆ 7982268 0.5

St. Lorenz Süd (Lübeck)

Vorwahl: 0451
H Lindenhof, Lindenstr. 1a, ✆ 872100, III-IV 0
H Tryp by Wyndham Lübeck Aquamarin, Dr.-Luise-Klinsmann-Str. 1-3, ✆ 88020, III-IV 2
Hg Baltic Hotel, Hansestr. 11, ✆ 85575, IV 0.5
B&B B&B Hotel Lübeck, Konrad-Adenauer-Str. 7, ✆ 490500, II-III 0.5

St. Lorenz Nord (Lübeck)

Vorwahl: 0451
H Herrenhof, Herrendamm 8, ✆ 46027, III 1.5
H Vier Jahreszeiten, Bei der Lohmühle 27, ✆ 480530, III-IV 1.5
H Viva Hotel, Bei der Lohmühle 25, II 1.5
H Zum Ratsherrn, Herrendamm 2-4, ✆ 4077110, III 1.5
H ibis Lübeck City, Fackenburger Allee 54, ✆ 40040, III-IV 1
Hg Das Hotelchen, Schönböcker Str. 64, ✆ 41013, III-IV 1.5
FAHR'RADladen, Schönböckener Str. 18 a/b, ✆ 5823402 1